和法同行

企业法治宣教理论与实践

本书编写组◎编

中国工人出版社

图书在版编目（CIP）数据

和法同行：企业法治宣教理论与实践 / 于莽主编. —北京：中国工人出版社，2017.1
ISBN 978-7-5008-6617-6

Ⅰ. ①和… Ⅱ. ①于… Ⅲ. ①法律—中国—普及读物 Ⅳ. ①D920.5

中国版本图书馆CIP数据核字（2017）第013208号

和法同行：企业法治宣教理论与实践

出 版 人	芮宗金
责任编辑	安 静
责任校对	赵贵芬
责任印制	栾征宇
出版发行	中国工人出版社
地 址	北京市东城区鼓楼外大街45号 邮编：100120
网 址	http://www.wp-china.com
电 话	（010）62005043（总编室） （010）62005039（出版物流部） （010）62382916（职工教育分社）
发行热线	（010）62005049 （010）62005042（传真）
经 销	各地书店
印 刷	北京市密东印刷有限公司
开 本	710毫米×1000毫米 1/16
印 张	19.25
字 数	300千字
版 次	2017年3月第1版 2017年8月第2次印刷
定 价	32.00元

中国移动工作会议对法治建设进行部署

公司法治工作会议对普法工作进行部署

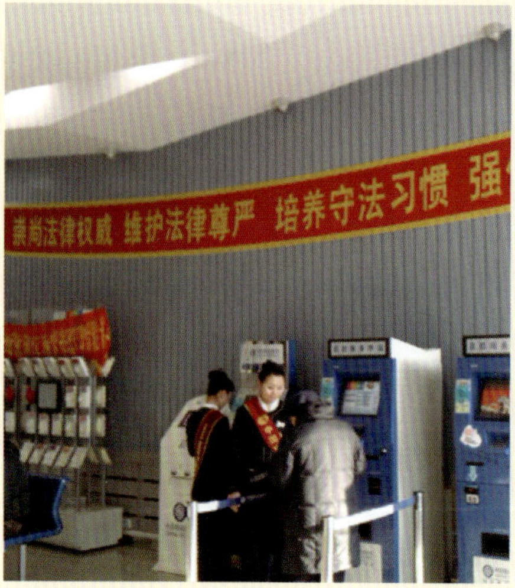

普法标语（河南）

普法标语（江西）

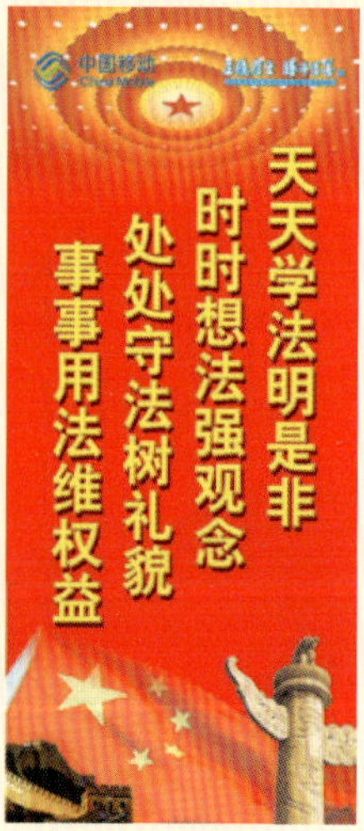

普法标语（吉林）

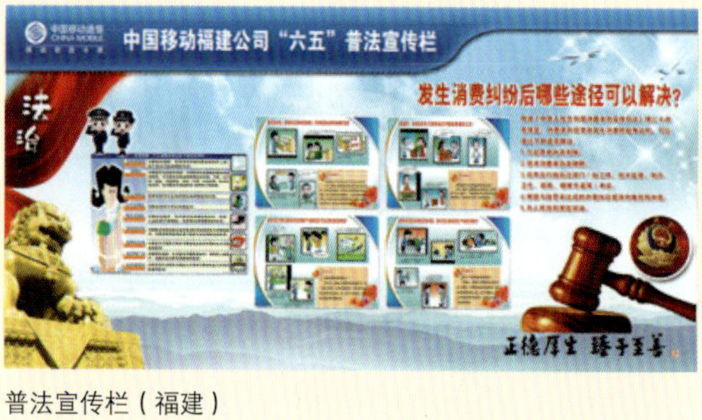

普法宣传栏（福建）

普法宣传栏（内蒙古）

普法宣传栏（吉林）

普法宣传栏（陕西）

普法海报（山东）

普法海报（河南）

普法海报（广西）

普法海报（杭州研发中心）

党组中心组学法（云南）

党组中心组学法（湖南）

党组中心组学法（信息港中心）

普法巡讲（贵州）

普法巡讲（海南）

普法巡讲（山东）

普法巡讲（云南）

普法培训（财务公司）

普法培训（广东）

普法培训（广西）

普法培训（天津）

普法培训（杭州研发中心）

普法培训（黑龙江）

普法讲座（公司学院）

普法讲座（浙江）

普法讲座（采购中心）

送法下基层（新疆）

送法下基层（重庆）

公益普法（西藏）

公益普法（河南）

公益普法（湖北）

公益普法（青海）

公益普法（四川）

公益普法（河北）

法律知识竞赛（采购中心）

法律知识竞赛（湖南）

模拟法庭（新疆）

模拟法庭（四川）

普法视频（安徽）

普法视频（辽宁）

采购的部分普法书籍

自编普法书籍（海南）

普法期刊（湖南）

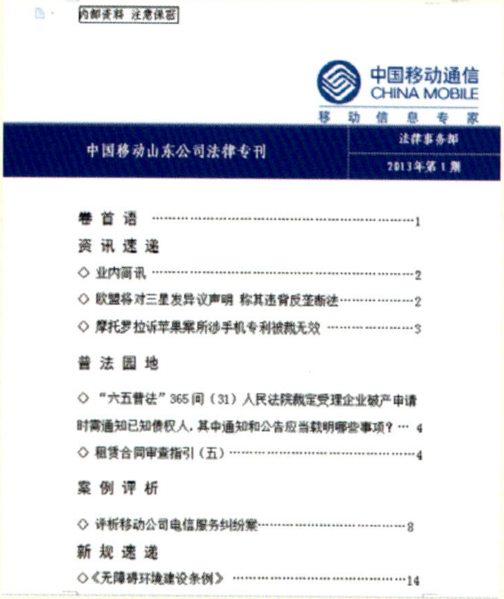
内部资料 注意保密

中国移动通信
CHINA MOBILE
移动信息专家

中国移动山东公司法律专刊

法律事务部

2013年第1期

普法期刊（山东）

普法期刊（福建）

普法期刊（浙江）

普法彩信（云南）

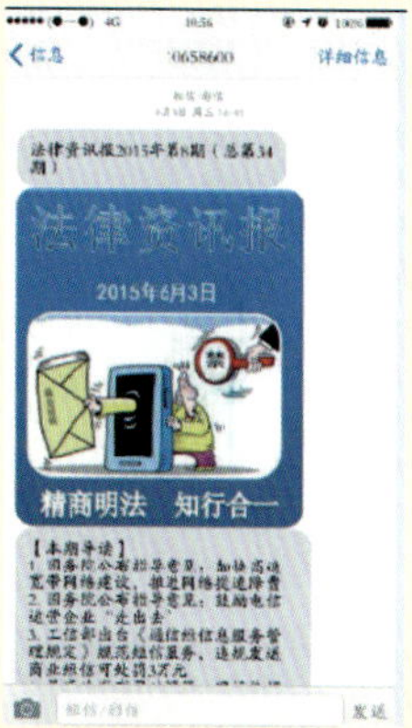

普法彩信（黑龙江）

普法服务号（杭州研发中心）

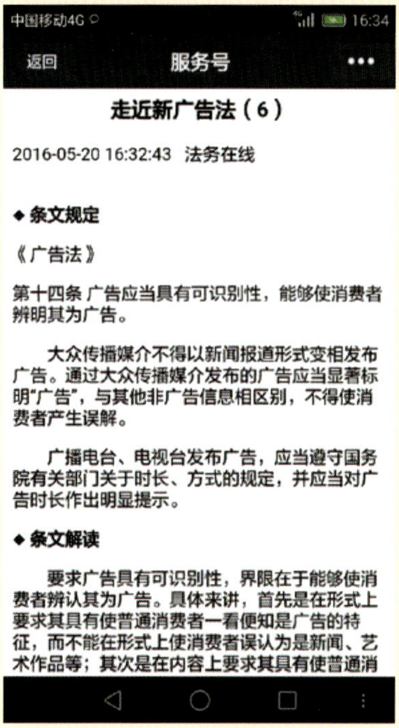

普法服务号（江苏）

普法漫画（四川）

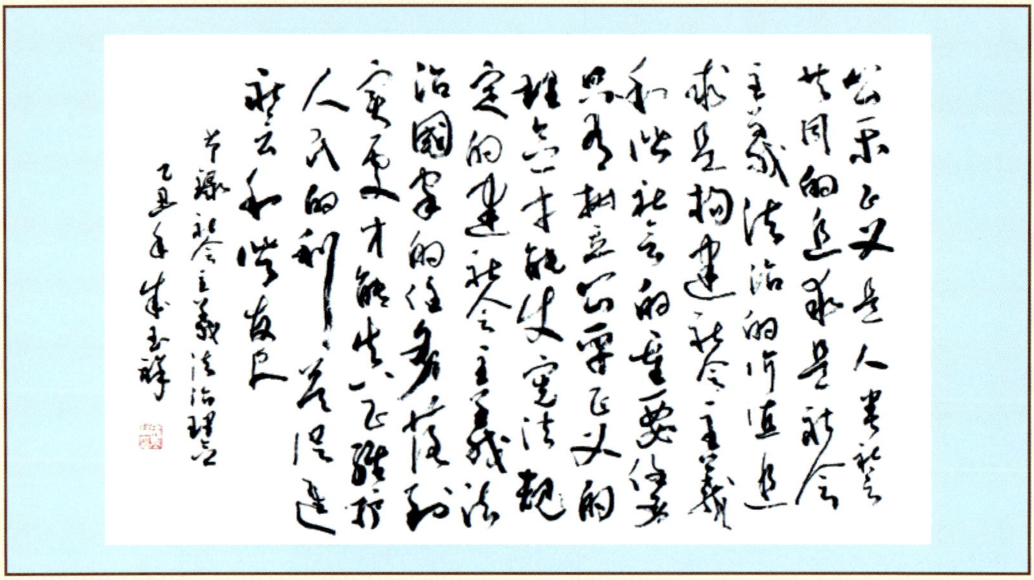

普法书画作品（青海）

人民邮电

REN MIN YOU DIAN

中国移动举行国家宪法日主题报告会

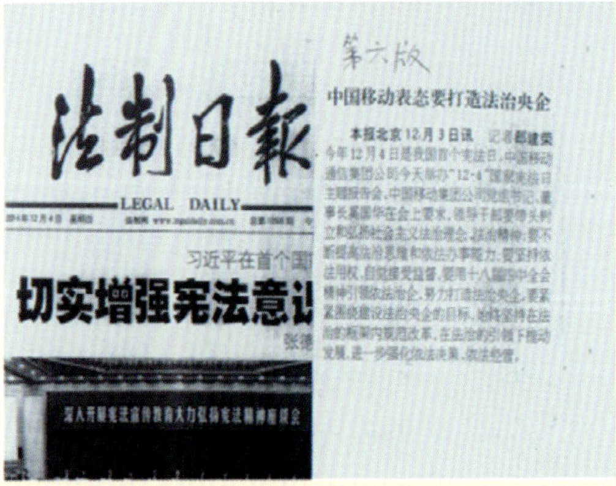

第六版

法制日報

LEGAL DAILY

习近平在首个国

切实增强宪法意识

中国移动表态要打造法治央企

本报北京12月3日讯 记者郜建荣 今年12月4日是我国首个宪法日，中国移动通信集团公司今天举办"12·4"国家宪法日主题报告会。中国移动集团公司党组书记、董事长奚国华在会上要求，领导干部要带头树立和弘扬社会主义法治理念、法治精神，要不断提高法治思维和依法办事能力，要坚持依法用权，自觉接受监督，要用十八届四中全会精神引领依法治企，努力打造法治央企。要紧紧围绕建设法治央企的目标，始终坚持在法治的框架内深化改革，在法治的引领下推动发展，进一步强化依法决策、依法经营。

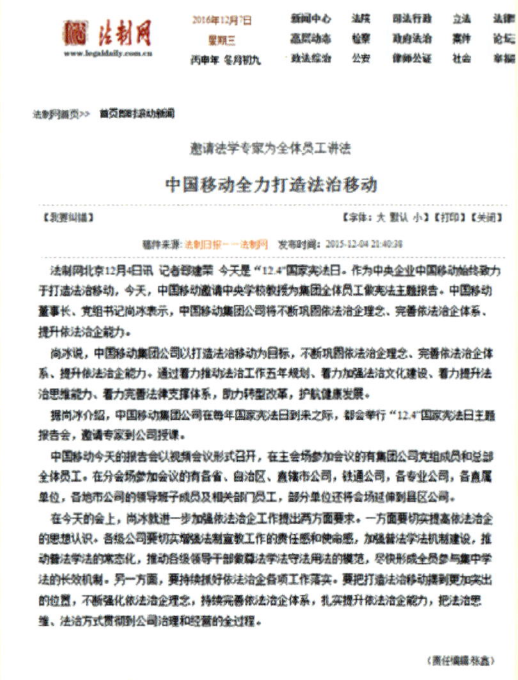

法制网 www.legaldaily.com.cn

2016年12月7日 星期三 丙申年 冬月初九

新闻中心 法院 司法行政 立法 法律 高层动态 检察 政府法治 案件 论坛 政法综治 公安 律师公证 社会 举报

法制网首页>> 首页图片滚动新闻

邀请法学专家为全体员工讲法

中国移动全力打造法治移动

【我要纠错】 【字体：大 默认 小】【打印】【关闭】

稿件来源：法制日报——法制网 发布时间：2015-12-04 21:40:38

法制网北京12月4日讯 记者郜建荣 今天是"12.4"国家宪法日。作为中央企业中国移动始终致力于打造法治移动，今天，中国移动邀请中央党校教授为集团全体员工做宪法主题报告。中国移动董事长、党组书记尚冰表示，中国移动集团公司将不断巩固依法治企理念、完善依法治企体系、提升依法治企能力。

尚冰说，中国移动集团公司以打造法治移动为目标，不断巩固依法治企理念、完善依法治企体系、提升依法治企能力。通过着力推动法治工作五年规划、着力加强法治文化建设、着力提升法治思维能力、着力完善法律支撑体系，助力转型改革，护航健康发展。

据尚冰介绍，中国移动集团公司在每年国家宪法日到来之际，都会举行"12.4"国家宪法日主题报告会，邀请专家到公司授课。

中国移动今天的报告会以视频会议形式召开，在主会场参加会议的有集团公司党组成员和总部全体员工。在分会场参加会议的有各省、自治区、直辖市公司，铁通公司，各专业公司，各直属单位，各地市公司的领导班子成员及相关部门员工，部分单位还将会场延伸到县区公司。

在今天的会上，尚冰就进一步加强依法治企工作提出两方面要求。一方面要切实提高依法治企的思想认识。各级公司要切实增强法制宣教工作的责任感和使命感，加强普法学法机制建设，推动普法学法的常态化，推动各级领导干部做尊法学法守法用法的模范，尽快形成全员参与集中学法的长效机制。另一方面，要持续抓好依法治企各项工作落实。要把打造法治移动摆到更加突出的位置，不断强化依法治企理念，持续完善依法治企体系，扎实提升依法治企能力，把法治思维、法治方式贯彻到公司治理和经营的全过程。

（责任编辑 张鑫）

2015 年宪法日活动报道

中国移动举行“12.4”国家宪法日主题活动

2016-12-02 宜欣 人民邮电报

为落实中央“全面依法治国”方略和中宣部、国
资委、司法部等上级部门……五”普法工作部
署……“法治移动”建
……“12.4”国家宪法
……知名学者到公
……日设立以来，
……活动。

2016 年宪法日活动报道

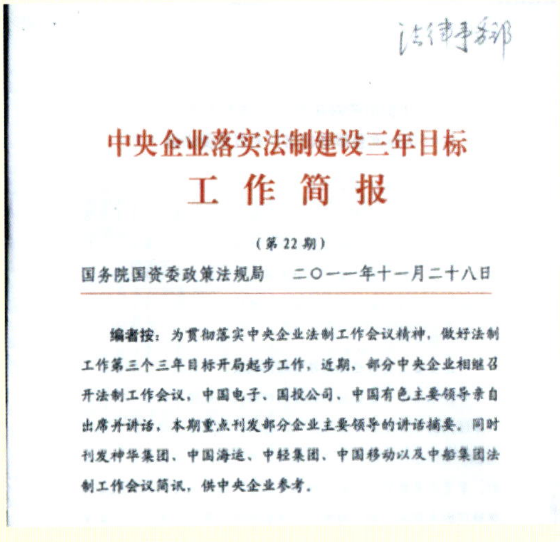

中央企业落实法制建设三年目标
工 作 简 报

（第 22 期）

国务院国资委政策法规局　　二〇一一年十一月二十八日

编者按：为贯彻落实中央企业法制工作会议精神，做好法制工作第三个三年目标开局起步工作，近期，部分中央企业相继召开法制工作会议，中国电子、国投公司、中国有色主要领导亲自出席并讲话，本期重点刊发部分企业主要领导的讲话摘要。同时刊发神华集团、中国海运、中轻集团、中国移动以及中船集团法制工作会议简讯，供中央企业参考。

国资委报道

“六五”普法先进单位

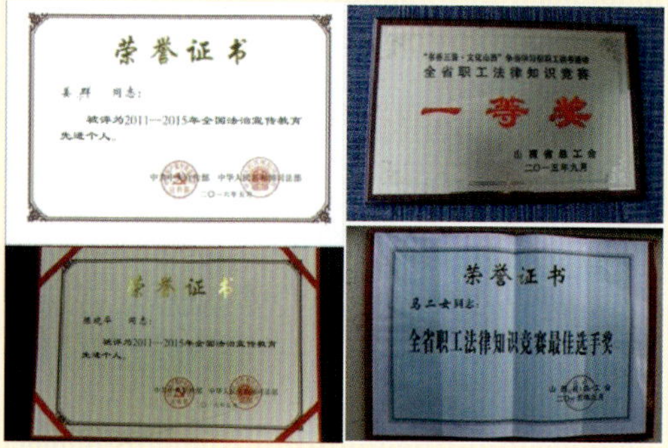

系列荣誉

总部法律事务部领导给“六五”普法先进个人颁奖

上级单位和公司领导为普法“十佳”单位颁奖

编委会

序一

党的十八届四中全会作出全面依法治国的重大战略部署。习近平总书记强调，要把全面依法治国放在“四个全面”战略布局中来把握。深入开展法治宣传教育，是贯彻落实党的十八大和十八届三中、四中、五中、六中全会精神的重要任务，是实施“十三五”规划、全面建成小康社会的重要保障。党和国家高度重视法治宣传教育，中央宣传部、司法部等有关部门先后下发《关于在公民中开展法治宣传教育的第七个五年规划（2016—2020 年）》等一系列文件，为“十三五”时期法治宣传教育工作指明了方向。

国务院国资委认真贯彻落实全面依法治国战略部署，以加强法治宣传教育为重要抓手，指导中央企业大力推进法治建设，着力打造治理完善、经营合规、管理规范、守法诚信的法治央企，为企业改革发展提供坚实的法律支撑和保障。中央企业扎实开展多层次、多领域的法治宣传教育，法治文化建设不断深入，依法治企能力明显增强，在全社会发挥了积极的引领带动作用。多年来，按照中央部署和国资委要求，中国移动法治宣传教育工作逐步探索出一套行之有效的好经验、好做法，正在进一步向常态化、体系化方向迈进，有力保障了企业在法治轨道上深化改革、加快发展。集团公司荣获 2011—2015 年全国法治宣传教育先进集体，不少单位和个人被评为中央企业法治宣传教育先进单位和先进个人。

本书聚焦普法管理理论和企业自身实践，针对法治宣传教育工作的发展历程、组织架构、管理制度、机制流程等重点问题进行了深刻阐述，其中既有法治文化、组织管理等方面的理论探索，又有普法活动、平台建设等领域的实践总结，并尝试提炼出实施普法工作的一般范式和制度流程的事例样本，具有很强的针对性、实操性和可读性。全书凝练了中国移动法治宣传教育工作的精华，将为国内企业和普法工作者提供宝贵的参考和有益的借鉴。

国务院国资委政策法规局局长 郭祥玉

序二

“全面依法治国”作为“四个全面”战略布局的重要组成，开启了国家法治建设的新篇章。以习近平总书记为核心的党中央连续下发系列文件，对加强党内法规制度建设、落实党政主要负责人法治建设第一责任人职责、开展“七五”普法等作出部署安排，全面依法治国各项举措渐次展开。

国务院国资委认真贯彻落实全面依法治国战略部署，明确提出未来一个时期中央企业法治工作要做到“五个适应”、发挥“五个作用”，有效指导中央企业大力推进法治建设。

作为大型中央企业，中国移动认真贯彻落实“四个全面”战略布局，充分发挥党组织的领导核心作用，牢固树立和贯彻落实新发展理念，将打造“法治移动”纳入中国移动2020“大连接”战略，从政治的高度和战略的视角认识和把握依法治企要求，狠抓经营业绩的同时，始终坚持依法合规经营。深入开展社会主义法律体系专题普法，打造出中高层普法巡讲、法律穿越、法治移动讲堂等标志普法品牌；不断强化领导干部带头学法，连续开展覆盖各单位、各层级的普法主题活动；发挥信息化优势，创新开展普法微课、平台、软件等工作形式，积极投身公益普法事业，积累了一定经验，也探索出一些做法。

本书既有对中国移动既往普法实践的提炼总结，也有对提升普法工作价值的思考和展望。希望能投石问路、抛砖引玉，引发更多朋友同人对企业普法宣教领域加以关注，对中国移动法治建设给予指导。

“七五”普法期间，中国移动将继续深入学习领会中央精神，以打造“法治移动”为核心，以推进“合规护航”为突破，大力营造“和法同行”的法治文化氛围，努力使中国移动在法治轨道上持续健康发展、做强做优做大。

中国移动通信集团公司副总裁、总法律顾问

目录

第五章 管理制度篇

第六章 机制流程篇

第七章 普法活动篇

第八章 信息系统篇

第九章 普法课件篇

第十章 普法展示篇

第一章
普法背景意义篇

本篇首先从我国依法治国方略的形成和发展入手，介绍我国普法工作在依法治国方略形成和发展大背景下逐步开启和深入的过程，并回顾了“一五”到“六五”普法的三十年历程，展现了普法取得的辉煌成就，深入地阐述了普法在中国走向现代文明进程中的重要作用和意义。在介绍国家普法背景和发展历程的基础上，结合企业普法工作，重点展示了中国移动通信集团公司（以下简称中国移动）成立以来，普法工作与公司生产经营深入融合，并逐步开启法治移动建设，使法治成为企业全员内化于心、外化于行的价值观，同时展望了中国移动通信集团公司的“七五”普法工作，也坚信“七五”普法工作将取得更大的成绩。

第一节 国家开展普法工作的背景、历程和意义

一、开展普法工作的背景

全民普法和守法是依法治国的长期基础性工作，普法宣传教育的开展是伴随我国依法治国方略的形成和发展而逐步开启和深入的。回顾依法治国方略的

形成和发展，主要经历了以下三个阶段[①]。

（一）孕育阶段（1978—1997 年），普法大幕徐徐拉开

1949 年中华人民共和国成立，中国共产党成为执政党。党如何执政，采用什么方略治理国家？在这个问题上，党经历了一个艰难而曲折的探索过程。1954 年制定了我国第一部宪法，初步奠定了社会主义法制的基础。“文革”十年，社会主义法制遭到严重破坏。十年动乱之后，在总结“文革”深刻教训的基础上，我们党开始探索治国理政的新方法。

党的十一届三中全会确立了解放思想、实事求是的思想路线，同时提出了加强社会主义民主，健全社会主义法制的任务目标。全会公报指出：“为了保障人民民主，必须加强社会主义法制，使民主制度化、法律化，使这种制度和法律具有稳定性、连续性和极大的权威，做到有法可依，有法必依，执法必严，违法必究。”这十六字方针准确地描述了法治的基本精神内核，阐述了依法治国的基本内涵，为依法治国方略的最终提出奠定了思想基础。

在党的十一届三中全会精神指引下，党领导人民进行了一系列重大立法工作。1979 年，五届全国人大二次会议通过《刑法》等 7 部重要法律。1982 年，全国人民代表大会通过了现行宪法。《宪法》第 5 条第 1 款规定：“国家维护社会主义法制的统一和尊严。”这是依法治国在宪法中的最早表述，初步奠定了依法治国方略的宪法基础。

党的十一届三中全会以后，按照“以经济建设为中心”和“建设有中国特色的社会主义”的指导思想和方针，立法机关先后制定了《民法通则》等一系列重要的民事、经济法律，为改革开放和社会主义现代化建设提供了坚实的法律保障。

1985 年 11 月 5 日，中共中央、国务院批转了《中央宣传部、司法部关于向全体公民基本普及法律常识的五年规划》。同年 11 月 22 日，第六届全国人大常委会第十三次会议表决通过了《关于在公民中基本普及法律常识的决

---

① 王利明 . 依法治国方略是怎样形成和发展的？［J］. 求是，2014（21）.

议》。决议指出：为了发展社会主义民主，健全社会主义法制，必须将法律交给广大人民群众掌握，使广大人民知法、守法，树立法制观念，学会运用法律武器，同一切违反宪法和法律的行为作斗争，保障公民合法的权利和利益，维护宪法和法律的实施。为此决定，从1986年起，争取用五年左右的时间，有计划、有步骤地在一切有接受教育能力的公民中，普遍进行一次普及法律常识的教育，并且逐步做到制度化、经常化。一场由政府组织开展的法制宣传教育活动，从此有领导、有计划、有步骤地轰轰烈烈开展起来，一项在亿万人民群众中开展普法活动的宏大工程拉开了序幕。在接下来的时间里，全民普法活动在神州大地如火如荼地开展起来。全民普法这一伟大创举，使社会主义的法制之根，逐步扎入广大人民群众这一肥沃的土壤之中。

（二）形成和发展阶段（1997—2012年），普法工作走向专业化、专门化

1997年9月，党的十五大正式提出依法治国基本方略。党的十五大报告指出："依法治国，是党领导人民治理国家的基本方略，是发展社会主义市场经济的客观需要，是社会文明进步的重要标志，是国家长治久安的重要保障。"正式将依法治国提升为国家治理的基本方略。

1999年3月，第九届全国人民代表大会第二次会议通过的宪法修正案，将"中华人民共和国实行依法治国，建设社会主义法治国家"作为《宪法》第5条第1款，正式将依法治国确立为宪法的基本原则，使其有了宪法保障，也使"依法治国"这一基本方略有了长期性、稳定性的制度基础。

2002年11月，党的十六大提出了坚持依法执政、不断提高执政能力的思想，要求不断改革和完善党的领导方式和执政方式，将民主、法治、人权建设从以往的"精神文明"范畴中独立出来，正式提出"政治文明"的概念，这就进一步丰富了依法治国的内涵，明晰了依法治国与其他治理方式的关系。

2004年，党的十六届四中全会提出"科学执政、民主执政、依法执政"的理念，把依法执政作为中国共产党执政的基本方式之一。这表明，我们党深刻认识到，在新的历史时期，必须实现执政方式的根本转变，将法治作为治国理

政的基本方式。

在依法治国基本方略的指引下，我国立法事业取得了重大进展和显著成效。2010 年我国基本形成了以宪法为统帅，以宪法相关法、民法商法、行政法、经济法、社会法、刑法等多个部门法律为主干，由法律、行政法规、地方性法规等多个层次的法律规范构成的中国特色社会主义法律体系，国家和社会生活各方面总体上实现了有法可依。这是我国社会主义民主法制建设史上的重要里程碑。

这一阶段，依法治国方略的正式确立，有力推动了法治观念的普及，指引了中国特色社会主义法律体系的形成，促进了法治政府建设和司法体制改革，我国法治建设在立法、行政、司法等各个领域都取得了重大进展和显著成就，同时在这一时期，党中央提出科学发展观和构建和谐社会的目标，倡导坚持社会主义法治理念，普法工作开始与人本文化、科学发展、和谐发展相对接，逐步走向专业化和专门化。

（三）完善阶段（2012 年至今），依法治国，普法先行

党的十八大强调，依法治国是党领导人民治理国家的基本方略，法治是治国理政的基本方式。党的十八大确立了依法治国的新任务和目标，即到 2020 年全面建成小康社会时，实现“依法治国基本方略全面落实，法治政府基本建成，司法公信力不断提高，人权得到切实尊重和保障”。这个战略目标是与 2020 年实现全面建成小康社会宏伟目标同时提出的，进一步凸显了依法治国的重要性。

党的十八届三中全会提出，要推进国家治理体系和治理能力现代化。法治是现代国家的重要标志，法治能力是最重要的国家治理能力，法治化是国家治理现代化的重要标志，也是国家治理现代化的核心内容。在实现国家治理体系和治理能力现代化这一目标下，全面深化改革的重点之一，就是推进依法治国方略的具体落实。

党的十八届四中全会高度评价长期以来特别是党的十一届三中全会以来我国社会主义法治建设取得的历史性成就，系统总结了依法治国的经验，研究了全面推进依法治国若干重大问题，对依法治国进行总体部署和全面规划，这在我们党的历史上是前所未有的，是我们党对执政规律科学认识和深刻总结的结果，也是经济社会发展的内在要求和必然结果，为实现“两个一百年”奋斗目标、实现中华民族伟大复兴的“中国梦”提供了有力法治保障。

全民普法和守法是依法治国的长期基础性工作，是全面依法治国的必然要求。把全民普法工作深入持久地开展下去，进一步增强全民法治观念，推动全社会树立法治意识，对于全面依法治国具有重要意义。

二、普法的发展历程

我国的普法工作始于1986年，以五年为一个阶段，目前已历经了三十年。回顾三十年普法历程，普法工作取得了举世瞩目的巨大成就，普法工作在深度和广度上都取得了巨大进展，以宪法为核心的法律知识得到较为广泛的普及，广大公民的法律意识逐步增强，依法治理工作深入开展，各项事业的法治化管理水平逐步提高。随着“七五”普法的展开，普法作为一项国家的基础工程，在推动依法治国、建设社会主义法治国家的进程中，必将发挥越来越重要的作用，为构建社会主义和谐社会创造良好的法治环境。

（一）“一五”普法，拉开普法工作序幕

1.“一五”普法的背景

1985年11月，中共中央、国务院转发了《中宣部、司法部关于向全体公民基本普及法律常识的五年规划》。同年11月，全国人大常委会作出《关于在公民中基本普及法律常识的决议》，规定从1986年起，争取用五年左右的时间，有计划、有步骤地在一切有接受教育能力的公民中，普遍进行一次普及法律常识的教育，并且逐步做到制度化、经常化，由此开始了中国法制史上“五年计划”的普法活动。

2.“一五”普法的对象

“一五”普法的对象为工人、农（牧、渔）民、知识分子、干部、学生、军人、其他劳动者和城镇居民中一切有接受教育能力的公民。

3.“一五”普法的内容

“一五”普法的内容主要是“十法一条例”，即《宪法》《民族区域自治法》《刑法》《刑事诉讼法》《民法通则》《民事诉讼法（试行）》《婚姻法》《继承法》《经济合同法》《兵役法》《治安管理处罚条例》。

4.“一五”普法的基本目标

通过普及法律常识教育，使全体公民增强法制观念，知法、守法，养成依法办事的习惯。

5.“一五”普法取得的成效

截至1990年，全国7亿多人参加了普法学习，占普法对象总数的93%。广大干部群众不同程度地接受了“十法一条例”基本知识的启蒙教育，法制观念和法律意识逐步得到提高，学法、用法、护法的自觉性普遍增强。

（二）“二五”普法，学用结合，探索治理

1.“二五”普法的背景

“二五”普法是在坚持改革开放、整顿市场经济秩序的情况下开展的全民普法活动。这次将普法规划改为法制宣传教育规划。

2.“二五”普法的重点对象

“二五”普法的重点对象是县、团级以上各级领导干部，特别是党、政、军高级干部；执法人员，包括司法人员和行政执法人员；青少年，特别是大、中学校的在校生。

3.“二五”普法的内容

以宣传宪法为核心、以专业法为重点，这标志着普法活动开始转向学用结合、依法治理的轨道。

4.“二五”普法的基本目标

紧紧围绕党和国家的中心工作，深入学习宪法，有针对性地学习国家基本法律常识，有计划、有步骤、分层次、分部门地学习专业法律知识，促进各项事业的依法管理。

5.“二五”普法取得的成效

“二五”普法在深度和广度上都取得了新的进展。公民的宪法观念、法律意识在“一五”普法启蒙教育的基础上得到进一步增强，依法参与管理各项事业和维护自身合法权益的能力有了一定的提高。在普法教育基础上开展起来的依法治理工作取得初步成效，各级领导干部依法决策、依法管理的观念逐步树立，各项事业的管理开始步入法制化的轨道。

（三）“三五”普法，“治”字当头，深化学法

1.“三五”普法的背景

正值中国加入世界贸易组织，1997年党的十五大报告首次提出了实行依法治国基本方略、建设社会主义法治国家。

2.“三五”普法的重点对象

“三五”普法的重点对象是县、处级以上领导干部，司法人员，行政执法人员，企业经营管理人员，青少年。

3.“三五”普法的内容

学习邓小平同志关于社会主义民主与法制建设的理论；继续开展《宪法》知识，和公民工作、生活密切相关的基本法律知识以及与维护社会稳定有关的法律知识教育；着重抓好社会主义市场经济法律知识的普及。

4.“三五”普法的基本目标

通过在全体公民中继续深入进行以《宪法》、基本法律和社会主义市场经济法律知识为主要内容的宣传教育，进一步增强公民的法律意识和法制观念，不断提高各级干部依法办事、依法管理的水平和能力。

5.“三五”普法取得的成效

在实施前两个五年普法规划的基础上，“三五”普法继续向广度推进，向深度拓展，初步实现了从法律知识的启蒙教育向提高以领导干部为重点的全民法律意识的转变，从单一普法向全面推进依法治理实践的转变，普法依法治理工作逐步走上制度化、法制化的轨道，在实施依法治国、建设社会主义法治国家基本方略的进程中发挥了重要的基础性作用，对维护改革发展稳定大局发挥了重要的保障作用。

（四）“四五”普法，提高法律素质、推进法治建设

1.“四五”普法的背景

全国人大对《宪法》进行了修改，并颁布了《行政许可法》《行政复议法》，党的十六大报告提出要依法行政，打造法治政府。确立了“12·4”法制宣传日。

2.“四五”普法的重点对象

“四五”普法的重点对象是各级领导干部、司法和行政执法人员、青少年、企业经营管理人员。

3.“四五”普法的内容

继续学习邓小平同志关于社会主义民主与法制建设理论；宣传宪法和国家基本法律，学习宣传与公民工作、生活密切相关的基本法律知识以及与维护社会稳定有关的法律知识教育；宣传社会主义市场经济相关的法律、法规，宣传保障和促进国家西部大开发、加入世界贸易组织、维护社会稳定等社会发展迫切要求的各项法律、法规。

4.“四五”普法的基本目标

通过“四五”普法规划的实施，努力实现由提高全民法律意识向提高全民法律素质的转变，实现由注重依靠行政手段管理向注重运用法律手段管理的转变，全方位推进各项事业的依法治理，为依法治国、建设社会主义法治国家奠定坚实的基础。

5.“四五”普法取得的成效

“四五”普法工作在深度和广度上都取得了新的进展，以《宪法》为核心的法律知识得到较为广泛的普及，人民群众的法律意识和法律素质明显提高；依法治理工作深入开展，各项事业的法治化管理水平逐步提高，普法在实施依法治国基本方略、构建社会主义和谐社会中发挥了重要作用。

（五）“五五”普法，法治文化建设的开始

1.“五五”普法的背景

党中央提出科学发展观和构建和谐社会的目标，倡导坚持社会主义法治理念。普法开始与人本文化、科学发展、和谐发展相对接。

2.“五五”普法的对象

“五五”普法的重点对象是领导干部、公务员、青少年、企业经营管理人员和农民。

3.“五五”普法的内容

通过开展“法律六进”活动和法治城市、法治县（市、区）创建活动，以及法治文化建设，全面提升法制宣传教育的文化品位和社会法治化管理水平。

4.“五五”普法的基本目标

适应党和国家工作大局，适应整个社会和广大人民群众对法律知识的现实需求，通过深入扎实的法制宣传教育和法治实践，进一步提高全民法律意识和法律素质；进一步增强公务员社会主义法治理念，提高依法行政能力和水平；进一步增强各级政府和社会组织依法治理的自觉性，提高依法管理和服务社会的水平。

5.“五五”普法取得的成效

全民普法工作的深入开展，法律进机关、进乡村、进社区、进学校、进企业、进单位活动蓬勃展开，依法治理和法治创建活动深入推进，宪法和法律得到较为广泛的普及，全体公民宪法和法律意识明显增强，全社会法治化管理水平逐步提高，普法工作在落实依法治国基本方略、服务经济社会发展、维护社会和谐稳定方面发挥了重要作用。

（六）“六五”普法，依法治国目标确立

1.“六五”普法的背景

中央关于国民经济和社会发展的第十二个五年规划建议指出，“全面落实依法治国基本方略，完善中国特色社会主义法律体系，维护法制权威，推进依法行政、公正廉洁执法，加强普法教育，形成人人学法守法的良好社会氛围，加快建设社会主义法治国家”。“六五”普法规划正是根据这一要求全面谋划，精心制定的。

第七次全国法制宣传教育工作会议，“六五”普法正式启动

2.“六五”普法的对象

“六五”普法的重点对象是领导干部、公务员、青少年、企事业经营管理人员和农民，领导干部和青少年是重中之重。

3.“六五”普法的内容

突出学习宣传宪法，深入学习宣传社会主义法治理念、中国特色社会主义法律体系和国家基本法律，深入学习宣传促进经济发展、保障和改善民生、社会管理的法律法规，加强反腐倡廉法制宣传教育，积极推进社会主义法治文化建设，继续深化“法律六进”主题活动。

4.“六五”普法的基本目标

通过深入扎实的法制宣传教育和法治实践，深入宣传《宪法》，广泛传播法律知识，进一步坚定法治建设的中国特色社会主义方向，提高全民法律意识和法律素质，提高全社会法治化管理水平，促进社会主义法治文化建设，推动形成自觉学法、守法、用法的社会环境。

5.“六五”普法取得的成效

以《宪法》为核心的中国特色社会主义法律体系得到深入宣传，法治宣传教育主题活动广泛开展，多层次多领域依法治理不断深化，法治创建活动深入推进，全社会法治观念明显增强，社会治理法治化水平明显提高，法治宣传教育在建设社会主义法治国家中发挥了重要作用。

（七）国家普法工作的回顾与展望，“七五”普法开启新的里程

回首三十载普法历程，普法一直与社会主义现代化建设相适应，随社会主义现代化建设的发展而发展；一直与国家经济发展相适应，随经济发展而发展；一直与国家民主法治建设进程相适应，随民主法治建设的发展而发展；一直与人民群众不同阶段的法律需求相适应，随人民群众不断增加的法律需求而发展。[①] 在这种适应、发展的过程中，总的趋势从未改变：普法日益向纵深发展，其内涵不断丰富，层次逐渐提高，领域持续拓展，影响更加深远。从“一五”到“六五”，全民普法实现了从普及法律常识到推进依法治国、从法制启蒙教育到培育法治文化的升华，同时也坚定了国家继续开展普法工作的信心。

全国人大常委会第二十次会议通过了开展第七个五年法治宣传教育的决议

2016 年 4 月，中共中央、国务院转发了《中央宣传部、司法部关于在公民中开展法治宣传教育的第七个五年规划（2016—2020 年）》（以下简称“七五”普法规划）。4 月 28 日，全国人大常委会第二十次会议审议通过了《关于开展第七个五年法治宣传教育的决议》。当前，中国正在民族复兴的伟大征程上砥砺前行，而一个现代化强国其内在的精神必然是法治的精神，其内心的信仰必

① 曹红艳．全民普法建设法治社会［N］．经济日报，2014 年 10 月 20 日．

然是对法治的信仰。以普法为核心的法治宣传教育活动与其说是一次国家行动，不如说是一次民族精神的再造，只有把法治精神融入我们的民族精神，中国才能拥有更广阔的发展空间和更光明的发展前景[①]。

1.“七五”普法的背景

党的十八大以来，以习近平同志为核心的党中央对全面依法治国作出重要部署，对普法提出了新的更高要求，明确了普法的基本定位、重大任务和重要措施，为深入开展普法指明了方向，提供了基本遵循。党的十八届四中全会明确提出，坚持把全民普法和守法作为依法治国的长期基础性工作，深入开展法治宣传教育。在实施经济社会发展“十三五”规划的开局之年，“七五”全民普法规划也同步启动。

2016 年 4 月，中共中央、国务院转发了《中央宣传部、司法部关于在公民中开展法治宣传教育的第七个五年规划（2016—2020 年）》，全国人大常委会也通过了《关于开展第七个五年法治宣传教育的决议》。5 月 26 日，中宣部、司法部联合召开的第八次全国法治宣传教育工作会议正式启动“七五”普法规划，已是“而立之年”的全民普法，又起步迈向新的里程。

第八次全国法治宣传教育工作会议，“七五”普法正式启动

① 奚天宝．以法治宣传社会主义法治精神［N］．法制日报，2016 年 4 月 18 日．

2.“七五”普法的指导思想

高举中国特色社会主义伟大旗帜，全面贯彻党的十八大和十八届三中、四中、五中全会精神，以马克思列宁主义、毛泽东思想、邓小平理论、“三个代表”重要思想、科学发展观为指导，深入贯彻习近平总书记系列重要讲话精神，坚持“四个全面”战略布局，坚持创新、协调、绿色、开放、共享的发展理念，按照全面依法治国新要求深入开展法治宣传教育，扎实推进依法治理和法治创建，弘扬社会主义法治精神，建设社会主义法治文化，推进法治宣传教育与法治实践相结合，健全普法宣传教育机制，推动工作创新，充分发挥法治宣传教育在全面依法治国中的基础作用，推动全社会树立法治意识，为“十三五”时期经济社会发展营造良好法治环境，为实现“两个一百年”奋斗目标和中华民族伟大复兴的“中国梦”作出新的贡献。

3.“七五”普法的主要目标

普法宣传教育机制进一步健全，法治宣传教育实效性进一步增强，依法治理进一步深化，全民法治观念和全体党员党章党规意识明显增强，全社会厉行法治的积极性和主动性明显提高，形成守法光荣、违法可耻的社会氛围。

4.“七五”普法的工作原则

围绕中心、服务大局；依靠群众、服务群众；学用结合、普治并举；分类指导、突出重点；创新发展、注重实效。

5.“七五”普法的主要任务

深入学习宣传习近平总书记关于全面依法治国的重要论述；突出学习宣传宪法；深入宣传中国特色社会主义法律体系；深入学习宣传党内法规；推进社会主义法治文化建设；推进多层次多领域依法治理；推进法治教育与道德教育相结合。

6.“七五”普法的对象和要求

“七五”普法宣传教育的对象是一切有接受教育能力的公民，重点是领导干部和青少年。

坚持把领导干部带头学法、模范守法作为树立法治意识的关键，完善国家工作人员学法用法制度，把宪法法律和党内法规列入党委（党组）中心组学习内容，列为党校、行政学院、干部学院、社会主义学院必修课，把尊法、学法、守法、用法情况作为考核领导班子和领导干部的重要内容。坚持从青少年抓起，切实把法治教育纳入国民教育体系，制定和实施青少年法治教育大纲，在中小学设立法治知识课程，确保在校学生都能得到基本法治知识教育。同时，要求各地区各部门因地制宜开展有特色的法治宣传教育，突出加强对企业经营管理人员、农民工等群体的法治宣传教育。

7.“七五”普法的工作措施

一是健全普法宣传教育机制，各级党委和政府要加强对普法工作的领导，宣传、文化、教育部门和人民团体要在普法教育中发挥职能作用，积极动员社会力量开展法治宣传教育，建立健全工作考评激励机制。二是健全普法责任制，实行国家机关“谁执法，谁普法”的普法责任制，建立法官、检察官、行政执法人员、律师等以案释法制度，健全媒体公益普法制度，落实“谁主管，谁负责”的普法责任，强调各级党组织要切实履行学习宣传党内法规的职责。三是推进法治宣传教育工作创新，深化法律进机关、进乡村、进社区、进学校、进企业、进单位的“法律六进”主题活动，推进“互联网＋法治宣传”行动，加强对外法治宣传工作。

8.“七五”普法的组织领导

一要切实加强领导，要求各级党委和政府要把法治宣传教育纳入当地经济社会发展规划，把法治宣传教育纳入综合绩效考核、综治考核和文明创建考核内容。健全完善党委领导、人大监督、政府实施的法治宣传教育工作领导体制。二要加强工作指导，要求各级法治宣传教育领导小组加强沟通协调，充分调动各相关部门的积极性，形成推进法治宣传教育工作创新发展的合力。三要加强经费保障，要求各地区把法治宣传教育相关工作经费纳入本级财政预算，切实予以保障，并建立动态调整机制。

三、普法的意义

回顾普法工作的历程，看到普法取得的辉煌成就，我们更深刻地认识到党中央作出的在全体公民中深入开展法制宣传教育决策的正确性。如何认识普法在中国走向现代文明进程中的作用，对进一步坚定我们继续做好这项工作的信心，意义重大。

（一）开展普法，是维护国家长治久安的重要措施

1. 开展普法，为国家稳定和长治久安营造良好法治环境

全民普法和守法是实践依法治国的长期基础性工作。只有把全民普法工作深入持久地开展下去，才能提高全民法治观念，才能推动全社会法治意识，才能促进社会稳定和长治久安。通过在全社会广泛、持续、深入地开展法治宣传教育，提升全民的法治意识、法治思维和法治能力，才能进一步发挥法治在国家治理和社会管理中的重要作用，才能实现各项工作法治化，才能保障经济社会发展和全面建成小康社会目标的实现。

2. 开展普法，是实现社会治安明显进步、维护社会稳定的客观需要

维护社会稳定，是国家政治、经济和社会各项事业顺利发展的前提和保障。普法教育在维护稳定大局中具有重要作用。通过加强对广大公民的法治教育，提高公民法律素质，引导公民运用法律手段，正确处理各种利益关系，防止矛盾激化，消除各种不安定因素，维护社会稳定。特别是在社会治安综合治理和政治斗争中，通过开展形式多样、针对性强的普法教育，能够不断增强广大公民的遵纪守法意识、依法维权意识、治安防范意识和自觉与犯罪行为作斗争的意识，为打击和预防违法犯罪，维护良好的社会治安秩序，创造良好的法治环境①。

（二）开展普法，是依法治国、建设社会主义法治国家的基础工程

1. 实行依法治国，首要的和最根本的就是培养人民群众的民主意识和法律意识

众所周知，法律的实施和依法治国的实现，归根结底是要靠全体公民的遵

① 王金增．论加强我国普法教育的重要性和必要性［N］．中国劳动关系学报，2005（9）．

守和执行。国家的一切权利属于人民，人民是依法治国的主体。法治中国，与每个公民休戚相关，公民的法律意识和民主意识作为重要的内在驱动力量，是促进依法治国进程的关键。推进依法治国进程，不仅是法律制度的变革和模式重建，也是公民法律精神、法律价值观、法律意识和民主意识的深刻革命。法治中国，公民是最大的受益者，公民的法律意识和民主意识提高了，法治中国的宏伟目标才能早日实现。

2. 领导干部践行依法决策、依法行政是实行依法治国的重要环节

依法决策、依法行政是依法治国的重要组成部分，是体现我们党执政地位和执政作用的重要方面，在很大程度上对依法治国基本方略的实行具有决定性的意义。促进各级领导干部学习法律知识，强化法治思维，是推进法治政府建设，实现国家治理体系和治理能力现代化的重要保障。

3. 公民自觉守法、依法维护国家利益和自身权益是依法治国的重要基础

人民群众是依法治国的主体，人民群众的法律素质关系着依法治国的成败。没有人民群众的法律素质，依法治国就成了空中楼阁。通过学法用法，不断增强广大干部群众的法律意识和法律素质，使他们自觉地依法办事，依法维护自己的合法权益，运用法律手段同违法行为作斗争，使他们增强依法表达自身诉求的水平，增强依法参与国家经济、社会、文化事业和管理的能力。

（三）开展普法，是促进社会主义经济发展的需要

1. 开展普法，可以使广大人民群众自觉地维护以公有制为主体的社会主义生产关系，保证我国发展的社会主义方向

党的十四大明确指出我国经济体制改革的目标是建立和完善社会主义市场经济体制，这是一个历史性的战略决策。建立社会主义市场经济体制，关系到深化改革、扩大开放、加快经济发展的全局，需要各方面工作包括普法工作与之相衔接、相配合。为此，广大人民群众必须更新观念，在深化改革的过程中，坚定不移地维护和贯彻党的基本路线、把为改革开放和社会主义市场经济服务，作为普法工作的根本出发点和落脚点，抓住机遇，进一步加强、改进法

制宣传教育工作，更好地开展普法教育，为促进和保障社会主义市场经济体制的发展尽一份力量[①]。

2. 开展普法，有助于维护国家、企业和消费者之间的正常关系，建立良好的经济秩序

我们的社会主义法治是完全彻底为发展社会主义市场经济服务的。因此，普法工作绝不能游离于市场和改革开放之外，绝不能偏离和干扰经济建设这个中心。为经济建设和改革开放服务，是普法的出发点和落脚点。我们要在社会主义市场经济的大背景中透视普法工作，以改革的精神认识法治工作中的矛盾和种种问题，把普法工作真正纳入为社会主义市场经济服务的轨道。普法工作应该适应形势发展的需要，及时高效地把法律知识送到广大干部群众手中。努力维护国家、企业和消费者之间的正常关系，建立良好的经济秩序。

3. 开展普法，有助于运用法律的手段管理企业，提高科学技术水平和经济效益

市场经济是法治经济，企业的一切活动都必须依法进行，需要通过法律的手段规范企业的行为，依法确定企业与相关主体之间的权利义务，明确相互之间的法律责任，维护自身的合法权益。这就要求必须加强企业员工尤其是经营管理者的法治宣传教育，使他们牢固树立法治观念，熟悉和了解企业生产经营、管理、销售等各个环节的法律，做到依法决策、依法经营、依法管理、依法办事，这样才能使企业在应对各种挑战中，把握主动权，避免和降低各种风险带来的损失。

4. 开展普法，有助于在对外经济交往中维护国家利益

要想使我国社会主义经济进一步地繁荣和发展，必须大力开展对外经济交往。开展对外经济交往的一个首要任务，就是要普及和掌握涉外经济法律知识，只有依法规范对外经济活动，才能迅速有效地开创国外经济交往新局面，才能在对外经济交往中保护国家利益、维护国家形象。

---

① 黄淑和．为培育世界一流企业提供坚强法律保障［J］．今日观察，2011.

（四）开展普法，是促进社会主义精神文明建设和社会全面进步的内在要求

1. 开展普法，努力营造法治文明，是社会主义精神文明建设的重要内容，也是推进社会主义精神文明建设的有效途径

加强普法，努力营造法治文明，是社会主义精神文明建设的重要内容，也是推进社会主义精神文明建设的有效途径。在当前各种思想文化相互影响、思想观念日趋多样、人们的道德价值观念日趋多元的情况下，必须大力加强社会主义精神文明建设，必须深入持久地开展普法，把社会主义的价值信念、行为准则和道德良知渗透到法律规范中去，巩固马克思主义在意识形态领域的指导地位，提高全民族的道德水准和全社会的文明程度。

2. 开展普法，有利于解决经济发展和社会进步中的各种矛盾

开展普法，是保障和促进经济社会发展和实施规划的内在要求。深入开展普法，努力提高全体公民特别是各级领导干部的法律素质，对于营造良好的法治环境，保障和促进经济社会全面协调可持续发展意义重大；对于依法解决经济社会发展中的各类矛盾和问题，最大限度地实现好、维护好、发展好人民群众的根本利益，具有重要意义。

（五）开展普法，是提高全国公民整体素质的内在要求

1. 法律素质是国民整体素质的重要内涵之一

法律素质是指公民在法律知识、法律意识和依法办事能力方面的综合状态[①]。公民法律素质是国民整体素质的重要内涵之一，是法治化建设的基础。在法治化进程中，公民法律素质的问题渗透到依法治国的各个环节、各个层面、各个方面，并发挥着重要的作用。

2. 富强、民主、文明的国家必将是一个法制完备、全体公民具有较高法律素质的国家

富强、民主、文明、和谐，从中国特色社会主义现代化建设总体布局的高

---

① 苗连营．公民法律素质研究［M］．郑州：郑州大学出版社，2005（9）．

度展示了价值追求。法治是一个国家经济上民富国强、政治上人民当家做主、文化上繁荣昌盛的基本保障。法制完备是法治国家的重要标志，也是法治建设的首要目标。法律素质是国民整体素质之一，一个富强、民主、文明的国家必将是一个法制完备、全体公民具有较高法律素质的国家。

3. 普法有助于提高公民的法律意识、强化法治观念

大力加强普法，不仅能使公民树立较强的法治观念，提高自身的法律意识，更重要的是，普法本身及其产生的结果，对公民素质的价值观念、道德水平、社会性格、思维方式以及精神状态等具有不可替代的作用。

第二节 中央企业普法工作的背景、意义以及历程

一、中央企业开展普法工作的背景

国家普法工作已历经三十年，中央企业的普法工作作为国家普法的一个方面，伴随着国家普法工作的实施及政策的转变、社会形势的变化以及对法治社会认知的加深而不断展开和调整。

（一）国家普法工作启动后对企业的要求

企业的发展离不开依法经营和诚信守法，依法经营是现代化企业发展的生命底线。开展企业普法，把普法教育融入企业经营管理的全过程，进一步提高企业经营管理人员的法律素质和依法管理的能力，促进企业依法经营、依法管理、依法参与市场竞争、依法维护自身合法权益，是企业健康发展的法律保障。国家普法工作启动后，对企业普法宣教的要求随着社会的全面发展和社会主义市场经济的不断完善，逐步更新和提高。

1. “一五”普法到“三五”普法对企业普法工作的要求

1986 年至 2000 年，是我国的前三个五年普法阶段，在这一时期，从让所有民众认知基本的“十法一条例”开始，到向各个领域普及法律知识，尤其是

在“三五”普法期间提出：要围绕着社会主义市场经济建设，以社会主义市场经济法律法规为重点，力图使民众熟悉市场经济的运行规则，并将企业经营管理人员作为法治宣传教育的重点对象，要求企业经营管理人员要着重掌握《公司法》《劳动法》等与社会主义市场经济密切相关的法律、法规，并结合企业经营管理实际，学习其他有关法律、法规，提高依法经营管理水平。同时要求企业结合本地区、本行业、本单位的实际，把依法治理工作摆到重要位置，加大力度，提高水平。从坚持依法治国的高度出发，积极稳妥地推进依法治企，坚持学法用法相结合，全面推进各项事业的依法治理。

2.“四五”普法对企业普法工作的要求

“四五”普法对企业普法提出新要求，要求将企业经营管理者学法作为企业领导人培训纲要的重要内容之一，将依法决策、依法管理、依法经营作为考核企业经营管理者特别是国有企业经营管理者的重要依据，建立健全企业法律顾问制度①；同时要求企业经营管理人员要重点学习和掌握社会主义市场经济法律法规知识、国际经贸法律知识、企业管理法律知识，提高依法经营管理的水平和能力，建立健全企业经营管理人员法律知识培训制度。

为贯彻落实党的十六大和十六届三中全会关于全面推进经济法制建设，加强法制宣传教育，提高全民法律素质的要求，2003年12月，国务院国有资产监督管理委员会发布《关于加强中央企业法制宣传教育工作的意见》，该意见对中央企业普法宣传教育工作提出明确要求：一是充分认识新形势下加强中央企业普法、依法治企工作的重要意义；二是建立健全普法工作制度，将普法工作纳入规范化、制度化轨道；三是普法和依法治企工作要密切联系企业实际，注重工作实效；四是积极探索、大胆创新，采取更加灵活多样的普法形式；五是加强对普法和依法治企工作的领导。

---

① 陈泽鸿．论企业法律文化与合规文化之间的共性和差异［J］．企业科技与发展，2012．

3.“五五”普法对企业普法工作的要求

“五五”普法更加重视企业法制教育和法制培训工作，“五五”普法规划明确提出：开展“法律进企业”活动，促进企业依法经营、诚信经营。具体内容为：围绕企业生产经营和改革发展，开展多种形式的法制教育和法制培训，提高企业经营管理人员和广大职工法律素质；按照“谁主管，谁负责”的原则，加强对广大职工进行劳动和社会保障、工会及民主管理方面的法制教育，建立企业干部职工学法用法制度；深入开展依法治企活动，促进企业建立健全规章制度，完善和规范企业运行机制，提高企业依法经营和管理水平；完善企业民主管理制度，依法保障职工的合法权益；坚持法制教育与诚信教育相结合，开展争创诚信守法企业活动，促进现代企业制度的建立。

同时，为贯彻落实“五五”普法规划和《全国人民代表大会常务委员会关于加强法制宣传教育的决议》以及《国务院国有资产监督管理委员会关于在中央企业开展法制宣传教育的第五个五年规划》精神，2006 年 12 月，中宣部、国务院国资委、司法部等联合发布《关于加强企业经营管理人员学法用法工作的若干意见》，意见对企业经营管理人员学法用法工作的指导思想、目标任务、学习内容、方式方法、工作要求进行了明确规定。

4.“六五”普法对企业普法工作的要求

“六五”普法要求企业继续深化“法律进企业”主题活动，提高企业核心竞争力和依法防范风险的能力，积极开展企事业经营管理人员法制宣传教育，加强社会主义市场经济和与企业经营管理相关的法律、法规宣传教育，进一步增强企业经营管理人员诚信守法、依法经营、依法办事的观念，把法制培训纳入国有企业负责人培训内容[①]，把依法决策、依法经营、依法管理情况作为企经营管理人员考核的重要内容，进一步完善企业法律顾问制度，发挥法律顾问在企业依法经营管理中的作用，深化企业职工法制宣传教育，引导职工遵纪守

① 骆端，唐正旭．错位与回归：“六五”普法规划的宏观构想［J］．法制与社会，2010 年 3 月（中）．

法，依法维护合法权益[①]。

5.“七五”普法对企业普法工作的要求

“七五”普法将企业普法工作推到一个新的高度，要求推进社会主义法治文化建设，把法治文化纳入现代公共文化服务体系，推动法治文化与企业文化融合发展。

“七五”普法从学习宣传的内容、对象、方式等多方面对企业普法宣教工作提出了更加具体、明确的要求：企业各级领导干部、管理人员要认真深入学习宣传习近平总书记关于全面依法治国的重要论述、突出学习宣传宪法、深入宣传中国特色社会主义法律体系和党内法规；继续在全体员工中普及《宪法》《民法》《公司法》《劳动法》等国家的基本法律知识，在普及法律知识的同时，要注重弘扬法治精神、培育法治理念、树立法治意识，大力宣传宪法法律至上、法律面前人人平等、权由法定、权依法使等基本法治理念，提升全员尊法、守法意识，强化规则、契约意识，引导各级领导和广大员工自觉尊法、学法、守法、用法；要认真组织好新颁布实施的法律法规特别是与行业、工作、生活密切相关的法律法规的学习宣传教育；每年组织两次以上领导班子集中学法，把宪法法律、党内法规、与企业经营发展密切相关的监管政策和合规要求列入中心组学习内容，确保领导干部年度学法不少于40小时；加强关键岗位、业务一线员工的法治教育，确保每人年度学法不少于两次，牢固树立“法律红线不能碰触”“法律底线不能逾越”等观念。

（二）中央企业自身对依法治企工作的迫切要求

开展普法工作至今，中央企业深入推进法治建设，依法经营管理水平不断提升，依法治企能力明显增强，为改革发展提供了重要的支撑保障。但与此同时，中央企业法治工作与全面依法治国的要求相比还有不小差距。新形势下，全面建设法治央企，是贯彻落实全面依法治国战略的重要内容，是进一步深化

① 肖义舜．认真落实“六五”普法规划努力服务经济社会科学发展［J］．中国司法，2012(2)．

国企改革的必然要求，也是提升企业核心竞争力，做强做优做大中央企业的迫切需要。

依法经营是企业参与市场竞争的自发需要。社会主义市场经济本质上是法治经济。当前我国市场经济法律体系不断完善，平等保护产权、维护公平竞争的市场秩序逐步建立健全，政府职能转变、简政放权的各项措施和配套法律、法规持续健全，各类社会主体的依法治理能力进一步提升。公平的市场竞争环境进一步确立，对国有企业的依法经营工作也提出了更高的要求。国有企业必须更加注重在法治轨道上推进市场化改革，坚持以法治固化改革成果、为改革保驾护航；必须更加注重提升依法治企能力，进一步规范公司治理、依法合规经营，在公平的市场竞争中不断发展壮大；必须更加注重依法开展国际化经营，熟练掌握和运用国际规则，严格遵守所在国法律，为实施“走出去”战略、参与“一带一路”建设提供有力的法治保障。

二、中央企业开展普法工作的重要意义

（一）深入开展企业普法是建设“法治央企”的基础性工程

法治，是一个国家文明进步的重要标志，也是现代企业的鲜明特征。党的十八届四中全会描绘了全面依法治国的清晰蓝图，为建设法治中国按下了“快捷键”[①]。作为法治蓝图上的重要图景，中央企业在法治轨道上推进改革发展也已具备了强大动力。认真贯彻落实党的十八届三中、四中、五中全会精神和习近平总书记系列重要讲话精神，按照全面依法治国战略部署，围绕中央企业改革发展总体目标，适应市场化、现代化、国际化发展需要，坚持依法治理、依法经营、依法管理共同推进，坚持法治体系、法治能力、法治文化一体化建设，加强制度创新，以健全公司法人治理结构为基础，以促进依法经营管理为重点，以提升企业法律管理能力为手段，切实加强对企业法治建设的组织领导，大力推动企业治理体系和治理能力现代化，促进中央企业的健康可持续发展。

① 李丹．在法治轨道上建设“阳光央企”［N］．中国石油报，2015（12）．

（二）深入开展企业普法保证了企业持续健康发展

中央企业是社会财富的创造者，是推动经济的主力军，加强中央企业普法，是规范企业内部管理、促进市场经济健康发展的有效保障。深入开展普法，是加强企业精神文明建设的重要任务。加强普法，努力营造法治文明，是企业精神文明建设的重要内容，也是推进企业精神文明建设的重要途径。在企业员工的思想观念、道德价值观念日趋多样及多元化的情况下，企业要加强精神文明建设就必须深入持久地开展普法，把正确的价值观念、行为准则和道德良知渗透到法律规范中去，从而提高企业全体员工的道德水准和精神文明程度。

企业普法的开展，是保障企业发展、维护企业及员工的根本利益的内在要求。企业要实现跨越式发展除有正确的指导思想外，也需要有完备的法制来保障。企业要把中长期发展的指导方针、奋斗目标、主要任务和重大措施，与普法教育有机结合起来①。深入开展普法,努力提高企业全体员工特别是企业高层管理人员的法律素质，对于营造企业良好的法治环境，保障和促进企业全面发展、依法解决运营管理中出现的各类矛盾和问题，最大限度地维护企业及员工的根本利益。

（三）深入开展普法有力地防范了企业经营中的各类法律风险

通过法制宣传教育活动，进一步提高企业工作人员的认识，强化法律风险防范意识，把依法办事作为企业的一种核心价值理念，使依法决策、依法经营管理、依法进行各项业务活动成为自觉行动。特别是企业的主要负责人，应清醒地认识到法律风险对企业生存和发展的重要影响，从事关企业生死存亡的战略高度来认识和重视企业法律风险管理，把建立健全企业法律风险防范机制作为企业的一项重要工作②。

---

① 徐秋晨．试论国有企业普法教育的重要性和措施［J］．党史博采：理论，2013（02）．

② 石晓峰．浅析国有企业“七五”普法依法治理的实践形式［J］．法制博览，2016．

从近年来中央企业发生的大量法律纠纷案件看，其重要的原因，一是企业普法工作薄弱，致使一些企业和企业负责人不知法、不懂法、不守法、不用法；二是企业法律风险防范机制不健全，致使一些企业未能有效避免经营管理中存在的法律漏洞和法律风险。

普法工作是知法、懂法、守法、用法的基础，是建立健全企业法律风险控制机制的前提，在企业依法经营管理中起着重要的基础性作用。为保障国有资产保值增值，依法维护企业合法权益，中央企业要继续深入开展法制宣传教育，进一步提高依法治企的水平。

（四）深入开展普法是加强员工法律意识的有力推手

依法治企要与职工队伍建设密切结合起来，积极培育企业法治文化，开展全员法制教育，让广大职工在日常工作中自觉做到遵守公司的各项规章制度，不懈怠，不推诿；工作在状态，敢于作为，乐于作为，善于作为；做事正确，正确做事[①]。在公司上下，形成依法做事，按章办事的良好作风。坚定不移地坚持依法治企，为企业发展提供根本性、全局性、长期性的制度保障，树立企业良好形象和品牌，推进企业健康可持续发展。建设法治企业，必须自上而下推行全员法治建设，建立适用于全员的法治文化，全面提升企业全体职工的法治理念。

企业全体职工是推动法治企业建设的群众基础，只有全体职工遵章守纪，才能切实保障企业权益，维护职工合法权益。领导干部是全面推进依法治企的重要组织者、推动者和实践者，要带头学法遵法，要自觉提高运用法治思维和法治手段推动发展和科学创新，以身作则、以上率下，作依法治企的表率。

三、中国移动开展普法工作的历程

（一）邮电、电信时期的普法工作

中国移动是根据国家关于电信体制改革的部署和要求，在原中国电信移动

---

① 王喜民．浅议企业普法教育工作［J］．山西青年，2010.

通信资产总体剥离的基础上组建的国有重要骨干企业，其前身经历了邮电分家和电信分营。因此，中国移动的普法工作首先要从邮电和电信时期的普法工作谈起。

1. 邮电和电信时期普法的主要内容

邮电和电信时期普法工作的主要对象是企业全体员工，特别是领导干部；当时重点是在学习“十法一条例”的基础上，加强邮电和电信专业法律、法规的学习，并深入宣传与企业经营管理密切相关的法律、法规，为企业经营提供法律风险防范建议，以便进一步提高企业依法决策、依法经营管理的能力。

2. 邮电和电信时期普法工作取得的成绩与经验

历经了三个五年普法阶段的邮电和电信企业，全员法律意识和法律素质得到明显提高，形成了学法、懂法、守法、用法的良好氛围，使法治成为企业全员内化于心、外化于行的价值观。同时，邮电、电信企业坚持把学法、用法与公司深化改革、完善公司治理结合起来，与提高集中管理能力、完善投资管理、财务管理等结合起来，与提高企业核心竞争力、加强知识产权保护、推进科技创新和品牌建设结合起来，与维护企业形象、履行社会责任结合起来，将公司改革发展的各项重点工作纳入法治化、规范化轨道，形成了“决策先问法，违法不决策”的良好法治思维。随着普法工作的深入，企业法律风险防范机制逐步建立健全，企业总法律顾问和法律实务机构的设置逐步到位，企业法律管理制度进一步完善，企业经营管理规章制度得到逐步完善，企业法律纠纷处理能力得到显著增强。

（二）中国移动“四五”普法，是公司普法的开端

中国移动于2000年4月20日正式成立，公司成立之初面临着组织机构及工作流程亟待完善、法律管理力量薄弱等困难，但在普法工作方面依然提出了高标准的工作要求。为贯彻落实《中共中央、国务院转发〈中央宣传部、司法部关于在公民中开展法制宣传教育的第四个五年规划〉的通知》《全国人民代表大会常务委员会关于进一步开展法制宣传教育的决议》的精神，根据《国家经济贸易委员会关于印发〈全国经贸委系统法制宣传教育第四个五年规划〉的通知》和《中华人民共和国工业和信息化部关于印发〈信息产业系统“四五”法制宣传教育规划〉的通知》的要求，中国移动于2002年及时制定下发了《中国移动通信集团公司“四五”法制宣传教育规划》。在“依法治国”大政方针的指引下，公司克服基础薄弱、经验不足等困难，积极开展“四五”普法宣传教育，全面推进依法治企工作，并取得阶段性成效。

1. 中国移动“四五”普法的主要内容、对象以及目标

（1）中国移动“四五”普法的主要内容

继续深入学习宪法和国家基本法律，学习与社会主义市场经济特别是与通信行业相关的法律、法规，学习与加入WTO相关的法律知识。

（2）中国移动“四五”普法的对象

“四五”普法的对象为公司全体员工，包括各级领导干部、经营管理人员、专业技术人员和广大员工。

重点教育对象是各级领导干部和经营管理人员。

（3）中国移动“四五”普法的目标

紧密联系企业实际情况，继续全面深入地开展法制宣传教育工作，大力推进企业法制建设，进一步提高企业全体员工的法律意识和法律素质，促进企业依法经营、依法管理，为最终实现“世界一流通信企业”的战略目标提供良好的法制环境。

2. 中国移动“四五”普法工作取得的成绩和经验

经过创造性地开展“四五”普法及依法治企工作，员工整体的法律意识和法律素质得到明显提高，企业法律顾问制度建设成效明显，基础管理制度与法律工作管理进一步完善，企业法律管理机构人员进一步充实，企业合同管理进一步规范，合同草拟、审批、签署有章可循，法律风险明显降低，企业诉讼管理普遍加强，企业法律顾问参与重大决策和解决法律纠纷的能力与水平明显提高，为企业避免和挽回了经济损失。

通过开展形式多样的普法和依法治理活动，公司内部逐步形成了学法、知法、守法、用法的良好局面，为营造企业发展所需的良好法制环境发挥了积极

作用。

（三）中国移动“五五”普法，实现了普法与企业生产经营的深入融合

根据《中央宣传部、司法部关于在公民中开展法制宣传教育的第五个五年规划（2006—2010年）》的全面要求，在国务院国资委以及行业主管部门的正确领导与统一部署下，中国移动深入学习实践科学发展观，认真贯彻落实党的十七大和十七届四中全会精神，结合创优争先活动开展，紧密联系企业生产经营实际，广泛、深入、创新地开展“五五”普法工作，积极推进依法治企。

1. 中国移动“五五”普法的主要内容、对象以及目标

（1）中国移动“五五”普法的主要内容

突出抓好宪法的学习宣传，着力提高中国移动全体员工的宪法意识；深入宣传学习与企业生产经营管理密切相关的法律、法规；依照国资委要求，在法制宣传教育工作中积极推进以总法律顾问制度为核心的企业法律顾问制度建设，不断缩小与一流企业在法律顾问机构、队伍和人员素质方面的差距。

（2）中国移动“五五”普法的对象

中国移动“五五”普法的对象是企业全体员工，重点对象是公司的各级经营管理人员。

（3）中国移动“五五”普法的目标

积极响应国家关于“五五”普法工作的安排和部署，结合企业持续、快速、健康发展的现实需求，通过深入扎实的法制宣传教育和实践，进一步提高全体员工的法律意识和法律素质，注重企业的社会责任，加强依法治企工作，以建立健全依法决策和中国移动法律风险管理体系为重点，进一步完善企业法律顾问制度，加强规章制度建设和知识产权法律保护工作，充分发挥普法对实施卓越工程、打造“一个中国移动”（One CM）的积极促进作用。

2. 中国移动“五五”普法工作取得的成绩和经验

五年来，中国移动上下累计共举办普法培训班近800期，受训人数达8万余人次；开展普法宣传活动近千次，受众达20万余人次。“五五”普法工作的深入开展，取得了良好的成绩，进一步增强了公司全员的法律意识，提升了公

司全员的法律素质，促进了公司各项事务的依法管理，为公司实现可持续平稳较快发展提供了强有力的法律保障。

普法工作是一项长期性、基础性工作，需要贴近实际、贴近生活、需要用广大企业领导、员工喜闻乐见的方式开展。虽然中国移动在结合行业特征开展信息化普法、多样化普法方面取得了一定的成绩，但是普法形式的创新、普法与实际工作的结合是一个永无止境的过程，需要中国移动在今后的普法工作中进一步努力深入挖掘。

（四）中国移动“六五”普法，践行“法治央企”、打造“法治移动”

根据《中央宣传部、司法部关于在公民中开展法制宣传教育的第六个五年规划（2011—2015 年）》的要求，在全国普法办公室、国务院国资委的正确领导与统一部署下，中国移动深入贯彻落实党的十八大和十八届三中、四中全会精神，深入贯彻落实习近平总书记系列重要讲话精神，紧紧围绕“四个全面”战略布局，紧密联系企业生产经营实际，制定了《中国移动通信集团公司关于开展法制宣传教育的第六个五年规划》（中移法〔2011〕218 号），广泛开展“六五”普法工作。

1. 中国移动“六五”普法的主要内容、对象以及目标

（1）中国移动“六五”普法的主要内容

深入学习宣传宪法，学习宣传与企业生产经营管理密切相关的法律、法规，深化完善企业依法决策、依法经营管理。深化合同管理工作，持续推进合同管理信息化建设，实现合同全过程管理与控制。加强法律诉讼纠纷管理，提高纠纷预防和救济能力，推进对诉讼案件的全过程、规范化和信息化管理，体现案件管理工作价值。拓展知识产权管理领域，保障公司技术创新和业务发展，强化知识产权管理制度建设和成果保护，提升知识产权管理能力。努力创造条件，进一步加强企业法律顾问队伍建设，积极为法律管理人员参加企业法律顾问资格考试创造有利条件，实现法律顾问队伍人员数量和职业化水平的同步提升。

（2）中国移动“六五”普法的对象

中国移动“六五”普法的对象是中国移动全体员工，重点是中国移动各单

位负责人、企业总法律顾问和中层以上经营管理人员。

（3）中国移动“六五”普法的目标

积极响应国家关于“六五”普法工作的安排和部署，通过深入扎实的法制宣传教育和实践，进一步提高企业领导人员及经营管理人员的法律意识和法律素质，进一步提高依法决策和依法经营管理能力；深化完善企业总法律顾问制度和法律风险防范机制，进一步发挥企业法制工作在企业改革发展中的作用；推进企业合规文化建设，进一步增强企业的诚信意识和法制观念，形成自觉学法、守法、用法的法治环境。

2. 中国移动“六五”普法工作取得的成绩和经验

在“六五”普法期间，中国移动圆满完成国资委法制工作三年目标，实现规章制度、经济合同和重要决策法律审核把关率三个 100%，总部和各重要子企业均设立总法律顾问和相对独立的法律事务机构，全系统专职法律管理人员从 184 人提升至 414 人，持证上岗率从 41.3% 提升至 62.3%，企业法律顾问队伍职业化水平显著提升；着力开展法治央企建设工作，进一步深化企业法律风险防范机制、法律顾问制度和法律工作体系建设，进一步提升合规管理能力和依法治企能力，依法保障促进公司持续健康发展；五年间，全集团审核合同约 330 万个，涉及合同金额 22000 余亿元，处理诉讼案件 3300 余起，涉案金额近 14 亿元；扎实推进企业合规文化建设和依法治企目标的实施，努力提高领导员工法律素质和能力，为公司持续健康发展营造良好的法治氛围，全面完成“六五”普法各项工作任务。

通过“六五”普法各项宣传教育活动的全面开展，企业上下形成了依法治企的良好氛围，使法治成为企业全员内化于心、外化于行的价值观。

“六五”普法期间，中国移动依法治企能力和法律支撑水平得到了全面提升。坚持把学法用法与深化改革、完善公司治理结合起来，与提高集中管理能力、完善投资管理、财务管理等结合起来，与提高企业核心竞争力、加强知识产权保护、推进科技创新和品牌建设结合起来，与维护企业形象、履行社会责任结合起来。将公司改革发展的各项重点工作纳入法治化、规范化轨道，形成了“决策先问法，违法不决策”的良好法治思维。

随着“六五”普法及依法治企各项工作的深入推进，公司尊法、学法、守法、用法的法律文化已初步形成，并正在逐步演化成为企业文化不可分割的一部分。

（五）中国移动“七五”普法，开启公司普法新篇章

党的十八大以来，以习近平同志为核心的党中央对全面依法治国作出了重要部署，对法治宣传教育提出了新的更高要求，明确了法治宣传教育的基本定位、重大任务和重要措施。为深入贯彻落实全面依法治国战略部署，适应“十三五”时期公司改革发展新任务对法治宣传教育提出的新要求，进一步提升依法治企能力和水平，中国移动根据《国务院国有资产监督管理委员会关于在国资委系统开展法治宣传教育的第七个五年规划（2016—2020年）》（国资发法规〔2016〕99号），结合公司实际，制定《中国移动通信集团公司关于开展法治宣传教育的第七个五年规划》，紧密围绕公司改革发展中心任务和“大连接”战略，以打造“法治移动”为核心，深入开展法治宣传教育，为公司改革发展营造良好法治环境。

1. 中国移动“七五”普法的主要内容

深入学习宣传党内法规和习近平总书记关于全面依法治国的重要论述，深入学习宣传作为国家根本大法的宪法，深入学习宣传中国特色社会主义法律体系和与企业经营发展密切相关的法律、法规。

2. 中国移动“七五”普法的对象

中国移动“七五”普法的对象是公司全体干部职工，重点是领导干部和基层职工。

3. 中国移动“七五”普法的目标

普法宣传教育机制进一步健全，法治宣传教育实效性进一步强化；公司依法治理、依法经营管理能力不断增强；全员法治意识和全体党员党章党规意识明显提升，厉行法治、遵循合规的积极性、自觉性和主动性显著提高；“和法同行、尊享规则”的企业法治文化氛围更加浓厚。

4. 中国移动“七五”普法工作展望

我们坚信，中国移动在“七五”普法期间，普法宣教工作制度将进一步健全，普法工作将形成常态化、规范化的工作机制。通过不断创新普法形式，深入宣传“和法同行、尊享规则”的理念口号，大力推动“法治移动讲堂”品牌建设，中国移动全员的法治思维能力意识将明显增强，依法治理、依法经营管理能力将不断提高，中国移动“七五”普法工作将取得更大的成绩。

结语▶普法三十载，全民普法实现了从普及法律常识到推进依法治国、从法制启蒙教育到培育法治文化的升华，让我们更加深刻地认识到“全民普法和守法是依法治国的长期基础性工作”，坚定了普法的信心、决心。同时，作为中央企业的中国移动也全面回顾了普法的历程，并清晰地看到了普法工作开展以来对企业依法经营发展，提高员工法律素质的深远影响，更加坚信了中国移动持续深入推进普法宣教工作，大力弘扬“和法同行、尊享规则”的理念。

第二章

企业法治文化建设篇

本章试图通过对企业法治文化与企业文化、企业法治文化与依法治企等关系的梳理，尝试描述出企业法治文化的概念、构成及其功能。在此基础上，通过对部分行业和企业开展企业法治文化建设的案例研究，进一步探究企业法治文化建设中的规律性内容，并对企业如何构建企业法治文化体系提出相应的建议和意见。

第一节　企业文化与法治文化

一、企业文化

（一）企业文化的概念

通常认为，企业文化是指在一定的社会、经济、政治和文化等环境的影响下，通过企业家的培育和倡导，企业员工群体在长期的生产经营和管理实践中，所创造和形成的具有本企业特色的共同理念、历史传统、道德规范、员工素养、价值观念和行为准则，以及蕴含在企业形象、企业产品、企业经营和企业制度之中的文化特色所表现的形态总和。[①]企业文化是企业的根基和灵魂，在企业可持续发展中起着举足轻重的作用。

（二）企业文化的内涵

1. 企业文化是一种文化形态，其相对整个社会文化而言，属于亚文化。企业文化是社会文化与企业管理实践相融合的产物，是社会文化的一种具体形态或者存在形式，也是整个社会文化体系的一个有机组成部分。可以说，自从有了企业，就有了企业文化。一个企业一旦建立并开展生产经营活动，这个企业也就自觉或不自觉地开始了其文化的形成与发展过程，而良好的企业文化，将成为企业员工团结奋斗的精神纽带和力量源泉。

2. 企业文化是一种管理方式。把文化发挥作用的机理运用于企业生产经营和管理的实践，形成一种独特的管理风格，可以改进企业经营管理，提高经营管理水平。这种新的管理风格长期坚持，并逐渐固定下来，成为一种新的管理方式，这就是企业文化管理。企业文化管理的核心，就在于通过确立一个组织的共同理念和价值观，统一企业员工的思想意志、价值取向和行为规范，从而达到凝聚管理合力、节约管理成本、提高管理效能的作用。

3. 企业文化是一种管理理论。企业文化管理的实践经验经过系统的总结、科学的概括、抽象的提炼，得到理论升华，它是关于企业文化的内涵、功能、作用，以及如何建设企业文化和发挥企业文化作用的科学。它既反映文化建设和发展的一般规律，又反映企业管理的一般规律，是文化与经济和管理相结合的产物，是对已有企业管理理论的创新，是企业管理理论的发展和飞跃。

二、法治文化

（一）法治文化的概念

美国有学者认为：“法治文化基本上是指人们对法律、法律机构和法律判决

① 聂清凯，何浩明．企业文化力论纲［M］．北京：企业管理出版社，2012．

的制作者的各种观念、态度和期望。”[①] 在日本法学界，学者们把法治文化等同于法律意识或者法律观念。目前，我国多数学者认为，法治文化是人类的法律实践活动以及支配法律实践活动的法律观念、法律心理、法律制度、法律思维方式、法律行为方式等的总和。

（二）法治文化的内涵

法治文化这一概念，大致包括以下三个层次的内涵：

一是法治文化具有其自身的内在体系和结构。其结构可以分解为表层结构和深层结构两个部分。表层结构中包含的内容主要是人们的法律实践活动，包括人们的法律行为模式以及由此形成的专门的法律制度、法律机构和更外在的法律条文、法律文件等。深层结构中包含的内容是人们的法律心理，以及与此相联系的法律思维方式、法律行为方式和以群众认同为基础的法律观念、法律价值观等。

法治文化所指的不仅仅是人们的外部行为，包括公民如何行使和捍卫自己的权利、行政官员如何执行法律、法官如何审理案件这样一些现实的行为，也涉及引发这些行为的心理过程，诸如公民如何看待自己的权利和义务、官员如何看待自己的权力和责任等。后者往往为人们所忽视，而研究一个社会的法治文化，是以研究法律观念和法律心理为核心的。经验表明，在为建立现代法律秩序而进行的普法宣传中，传播新的权利义务观念和法律的基本原理和精神，似乎比向公众传播灌输大量的法律条文更容易收到预期的效果。

二是法治文化是一个有机的整体，但这并不等于说在一个社会的法治文化系统之中不存在差别。实际上，法治文化系统常常是由若干既有共性也有个性的子系统组成的。学者们从不同角度将法治文化进行分类，最常见的分类是把法治文化分为古代（或传统）法治文化和现代法治文化两种。

三是法治文化的根本问题是加强法治建设。实行依法治国，要求人们必须

① ［美］L.S. 温伯格，J.W. 温伯格．论法律文化和美国人对法律的依赖性［J］．法学译丛，1987.

具有很高的文化素质，具有很好的法律素质，具有很强的法治观念和依法办事的能力。法治建设不仅是法律体系的建设，也包含公民法治意识的养成和法律素质的提高。法治建设的过程，实质上就是用法治观念和法律制度教育人、改造人、培养人、塑造人的过程。在国家的政治、经济、生态、文化和社会生活等各个领域已基本做到有法可依的情况下，尊崇宪法和法律，认真学法、真正懂法、严肃执法、善于用法，就成为法治建设的主要内容。

可以说，加强法治建设乃是法治文化的根本问题。离开法治建设谈法治文化，法治文化也将成为无源之水、无本之木。

三、企业文化与法治文化的关系

（一）法治文化对企业文化的作用

1. 以法治的手段完成企业文化建设的根本任务。法治不仅能够为人们提供具体的行为模式，而且着眼于对每个人的行为及其后果的约束，使其真正做到“遵法守信”，防止和制止行为失范，并彰明正确的行为取向。这就是说，在规范人们的行为方面，法治能够起到道德所不具有的刚性硬约束作用。

2. 以法治的形式保障职工在企业文化建设中的主体地位。通过法治手段和法治方式保障企业职工当家做主，能够吸引和激励职工群众参与企业文化建设活动，巩固职工群众在企业文化建设中的主体地位，调动职工群众参与企业文化建设的积极性和创造性，保证企业文化建设具有不竭的推动力。

3. 以法治的方式发挥企业文化的社会功能。企业文化的最大功能是达到整个企业的有序发展。法律的强制力能有效地规范人们的行为，促使企业健康有序地发展。法治文化的建立与健全会更有利于发挥企业文化的社会功能。[①]

由此可见，法治文化对企业文化起着重要的作用，它是企业文化建设顺利进行的必要条件和重要保证。没有强有力的法治文化，就没有强有力的企业文化，以法治文化促进企业文化，是企业文化发展的内在要求。事实证明，作为

---

① 谢健，奚从清．现代企业文化（第二版）［M］．浙江：浙江大学出版社，2011．

企业文化的一个必要条件和重要保证，法治文化不仅已经介入企业文化建设领域，而且其作用越来越突出。我们应当站在时代和全局的高度，认清充分依靠法治文化进一步促进企业文化建设的重要性和必要性。

（二）企业文化对法治文化的作用

1. 企业文化的指导原则要求以法治的方式保障。我国建设社会主义现代企业文化必须坚持如下正确的指导原则，即坚持解决和发展生产力的原则；坚持以公有制为主体，多种经济成分共同发展的原则；坚持勤劳致富和共同富裕的原则；坚持与市场经济规律相适应的原则；等等。这就向法治文化建设提出要求，即为实现上述正确的指导原则提供法律的保障。事实上，我国的宪法、法律、法规及政策已提供了这方面的保障。

2. 企业文化的行为制度要求以法治的形式建立。在市场经济中进行交易，要有行为规范和竞争规则，要建立一系列制度。这正是企业文化建设的题中应有之义，这些都需要用法治的形式加以肯定。随着深化改革和扩大开放，中国的企业将越来越多地参与国际竞争，尽可能扩大世界市场的占有份额，中国经济的国际化程度将越来越高，扩大对外贸易，引进先进技术和国外资金，发展各种形式的合作与交流，处理各种涉外关系，主要依靠法律进行调整。因此，中国的企业文化在行为制度建设方面，也必须符合国际规则的要求。

3. 企业文化的伦理道德要求以法治的形式维护。企业伦理道德是企业文化的重要组成部分，它直接体现了企业文化的特色，并用具体的形式表现企业文化的约束功能和塑造功能。企业文化中的伦理道德建设，对于在企业管理中充分运用软约束来进行管理发挥着重大作用。但是，企业伦理道德这种软约束又离不开法律这种硬约束而发挥其作用。通过持久的思想教育和严格管理，他律的东西就会逐渐地转化为自律的东西。企业员工只有切实做到遵从职业道德、社会公德、遵纪守法，才能恪守最基本的道德要求。

4. 企业文化的管理职能要求在法治规范的框架下进行。企业文化是最新的管理科学，必须把教育与管理有机地结合起来。就本质而言，实行科学的严格的企业管理，也就是加强民主法制的过程。企业管理必须在法制规范的框架下进行，是法制规范的具体展开，只有这样，企业文化才能真正发挥其管理职能。[①]

总体来看，企业文化和法治文化是互为条件、互相促进的。市场经济是法治经济。在市场经济条件下，加强企业文化建设，离不开法治的作用。企业领导干部既懂企业文化，又懂法治文化，才能真实实现依法治企，把企业带到依法合规的轨道上来。

第二节　依法治企与企业法治文化

一、依法治企

（一）依法治国方针的确立

2014 年 10 月，党的十八届四中全会首次专题讨论“依法治国”问题。同年 10 月 28 日，《中共中央关于全面推进依法治国若干重大问题的决定》发布，提出“全面推进依法治国”方略和“加快建设社会主义法治国家”目标，更加注重发挥法治在社会发展各领域的重要作用，各种社会主体都应依照法律来规范自己的行为。所谓依法治国，就是依照体现人民意志和社会发展规律的宪法和法律来治理国家，而不是依照个人意志和主张治理国家；要求国家的政治、经济的运作，社会各方面的活动统统依照宪法和法律进行，而不受任何个人意志的干预、阻碍或破坏。

依法治国是新时期中国共产党领导人民治理国家的基本方略，是发展社会主义市场经济的客观需要，也是社会文明进步的显著标志，是国家长治久安的必要保障，是人民当家做主的根本保证，是“四个全面”战略布局的重要组成部分。党领导人民制定宪法和法律，并在宪法和法律范围内活动。依法治国把坚持党的领导、发扬社会主义民主和严格依法办事统一起来，从制度和法律上

① 谢健，奚从清．现代企业文化（第二版）[M]．浙江：浙江大学出版社，2011．

保证党的基本路线和基本方针的贯彻实施，保证党始终发挥总揽全局、协调各方的领导核心作用。

（二）依法治企理念的提出

依法治企是在依法治国这一新时期国家战略布局下所提出的对企业运营管理的基本要求和需要，是促进企业健康可持续发展的必然趋势，是企业做强、做优的必由之路。全面推进依法治企是现代法治社会的根本要求，是形势发展的客观需要，是促进企业发展的有力保障，是保护企业干部职工各方面安全的重要措施，是维护企业合法权益的必要手段。

依法治企理念具有十分丰富的内涵。其基本含义是企业经营管理者应当依据国家宪法法律、企业规章制度流程、商业道德、交易习惯、契约承诺来开展各项经营管理活动，而不是任凭个人的意志来管理企业；依法决策、依法经营、依法维权，使企业的一切生产经营活动均不违反国家法律、法规与相关制度。具体来说，依法治企理念包括以下三个方面的基本内涵：一是在国家法律和企业规章制度面前人人平等，二是树立和维护国家法律和企业规章制度、流程的权威，三是严格依法决策、依法办事。[①]

二、企业法治文化

（一）企业法治文化的概念

一般认为，企业法治文化是指企业管理和企业文化中渗透着法治精神和法治理想的制度、规范、意识、价值观、心理等文明形态的总和。企业法治文化既是国家法治文化或社会法治文化的重要内容，也是企业文化的重要基石。法治国家和法治社会建设丰富了企业法治文化，企业法治文化的繁荣发展也进一步推动了法治国家和法治社会的建设。

（二）企业法治文化的构成

一般而言，企业法治文化涉及企业法治意识文化和企业规章制度文化等层

---

① 张红习．以企业法治文化促进依法治企［J］．化工管理，2008（9）．

次。企业法治意识文化一般包括：企业及其员工严守法纪意识、尊崇规则意识、践行承诺意识、尚德修身意识、平等自愿意识、公平正义意识、诚实信用意识，体现为企业在长期的运营管理过程中，企业管理者及员工对宪法和法律规则的尊崇，对商业道德的遵循，对契约承诺的践行，对公平、正义、诚实信用的认知与信仰。

企业规章制度文化体现为企业在生产经营过程中，主动学习、遵守、运用企业外部各项法律制度和规则标准的意愿和能力，以及主动根据外部规则要求和监管要求，将企业的价值观、战略目标和愿景、具体管理要求通过制定企业内部相关规章制度，并推动此类规章制度贯彻实施的意愿、能力和氛围的总和。

企业规章制度文化既涉及企业内部管理制度的建立和执行问题，也涉及企业外部法律制度的尊重、遵守和熟练运用问题，还涉及如何将企业的目标、要求和意志通过适当、合法、有效的方式影响外部法律制度的制定和实施。企业内部的规章制度虽然不是法律，但却是主要依据法律的规定而制定的，蕴含着如平等、诚实信用等法律原则和法律理念。

市场经济条件下的企业之间的竞争，需要企业建立良好的企业规章制度文化，才能使企业获得良好的信誉，树立良好的形象，在取得经济利益的同时获得社会大众的认可与尊重。企业规章制度文化应当包括以下制度：依法制定的企业章程，这是企业所必备的，是规定其名称、宗旨、资本、组织机构等对内对外事务的基本法律文件；依照法律法规和企业章程建立的法人财产保护制度、经营管理制度、财务管理制度、工程管理制度、人事薪酬制度、技术创新制度、重大经营决策责任制度、人力资源管理制度、期权制度等，以及岗位职责、人力资本开发及管理制度等。

企业法治文化的核心与灵魂是企业法治意识文化，企业法律制度文化是企业法治意识文化的外在表现，共同形成完整的企业法治文化体系。具体而言，员工行为的规范取决于企业法律制度的健全，健全的法律制度能有效激励员工形成良好的法治思维与习惯，促使企业的法治意识文化逐渐显现并形成；当企业员工形成良好的法治意识时，企业的法律制度将具备更强的可执行性。另外，二者之间具有一定的互补性，企业的规章制度作为刚性的规定能够直接约束员工的行为，弥补法治意识无形约束力的缺陷，同样，企业法治意识的培养和提升也有助于规范企业规章制度的制定和有效实施。

（三）企业法治文化的功能

概括而言，企业法治文化具有以下主要功能：

1. 企业法治文化具有引导功能。企业法治文化对企业主体的引导首先表现为企业主体对宪法法律和规则发自内心的认同和尊崇。这种认同和尊崇，既表现为对依法治国、依法治企等法治原则和法治精神的认同和尊崇，也表现为对宪法、法律和规则具体条文的认同和遵守，还表现为对法律和规则确定的程序和流程的认同和执行。对法治原则和法治精神的认同和尊崇存在于人的意识深处，只有在思想上形成了对法治的认同，才能引导企业主体尊重并严格遵守宪法、法律规则和流程，从而引导企业向着法治的方向迈进。良好的企业法治文化引导企业朝着正确的发展方向，为企业营造良好的外部认知，提高企业的公信度，为企业走向更广阔的竞争舞台打下了坚实的基础。

2. 企业法治文化具有规范功能。企业法治文化的规范功能主要体现在法律规范、企业规章制度和流程对企业的管理者与企业员工行为的约束上。企业主体只有树立了良好的法治意识与法治思维，才能自觉引导企业在日常管理、运营、竞争等具体行为规范方面依法依规，生产合格的产品，提供合格的服务，不会利用技术上的手段欺诈消费者或者交易方，不利用自身的优势隐藏自己产品和服务的缺陷和瑕疵。

3. 企业法治文化具有预测功能。这一功能主要体现在企业及员工可以依靠现实的相对稳定的法律法规以及企业的规章制度和流程来规范自己的行为，知道哪些行为可为、应为，哪些行为不可为。这些可预测的行为，既包括企业内部员工的日常工作行为，也包括企业与企业之间、企业与员工之间、企业与股东之间的契约行为，以及企业与政府监管之间服从监管行为、企业与社会之间的社会责任承担和社会公共道德遵守等行为。通过企业法治文化建设，可以保证企业对自己的经营管理活动进行合法并合理的预测和设计，有利于提高企业的管理效率和质量，增强企业经营运行的高效性和安全性，使企业利益达到最大化。同时，企业的管理者和员工能够根据相关法律规定和规则流程预知自己行为的法律后果，并依据这种后果对自己的行动作出科学的安排，减少行为的盲目性和偶然性带来的不确定风险。

4. 企业法治文化具有保护功能。法律的核心功能是取缔非法行为，保护合法权益。企业法治文化的核心价值观是依法治企，守法经营，主要工作重心是在企业中建立完备的法律风险防范机制。企业中常见的法律风险主要有合同纠纷风险、合同履行风险、企业内部控制法律风险、企业内部管理漏洞等，企业对于这些风险建立长效的防范机制，强化了法律的监督作用，有效地防止了企业潜在危机的发生，保护了企业管理的顺利开展。加强企业法治文化建设，使企业在全面学习掌握法律，学会运用法律的基础上，充分保护企业的合法权益，有效地避免法律纷争，从而使企业经营活动得到高效地运转，既依法运营，又依法维权。

三、依法治企与企业法治文化的关系

（一）依法治企蕴含企业法治文化建设

依法治企含义深刻、内容丰富，不仅要求企业健全以国家法律法规为基准的规章制度，而且还要求企业的管理层以及全体员工能够遵法守制，具有法治意识，能够运用法治思维去解决企业发展中的各种问题。“法”既是法律制度也是法律思维，“治”是治理，只有将思想与行动统一起来，才能有效地发挥企业法治文化建设的作用，使企业真正做活做强。

企业法治文化建设是一项系统而复杂的工程，从物质层面的企业规章制度的建设和执行，到精神层面的企业法治意识、法治信仰和法治精神的树立，无不和企业的依法治企相关联。通过依法治企，不但夯实和完善了企业规章制度，而且更为重要的是形成和树立了宪法和法律权威，使企业在管理事务中能够处处体现出尊享规则的法治文化氛围，增强了企业的管理力和执行力，并能进一步保障企业的持续稳定和健康发展。因此，企业法治文化蕴含于企业依法治企之中，企业法治文化是依法治企实施过程中一种自然生成的产物，做好依法治企，就能够相应地搞好企业法治文化建设。

（二）企业法治文化培育助推依法治企

企业法治文化是企业文化的一种具体文化形态，是蕴含法律精神、法治思想的意识形态、规章制度、行为规范和价值追求等文明形态的总和。企业法治文化把依法治企理念作为精神内核，把国家法律规范和企业规章制度作为行为规范，把依法管理、依法生产、依法经营作为建设全过程。良好的企业法治文化氛围能够促进企业保持较好的文化环境，对提高现代企业的竞争力大有帮助。企业依据国家法律制定自身的内部规章制度，建立相应的管理和工作流程，不但使企业具备了依法治企的“硬件”，同时，在企业内部形成了企业法治文化的“软件”。经过长期的法治文化熏陶，使企业及广大员工养成了法治意识，通过法律制度来管理企业，减少人治，避免长官意志，从而保证企业管理的高效便捷。

企业法治文化的培育是一个内外兼修的过程。一个企业具有了良好的依法治企观念和完善的企业法治文化，反映在外部就能时时、处处体现守法规范的企业经营行为。所以，企业法治行为文化的建立，并不是无源之水、无本之木，而是与企业法治文化的内部根本一脉相承的。企业法治文化的建立，能够促使企业树立诚信经营、合法经营的思想，使企业在市场竞争中获得良好口碑和信誉。市场经济是信誉经济，优良的企业信誉又能为企业带来更多的利润回报，更能激发企业依法治企的信心和决心。

企业法治文化作为企业文化的重要内核，能够为依法治企提供强大精神支柱和内在动力。目前，在我国企业法治文化逐渐建立的起步发展阶段，企业法治文化还显得较为欠缺和不足，这就需要不断努力，尽早形成企业法治文化。企业法治文化一旦形成，就能使企业管理者运用法律思维去思考企业经营管理中遇到的问题，使企业员工自觉遵守企业规章制度，使企业树立对法律的信仰，最终实现依法治企的目标。

（三）依法治企与企业法治文化建设相辅相成

企业法治文化的核心价值理念就是依法治企。[①] 企业法治精神蕴含于企业法治意识、企业法治制度和企业法治行为之中，企业如果缺乏法治意识、法治制度和法治行为，就很难形成企业法治精神。现代企业法治精神是建立强大企业的精神支柱，研究发现，越是发展得好的企业，越是重视企业法治文化的发展和企业法治精神的建立，因为只有这样才能从根本上奠定企业发展的基础，进而也才能使企业发挥出各种制度效益，从而保证企业的健康、持续、稳定的发展。若要实现依法治企，企业首先要树立法治意识。依法治企是企业依法决策、依法经营管理、依法维护合法权益的重要组织保障和制度保障，若要实现依法治企，企业就要树立法治意识，完善相关制度，建立企业法治文化，以企业法治文化促进依法治企。

第三节　企业法治文化建设之典型实例

一、各行业加强企业法治文化建设综述

“依法治企”理念日益受到我国企业重视，尤其是大型国有企业在生产经营过程中坚持贯彻法治经营、依法治企，加强企业法治文化建设，对企业健康发展起到了很好的推动和促进作用。

供电企业的企业法治文化建设颇具代表性，以中国大唐集团公司（以下简称大唐集团公司）的企业法治文化建设为例。大唐集团公司是 2002 年在原国家电力公司部分企事业单位基础上组建而成的特大型发电企业集团，是中央直接管理的国有独资公司。大唐集团公司从组建伊始即高度重视普法工作，以

① 李莲香．对企业法治文化建设的思考与建议［J］．商场现代化，2013（31）．

法律为现代企业发展护航，开展“依法治企”工作。[①]2015年，随着中央通过《中共中央关于全面推进依法治国若干重大问题的决定》，大唐集团公司在新形势下，适应新常态，全面推进“依法治企”，提出一系列的深化措施：强化普法教育，树立法治意识；贯彻依法治企精神，推进企业依法治理；健全依法决策机制，提高依法决策能力；完善制度体系，强化风险防范；完善考核机制，提高依法办事能力。“十二五”以来，大唐集团公司法治工作取得了积极成效，依法治企意识明显提升，法律工作体系不断完善，法律工作基础不断夯实，法律服务保障水平不断提高。大唐集团公司在北京召开了2016年法治工作会议，在原有法治工作基础上，结合企业自身的实际情况，落实保障措施，一级抓一级，层层抓落实，确保企业法治文化建设各项具体措施的实施。[②]

煤炭企业是我国重要的能源型支柱产业，多年来在保障各行业煤炭稳定供应的同时，创造并积累了丰富的行业文化，凝聚了极其可贵的精神品质，并逐步形成了促进煤炭工业可持续发展的精神财富。新形态下煤炭企业结合行业自身特点，把煤企法治文化建设同“安全生产”、企业职工教育培训、煤炭企业风险管理相结合，企业法治文化建设亮点纷呈。在具体建设企业法治文化过程中，坚持宣传工作不断线，严细管理，寓教于乐。通过网络、报刊、电视等各种宣传载体，大力强化企业法治文化的宣传；充分利用新平台，如微博、微信等形式，为员工提供学习了解法律法规的互动平台；充分利用重大节庆活动，以人们乐于接受的文体形式，寓教于乐，寓教于情，寓教于理，让员工广泛参与其中，在文化娱乐活动中体会到企业的安全价值观和职业道德感，塑造企业形式，增强其责任感，使命感。有的煤炭企业组织的安全文化演出、安全生产故事会、法治诗歌赛等文化活动，在员工中反响强烈。通过多层次、立体型的广泛深入的宣传，让懂法、守法、遵章守纪蔚然成风，从而牢固树立法治意

① 案例来源：法制日报，2009年3月21日第4版.

② http://www.chinapower.com.cn/guonei/20160426/22189.html.

识，为全面推进依法治企奠定坚实的基础。[①]

烟草企业实行专卖专营制度，肩负着专卖行政执法和卷烟经营管理两项重要工作。2014 年 1 月 21 日，国家烟草专卖局印发《关于全面深入推进法治烟草建设的意见》，这正是烟草行业在新的历史条件下，坚持依法行政、依法经营、依法管理的行动指南，也是烟草行业全面贯彻依法治国基本方略、全面建设法治烟草的崭新起点。烟草企业为深化法治文化建设，营造浓厚的法治氛围，建设法治烟草，主要采取了以下具体措施：（1）拓展宣传阵地。烟草企业多管齐下做好法治宣传工作，构建起多层次、立体化、全方位的宣传网络，在载体的多样性上做文章，将法治文化传播渠道向科技化、信息化、数字化方向发展，解决法治文化“入眼、入耳、入脑、入心”的问题。把活动建设成为法治宣传教育的重要平台，深入推进“法律六进”等主题活动，提高法治宣传教育的针对性和实效性。同时，坚持将法治宣传教育重心下移，在组织、开展现场咨询服务与送法入户环节中，应向广大零售户发放以经典法制案例为主要内容、配以形象生动法制漫画的零售户依法经营应知应会宣传单，通过以案说法，提高法治宣传效果，切实增强法治文化的渗透力和感染力，以此扩大法治文化的受众面，营造出法治宣传教育的浓厚氛围。（2）创新机制。烟草企业在建立和完善长效机制上下功夫，以机制创新推进法治文化建设，将法治文化建设与重点工作同研究、同部署、同检查、同考核、同奖惩。（3）加大了法律风险防控的力度。切实提高法律风险防控意识，抓紧构建法律风险防控体系，增强了对法律风险的预警能力和应急处置能力。（4）切实加强机构和队伍建设，加强学法守法用法。烟草企业围绕提高领导干部依法决策、依法办事的意识和能力，深化宪法和基本法律学习，将依法办事情况作为任职、晋升的重要依据，把“三个依法”落实和执行情况的考核结果作为干部综合考核评价的重要

① 时均通．新时期加强煤炭企业法治文化建设探究［J］．商品与质量，2012（5）；田丽丽．煤炭企业法治文化建设［N］．河北能源职业技术学院学报，2015（12）；颜世君．山阳煤矿依法治企促进企业转型发展［Z］．第五届世纪之星创新教育论坛，2016.

内容；以提高依法行政能力为重点，加强专卖执法人员学法守法用法；通过健全和完善专卖执法人员培训制度，坚持和完善专卖执法人员上岗前专业法律知识培训考试制度以及专卖执法人员法律知识资格认证制度。[①]

二、中国移动法治文化建设概述

（一）中国移动“法治移动”建设战略目标的确立

围绕国家全面“依法治国”的战略部署，中国移动以打造法治移动为目标，不断巩固依法治企理念、完善依法治企体系、提升依法治企能力，努力将法治思维、法治方式贯彻到公司治理和经营全过程。

2016年3月，中国移动召开2016年中国移动法治工作会，首次将“法律工作会”更名为“法治工作会”，从“法律”到“法治”，一字之差标志着中国移动的法治文化建设真正实现了从建立法律规则到实现规则之治的重大聚焦转型。紧密围绕公司改革发展中心任务和“大连接”战略规划，通过聚焦推进“法治移动”建设、聚焦营造法治文化氛围、聚焦提升法律支撑能力、聚焦搭建合规管理体系、聚焦完善法律工作效能的“五个聚焦”，持续提升全员法治思维能力和全集团法律管理效能，目标在2020年，实现公司法治水平国内领先，全面建成治理完善、经营合规、管理规范、守法诚信的法治企业。

（二）中国移动“和法同行”法治文化理念的提出

中国移动企业核心价值观是“正德厚生、臻于至善”，核心内涵是“责任”和“卓越”，即要以“正身之德”而“厚民之生”，做兼济天下、善尽责任、不断进步的优秀企业公民。中国移动人迈出勇敢而坚实的第一步，踏实勤勉地承担责任、矢志不渝地追求卓越，就成为我们永恒不移的两条精神主线。

---

① 邹海莉．烟草商业企业如何深化烟草法治文化建设［J］．现代商业，2014（30）；http://www.tobaccochina.com/management/epmanage/culture/20147/20147183717_628819.shtml.

根植于企业文化土壤之上，秉承对中国移动企业核心价值观的信念，在中国移动建设“法治移动”战略目标的大背景下，“和法同行”的企业法治文化理念被提出并逐步得到认可。

“和也者，天下之达道也”

“和”是中国民族生生不息的文化精神和独特的品格，是世间万物凝聚的力量，是一种行动力，一种价值观，更是一种世界观。“和”意在相应、相谐，是沟通传意的理想状态，也是移动通信行业发展的源头和存在的价值。

“和法同行”中“和”字取自该意，是与2013年全球合作大会现场发布的中国移动新商业主品牌“和”企业品牌相呼应，表达了平等沟通关系和开放的沟通心态，致力于以移动信息技术让人与人、人与世界、物与物之间的连接更加紧密，从企业法治文化角度全面彰显企业品牌价值。

“和”字同“与”、“跟”，代表与法律、规则的亲近友好，将法治观念内化于心、外化于行。“和”字也代表“和谐”、“和善”。由此，中国移动法治文化的目标与方向得以确立，即以规则促文明，按照法律法规规范全员的行为，提高全员的法治意识、纪律意识，懂规则、守规则，促进良好企业氛围和和谐人际关系的形成。

“法，知可为而不可为，行应为而勿妄为”

“法”，古写作“灋”[从“水”，表示法律、法度公平如水的表面；从“廌”(zhì)，即解廌，神话传说中的一种神兽，据说，它能辨别曲直，在审理案件时，它能用角去触理曲]。“法”即代表规则、有序，范天下之不一而一，成为规范所有人及其行为的准则，也是企业法治文化的遵从指向及内容。

“法，知可为而不可为，行应为而勿妄为。”作为每个社会个体，都需要知法、懂法、守法。知法者，才知道什么是法，在行为范围内，怎样做才是合法；懂法者，才知道怎样执法，怎样用法，怎样体现法的公正与价值；而守法者则知道怎样尽己之力维护法的正义与尊严。总之，缺乏知法、懂法、守法的因素作为载体，法的作用无法施展，更谈不上法能在社会中发挥其重要的作用，因此，法以知懂守者为前提，知法、懂法、守法是实现法的价值，推动法治文化建设的基础。

“同，融合之趋也”

“同”意为“同步”，“融合”指将法律、规则、制度与业务相融合、与管理相融合、与文化相融合，是我们推进企业法治文化建设的内在驱动方向。

市场经济是法制经济，法治文化建设是防范法律风险的关键之举。目前经济环境的变化，内外部的监管、舆论压力加大，通信行业作为关系国计民生的重要行业，通信企业强化法律风险防控的重要性更加彰显。企业开展的每项经营活动，都必须同步对照规则去行使。将法治文化融入企业文化建设和发展战略中，融入依法行政、依法经营、依法管理的各个环节各项事务中，依法建立横向到边、纵向到底管理规范体系，实现企业管理的标准化、制度化、规范化、程序化，做到处处按着标准办，事事循着程序走，做到法律与企业管理的高度融合。

只有坚持法治理念，更加注重发挥法治在企业管理和生产经营中的重要作用，全面构建基于重点业务流程、重点业务产品的合规管理体系，突破以往企业法治工作被形式化、边缘化的困境，实现企业法治宣传教育工作的价值化、中心化、同步化，才能更好地适应外部环境要求，应对挑战、防范风险。

“行，人之步趋也，行稳致远”

“和法同行”中“行”蕴含两层意思，一则“行”代表践行、前进。企业践行法治文化的精神准则，使法治理念入脑、入心、入行。法治文化是“导航”，牵引企业管理和生产经营活动至法治化轨道，引领法治文化实践，以法治文化实践来不断丰富法治文化内涵，行稳才得以致远。

二则“行”代表成功、价值的实现。“和法同行”，代表企业以法治文化为魂才能在法治化社会建设中实现自身利益最大化，实现企业自身发展和社会法治文化效果的双赢。

“和法同行”理念的提出既源于企业文化核心价值观，又是对企业核心价值观自我专业态度的表达，有其固有的文化特征。

一是全面性。体现企业法治与各业务人员、资产、流程之间无限的连接，寓意在当下和未来，企业法治都将致力全面服务于公司改革发展。也寓意企业法治将时刻在公司内、外部客户身边，助力梦想的实现，和每个员工一起共创美好未来。

二是主动性。表达积极的态度，以平等的沟通关系和主动的沟通心态，与企业的业务、管理、文化的主动融合。寓意企业法治将与公司各部门以及社会公众、合作伙伴建立积极、友好、和谐、互信的关系。

三是创新性。体现企业法治助力企业不断前行，是企业不断进行价值创新、用实际行动推动行业发展、实现“同行共赢”美好愿景的信念；法治助力一切想象成为真实的可能，让一切关系更加紧密，和世界分享更精彩的移动互联生活。

“和法同行”法治文化理念的提出，是一种法治思维的转型和升级，实现了从尊重规则、遵守规则、敬畏规则，将规则当作“紧箍咒”到学会运用规则、驾驭规则、享受规则，将规则当作“护身符”的转变。“和法同行”法治文化理念必将指引中国移动的法治文化建设不断向前迈进。

三、企业法治文化建设的建议

（一）对企业法治文化建设的思考

依法治企是依法治国的重要组成部分，党的十八届四中全会关于全面推进依法治国的战略部署，对企业完善治理结构，健全规章制度，促进全员尊法，学法、守法、用法，提高依法治理水平提出了更高的要求。随着企业改革的逐步深化，企业对法律法规的依赖性也越来越强，加快企业的法治文化建设，做好依法治企是企业迫在眉睫的重要任务，又是一项实实在在、必须循序渐进的系统工程。企业要生存、发展就必须要走企业法治化之路。

从上述电网公司、煤炭企业、烟草企业、通信企业加强企业法治文化建设的状况可以看出，企业建设法治文化建设已经取得了显著的成效。例如，企业的领导人、重要部门均参与到企业法治文化设计过程中，重视全体员工共同参与本企业法治文化建设；根据企业自身的情况与特点以弘扬法治精神，进行企业法治文化建设；企业建设企业法治文化系全方位展开，既包括了企业内部法律规章制度的建立，又包括了企业法治意义的树立；重视推进企业法治文化的转化；各大企业均建立了企业法律顾问制度。

在建设企业法治文化的进程中，虽有喜人的成绩，但仍与企业法治文化建设的目标存在一定的距离。有些企业未能做好真正重视“依法治企”理念，未将企业法治文化建设融入企业文化建设当中，以运动式的做法进行企业法治文化建设，在某一阶段集中精力地进行，未做到企业法治文化建设常态化。这样的企业开展普法工作只是为了完成工作任务，而非真正追求在员工中普及法律知识，从而构建并提升全体员工的法治理念，培育本企业法治文化这一目标，未能真正贯彻依法治企理念，重形式、轻实效，重文件、轻落实；有些企业的企业法律事务团队建设依然很薄弱，法律人才十分紧缺；企业法律风险控制与应对机制不完善；有的企业安全环保、投资建设、合同管理、劳动用工、财务资金管理等领域和环节的法律防范和合规管理体系尚未健全；欠缺企业法治文化建设的评价机制与保障机制等。这些问题有待在深化中央法治建设进程中逐一改进。

（二）企业法治文化建设的建议

企业应当以各自的中长期发展战略为指导，以企业文化战略为总纲，持续推进企业法治文化建设，努力形成全体员工高度认同、自觉遵循的、具有企业特色的企业法治文化，增强企业的文化软实力，为建设服务优质、管理先进、形象俱佳的国际先进企业提供有力支撑。具体而言，对于企业法治文化建设提出以下建议。

1. 将企业法治文化建设纳入企业文化建设当中，营造浓郁的法治文化氛围

企业积极推动以法治文化为重要内容的企业文化建设，不断提高以企业文化为重要组成的企业核心竞争力，为企业的长久、高效发展提供永不衰竭的动力和源泉。对企业和职工个人而言，在以法治文化为重要内容的企业文化的激励、导向、约束等作用下，企业和职工以合法、守法为荣，其行为和活动将主动建立在合法、守法的基础上。为了更好地建设企业法治文化，应当以和谐促

发展，积极营造有益的法治环境，形成具有企业自身特征的法治文化，在企业内部营造浓郁的法治文化氛围。

一方面，注重发挥典型力量的倡导作用和示范作用。企业应不断挖掘、培养、表彰体现企业精神的先进典型，用榜样的力量不断昭示企业法治文化的丰富内涵和巨大动力，用先进典型的人格魅力推动企业法治文化的形成和发展。另一方面，注重法制教育内容的一般性和针对性。企业法治文化建设的过程就是使法律理念、意识、法律原则、法律具体规则由国家的外在宣布转化为企业成员的内在行为动机，使法律理念、基本精神和法的规则得到企业的认同。在企业法治文化建设中，教育培训的内容不仅是法律具体规则即基本知识的教育，更是法律理念、法律意识、法律价值的教育。在法制教育的内容选择上，既要注意内容的一般性，也要注意内容的针对性，要将学习内容与本企业的实际相结合，注重研究把握企业关注的热点、难点问题，有针对性地开展形式多样的法制宣传教育，并注重加强对新颁布法律、法规的宣传教育。

2. 继续建立健全企业法律规章制度体系与依法治企管理体系，强化制度执行和权力监督，深入开展与世界一流企业法律管理对标

要结合国家新出台的法律法规，新增、修订企业日常运营管理规章制度，在制度层面落实国家法律规定，防范法律风险。因此，企业应当继续建立健全企业安全环保、投资建设、合同管理、劳动用工、财务资金管理等领域和环节的法律防范和合规管理体系，完善企业法律规章制度体系。

（1）强化制度执行。首先，企业应当优化完善领导成员分工制度，促进决策权、执行权、监督权既相互制约又相互协调。探索企业有效监督机制和途径，完善企业职工代表大会制度，充分发挥员工参与民主管理、民主监督的作用。建立决策权力清单和责任清单。其次，应当完善员工参与、专家论证、风险评估、合法性审查、集体讨论决定的决策程序。决策涉法事项都要进行法律论证把关，非经法律论证不得提交讨论。落实法律顾问在重大决策中的职责，充分发挥其重要作用，确保每项决策于法有据、风险可控、稳妥可行。再次，企业应当提高执行力，严格执行考核，切实做到令行禁止，确保各项制度落实

到位。复次，做好制度转化，把制度规定的权力与责任、权利与义务纳入企业业务流程、岗位规范和责任制。加强制度与体系融合，建立制度、流程和标准一体化的管理规范平台，通过管理体系实施保障制度落实。最后，完善员工违规处罚管理规定，细化违规行为情形，强化罚则实施。对任何违反、变通、规避制度的行为，都要及时进行查处、严格追究。从制度设计和制度执行上提高单位和个人的违规成本，杜绝因处罚过轻导致违规行为屡禁不止的现象。

（2）强化权力运行的制约和监督。企业应当合理配置各层级管理权限，适当精简机关管理及审批事项，简化审批程序。科学配置机构职能，有效统筹利用内部审计、内控、监察等监督资源，形成合力，加强对决策、执行等行政权力的监督；深化领导干部经济责任审计，构建审计问题整改机制，促使领导干部依法作为、有效作为；依法依规公开企业信息，自觉接受群众监督。

（3）强化保障制度。首先，组织保障。以企业的领导小组为支撑，由企业分管领导担任法治文化建设小组组长，成员单位包括行政、人力资源、财务、法律、监察等部门及工会，由公司法律部门负责法治文化建设的日常工作。明确组织职责，保障组织、人员和职责到位。其次，经费保障。企业在财务制度上，应当按照企业法律事务经费管理的相关规定，将法治文化建设费用列入预算管理，对企业法治文化建设的经费给予充分保障。

深入开展与世界一流企业法律管理对标是深化企业法治文化建设的重要手段之一。企业可以单独或者联合同行业企业共同开展对标工作，应选择一定数量的同行业国际一流企业作为主要对象，通过实地考察、专题培训等多种方式，深入了解法律管理情况。对所考察企业的文化理念、机构设置、人员配备、职责权限、管理模式、方式方法等开展全方位研究，形成本行业国际一流企业法律管理标准。在研究成果的基础上，结合企业的发展规划，加快完善本企业的管理机构和人员队伍，研究制定法律管理工作规范和指引，具体明确法律管理的工作内容、程序方法等，努力提高企业法治工作的规范化、标准化水平。

3. 以丰富多彩的形式全员推进企业法治文化建设，培育法律至上的企业法治精神，形成自觉性法律理念

企业法治文化内涵涉及法治的体制形态、法制体系、法治思想、社会心理以及公民的日常行为规范等各个方面。企业应当进一步展开形式丰富多彩、内容全面丰富的各项法治文化活动，以全员参与的方式推进企业法治文化建设，进一步加深与机关文化、社区文化、组织文化、网点文化的融合程度，进一步拓展与传统文化、廉政文化、行业文化、环境文化的交互作用。

从主体来看，企业法治文化建设的落实不仅仅是企业领导的责任，更需要全体企业员工的共同努力，只有保证各级领导、职能部门及所属员工都严格依照法律和企业章程及其配套制度的规定履行各自的职责，才能真正保证企业规章制度行之有效。

党的十八大报告指出："深入开展法制宣传教育，弘扬社会主义法治精神，树立社会主义法治理念，增强全社会学法、尊法、守法、用法意识。"增强法治观念，最好的办法就是建立依法治企的企业管理制度，让法律无时无刻地走进企业，贴近企业的每一件事、每一个人。无论企业在生产经营的哪个环节，遇到权益受损的情形，立即会得到法律提供的保护。所以，企业要进一步完善学法、用法制度，把法治知识作为中心组学习、管理培训、员工入职教育和基本功训练的必备内容，确保法治宣传教育入脑入心，使员工形成自觉、养成习惯、付诸实践。

企业应当进一步丰富和完善对员工法治教育的内容，创新法治教育的形式，充分运用多种形式和现代传媒优势，结合传统新闻宣传载体，开展法治观念的宣传教育。企业可以设立普法教育部门进行日常普法教育工作，讲解《劳动合同法》《职业病防治法》等和员工利益密切相关的法律条款，充分调动员工学习法律知识的积极性，贯彻落实与职工切身利益相关的各项法律法规；结合企业实际，印发宣传资料，举办法律知识网上答题、法治宣传展览、法治征文等活动；利用门户网站、手机应用等新媒体，提高法治宣传教育的覆盖面；利用普法宣传月、宣传周、宣传日等节点开展法律知识问答比赛、演讲比赛等

教育活动，使广大干部员工感受到法治知识的熏陶，提高法治宣传教育的亲和力；重视企业员工的法治关怀工作，帮助企业员工处理其在生活上所涉的法律纠纷。引导员工遇事找法、解决问题靠法，形成守法光荣、违法可耻的氛围；有条件的企业，还可以建立企业内部的法治图书馆、开辟法制教育宣传专栏，鼓励员工自主学习法律知识，在休闲娱乐中获取法律知识的熏陶和启迪。

自觉性法律理念是指企业在经营活动中非常注重守法经营，并自觉地利用法律来维护自己的利益。企业在经营活动中不应被动地接受法律的调节，而应主动地遵守法律和利用法律，使自己的经营活动完全建立在符合法律的基础上。一般来讲，企业坚持自觉性法律理念，应该做到以下几点：（1）经营活动必须以法律为基础。企业的所有经营活动，都必须符合法律的要求，依法经营，不得超越法律，任何违法的经营都是不允许的。（2）企业应当全面地掌握法律。（3）企业应该有效地利用法律。所谓利用法律，就是指企业在现实生活中完全可以有效地利用法律所给定的范围，从而广泛地开展自己的经营活动。（4）企业应该充分地运用法律。企业运用法律与企业利用法律有所不同，企业运用法律的核心，是指企业运用法律维护自身的利益，因为企业不仅要依法经营，还要以法律为武器来维护自己的利益。可以说，企业运用法律的水平越高，企业的经济效益就越有保证。（5）企业应该清楚法律成本。包括企业在利用法律的时候需要花费成本与违法的成本，前者如支付诉讼费、雇用法律顾问等。自觉性法律理念的形成，不仅依靠法律教育，也要依靠法律惩罚，法律惩罚到位，才能让所有人惧怕法律，从而才能自觉地遵守法律，这也是法律上的辩证法。

4. 深化完善以总法律顾问制度为核心的企业法律顾问制度，建立完备的法律文化建设工作机制

法律人才是企业法治文化的支撑点和亮点。要发展法治文化，必须建立一支敬业爱岗、具有较高素质和职业操守的企业内部法务人员队伍。他们不仅具有法律知识、法律理念，还比较熟悉企业的法制状况和薄弱环节，其对企业风险的发现和防范具有不可替代性。

企业应当深化完善以总法律顾问制度为核心的企业法律顾问制度，这是实现企业法治建设规划的重要组织基础。应当全面落实总法律顾问职责，积极在业务规模大、国际化程度高、法律工作机制完备的企业，探索推动专业素质高、管理能力强的总法律顾问进入核心决策层。其中，业务规模大是指中央大型企业或进入世界500强的企业；国际化程度高是指企业一半以上的营业收入来自境外；法律工作机制完备是指法律风险防范机制健全，总法律顾问制度完善，具备一定规模的法律顾问队伍。企业应当全面实现企业法律顾问队伍专职化。其中，法律顾问专职化对资质的要求包括具有企业法律顾问执业资格、法律职业资格、律师职业资格或者法官检察官资格等，总法律顾问还包括具有法律专业的正规学历、学位教育背景。企业要通过鼓励法律顾问积极参加有关资格考试，定期开展专业培训等途径，持续提升企业法律顾问队伍的业务能力和专业水平。

5. 推进企业法治文化建设常态化，企业法治文化建设显性化，企业法治文化评价系统完整化

企业法治文化建设是一项长远工作，应当将企业法治文化建设常态化。企业应当坚持把全员普法和企业法治文化建设作为依法治企的长期性基础工程，大力弘扬法治精神，切实增强法治观念，使全体员工都成为法治的忠实崇尚者、自觉遵守者、坚定捍卫者。落实“谁管业务，谁负责普法”的责任机制，加强法律、业务、宣传等部门协同联动，推进法治宣传教育制度化、常态化、显性化。应当建立健全企业法治文化的考核评价系统，进一步完善质量、健康、安全、环保、监督评价机制。具体而言，企业法治文化的评价要素包括法治能力、法治意识、法治形象、法治保障、法治环境、法治习惯等多个方面的内容。

通过理念引领制度、制度规范行为、行为养成习惯、习惯塑造文化的法治理念转化过程，企业逐步建成品牌识别清晰、传播形式丰富、转化效果显著、保障措施到位、评价方法科学的公司法治文化体系，使企业法治文化渗透到业务操作各环节，融入全员思想行动中，贯穿于经营管理全过程，形成全员主动

学法、尊法、守法和乐于分享互助的法治文化氛围，打造出具有社会影响力和美誉度的公司法治文化品牌；区分普通员工和领导干部分别确定考核内容，按年度开展合规评价，并把评价结果与干部任用、评先选优等结合起来；加大违规举报和查处力度，建立专门的举报热线、电子邮箱，对于违规行为严格追究责任和进行处罚；把员工法治素质、领导干部法治能力、企业法律制度建设、企业和员工诚信合规表现等纳入考核评价内容，把法治素质和诚信合规表现作为衡量员工工作业绩的重要内容，纳入员工绩效合同，加大考核力度，严格奖惩兑现。

综上，企业法治文化作为企业文化的重要组成部分，其建设是一个长期持久的过程。企业作为主体，应在这一过程中克服诸多的困难和挑战，真正将“依法治企”的理念贯彻到企业的经营管理中，建立一整套规范的制度体系并实实在在地予以贯彻执行，从而在思想意识和物质形态两个方面达到统一，构建符合本企业实际、特色鲜明的企业法治文化。

第三章

普法方法论篇

本章节将集中讨论企业普法工作的方法。本章共分为三节，其中：第一节讨论普法工作的总体思路与工作原则。本节是在本书第一章普法背景意义篇和第二章企业法治文化建设篇的基础上，聚焦企业普法工作的工作定位，并以此定位中心，梳理企业普法工作的总体思路和主要工作原则。第二节讨论了企业普法工作的管理方法。企业普法的管理工作，具有一般管理工作的共性，也有其本身的特性。本节就以管理工作的基本流程为线索，以普法工作特性为内容，论述工作的管理方法。第三节讨论了企业普法工作的实施方法。本节遵循第二节讨论的企业普法工作管理方法，归纳总结企业普法工作的经验，具体讨论了选取普法内容、组织普法活动、讲授普法课程、丰富普法形式和培养普法团队五个方面的问题。通过讨论这五个方面的问题，希望能为读者从事企业普法工作，提供可资借鉴的经验和方法。

第一节　企业普法工作的总体思路与基本原则

一、企业普法工作的定位

（一）文化属性定位

文化指的是人类在社会历史实践过程中所创造精神财富的总和，一般由价值观、规范准则、意义等要素构成，体现为一个人、一个社会团体、一个民族乃至一个国家的生产生活习惯的定性，一种思想程序。法治文化是法律的物质成果在人们头脑中的反映，包括法律心理和法治理念两个方面。法律就是体现国家意志的文化。

“六五”普法提出了“两个提高，一个促进”的目标，即“提高全民法律意识和法律素质，提高全社会法治化管理水平，促进社会主义法治文化建设，推动形成自觉学法、守法、用法的社会环境”。“六五”普法首次把社会主义法治文化建设作为普法目标之一。“七五”普法提出了“三个进一步，两个明显”的目标，即“普法宣传教育机制进一步健全，法治宣传教育实效性进一步增强，依法治理进一步深化，全民法治观念和全体党员党章党规意识明显增强，全社会厉行法治的积极性和主动性明显提高，形成守法光荣、违法可耻的社会氛围”。

党的十六大提出，要把依法治国作为“党领导人民治理国家的基本方略”。党的十八大又进一步提出“四个全面”，其中就包括“全面依法治国”。依法治国就是依照体现人民意志和社会发展规律的法律治理国家，而不是依照个人意志和主张治理国家。依法治国要求国家的政治、经济运作、社会各方面的活动通通依照法律进行，而不受任何个人意志的干预、阻碍或破坏。可以说，依法治国是发展社会主义市场经济的客观需要，是国家民主法治进步的重要标志，是建设中国特色社会主义文化的重要条件，是国家长治久安的重要保障。

从我国普法二十余年的目标和任务来看，普法工作经历了一个由浅入深、从法律启蒙到观念更新和确立信仰的过程。因此，普法工作的历程也是法治文化建设的进程。法制宣传教育工作是法治文化建设的重要手段之一。法治文化是普法工作的出发点和立足点，决定了普法工作的性质、方法、过程等。二者互相促进，互相制约，法治文化建设要以普法为基本手段才能收到成效，普法工作要扎根于法治文化的土壤才有旺盛的生命力 。

企业经营活动，作为社会经济活动的重要组成部分，也要遵循依法治国的基本方略，进一步讲就是要“依法治企”，建设法治企业。企业普法工作的作用在于“传播法治”，通过持续开展法制宣传教育工作，在企业内部营造“经营依法、决策问法”的合规文化氛围，落实“依法治国”的国家方略。这是企业普法工作的文化属性定位。

（二）功能属性定位

发展，是企业经营的第一要务，是实现“四个全面”之“全面建成小康社会”的题中应有之义。而且，这个“发展”，还应当是可持续的发展。只有实现企业的可持续发展，才能保障我国经济持续健康发展，确保到 2020 年实现全面建成小康社会的宏伟目标。

企业普法工作的另一作用就在于“助力发展”。通过持续开展普法工作，不断加强企业的法律风险防范能力，不断提升企业以法治的思维决策经营、化解矛盾、谋求发展的能力，切实保护企业合法权益，助力企业资产保值、增值，通过普法工作的“参与经营、共创价值”保障企业发展又好又快。这是企业普法工作的功能属性定位。

二、企业普法工作的总体思路

根据企业普法工作的文化属性定位和功能属性定位，可以确定企业普法工作的总体思路，即按照依法治企的法治理念，建立以企业依法经营、合规管理需求为导向的企业普法工作体系，围绕企业生产、经营过程中可能出现的法律问题，开展多种形式的普法工作，通过科学管理普法工作、优化普法工作实施方法，提升普法工作成效，保障企业在依法经营中实现可持续发展。

三、企业普法工作的基本原则

（一）围绕中心，服务大局

企业普法工作要坚持围绕中心、服务大局，按照当前国民经济和社会发展的总体要求，围绕党和国家的中心工作，以及国企国资改革发展中心任务开展法治宣传教育。进一步讲，党的十八届四中全会作出“全面推进依法治国”重大决策部署，对法治央企、合规管理提出了新的任务和要求。企业要始终坚持在法治的框架内规范经营，在法治的引领下推动发展。为此，企业普法工作要深入贯彻落实党的十八届四中全会精神，宣传宪法、中国特色社会主义法律体系及相关法律，积极营造了“经营依法、决策问法”的合规文化，保障企业适应国家监管部门的监管要求，在市场经济环境下，通过依法经营，完成企业改革发展的中心任务，实现可持续发展。

（二）服务支撑，助力发展

市场经济是法制经济，企业的各项生产经营活动都在法律、法规下进行。企业普法工作除了要保障企业依法经营，适应国家监管要求以外，还要以服务支撑为原则。通过宣传与企业运营紧密相关的法律法规、归纳法律规则、传播风险管控方法，提升企业法律基础管理能力，使企业能够管控和抵御法律风险，维护企业合法权益，避免重大经济损失，实现企业发展又好又快。

（三）学用结合，普治并举

要坚持把学法、守法、用法与深化企业改革、完善公司治理结合起来，与提高企业控制能力、完善投资管理、财务管理和全面风险管理等结合起来，与提高企业核心竞争力、加强知识产权保护、推进科技创新和品牌建设结合起来，与企业开展国际化经营、实施“走出去”战略结合起来，与维护企业形象、履行社会责任结合起来，将企业改革发展的各项重点工作纳入法治化、规范化轨道。

（四）分类普法，突出重点

企业普法工作，要根据企业所处不同行业、企业内部不同专业，进行差异化的分类普法，提升普法工作与企业生产经营的融合度。此外，还要聚焦企业生产经营中的焦点、热点、重点法律问题，进行有针对性的重点普法，集中精力解决重点问题，提升普法工作的实效。

（五）创新发展，注重实效

要把握普法工作的规律，创新工作思路，拓展工作领域，完善工作机制，改进工作方法，体现普法的时代性、规律性和创造性。要创新普法方式，在采取理论培训、案例剖析和经验交流等基础上，以提高企业依法经营管理水平为目标，进一步完善企业普法培训机制，体现企业普法工作的时代性和创造性。

第二节　企业普法工作的管理方法

企业普法工作是企业法律管理工作的一个模块，具有管理工作的共同特征，遵循管理工作的一般方法，即按照管理工作的“明确工作目标、制订工作计划、建立管理制度、做好资源保障、加强过程控制和实施成效评价”这六个基本管理流程进行管理。

一、明确企业普法工作目标

企业普法工作应首先明确工作目标，这个目标可以结合企业内外部法律环境来确定。

在外部，企业可以结合以下几个方面来确定普法工作目标：

一是国家法治环境与国家法律体系。除了刑事、行政、民事三大部门法的共性法律规定以外，还要考虑适用于企业所属行业的行业法律要求，如银行业的《银行法》、保险业的《保险法》、建设工程行业的《建筑法》、食品生产行业的《食品安全法》、电信行业的《电信条例》等。

二是国家主管部门的普遍监管和行业监管要求。其中，普遍监管要求，如各级国资委、工商、税务、人社等部门关于国有资产监管、市场竞争监管、税收征收监管、劳动用工监管等；行业监管要求，如银监会对银行企业的行业监管、工信部对通信企业、工业制造企业的行业监管要求等。

三是企业上级单位的管理要求。这主要体现在多层级管理企业中，来自上一管理层级的集团企业、总部机构的管理要求。典型的如集团企业对下属子企业，关于合同管理等基础法律管理工作的要求、关于管理层依法决策的合规管理要求等。

在内部，企业可以结合以下几个方面来确定普法工作目标：

一是企业依法经营、合规管理的需求。在党中央依法治国的大政方针下，在依法经营的市场经济环境中，企业需要通过依法经营、合规经营来防范法律风险、避免企业损失。企业普法工作的目标就是满足这一需求。围绕这个目标，企业普法工作才能进一步解决宣传哪些法律规定、传播哪些风险防范措施、提出哪些法律管理要求等问题。

二是企业法律管理工作的实际情况。每个企业的法律管理工作在合同管理、案件处理、风险管理等方面的管理现状都不一样，哪个模块的法律管理工作是企业短板，需要企业管理层调配管理资源、需要企业各单位落实管理要求，则企业就应当以提高该模块的管理能力为目标，开展普法工作。

三是企业运营发展的实际情况。普法工作的整体目标可以宏观地确定为保障企业依法经营、合规管理。但是，企业的运营在不断的发展变化中。企业在不同的发展时期、不同的发展形态，会对依法合规经营产生进一步的、更具体的需求。例如，企业在发展战略转型时期，将要进入的新领域、将要经营的新业务，有风险防范的需求；企业在组织机构改革创新时期，会对资产业务重组、劳动关系变更，有平稳过渡的需求。因此，企业普法工作的目标，可以结合企业运营发展的实际情况，及时地调整、细化工作目标。

二、制订企业普法工作计划

良好的计划是成功的前提。《30块智慧金块》一书的作者安德鲁·史密斯认为，“计划的本质就在于真正开始一件事情前，先停下来思考，目的在于思考如何能把它做得更好”。陆海、许保山等也指出：“成功的项目首先取决于科学的项目计划。”因此，事先制订一个工作计划对工作的开展的重要作用毋庸置疑。

（一）分解工作目标

把管理工作的整体目标，分解为较小的短期、局部目标，并制订与之相应的工作实施计划，有利于把控管理成效的实现。企业普法工作的管理也是如此。我国以五年为周期开展普法工作，如“五五”普法、“六五”普法等，而我国国有企业，特别是中央企业，也会根据国家五年普法规划，制定本企业的五年普法规划，规划中就包含工作目标。但是，这个五年工作目标是整体的、宏观的、长期的，需要通过五年间持续不断的工作逐步实现。所以，必须把整体目标分解成较小的短期、局部目标，通过相对较短一段时间的工作，检验是否达成目标，否则，就要及时加强或者调整工作，确保短期、局部目标的实现。如此循环往复，通过不断实现多个短期、局部目标，最终实现长期、整体目标。分解企业普法工作整体目标，可以从多个维度进行，以下几个维度可供读者参考：

一是企业合规运营的维度。即通过开展普法工作，实现企业生产经营活动依法合规，符合某一监管部门某一项监管要求的目标。例如，通过为期一年的普法工作，实现企业不出现不正当竞争违规行为，或者将不正当竞争违规行为控制在某一范围内的目标。

二是企业权益保障的维度。即通过开展普法工作，使企业能够加强法律风险管理，妥善处理纠纷争议，企业权益得到保障的目标。例如，通过为期两年的普法工作，强化合同纠纷防范能力，企业不出现重大合同履行纠纷，或者出现纠纷后，能够妥善处理，避免企业重大经济损失的目标等。

三是企业合规文化的维度。即通过开展普法工作，提升企业各单位、各成员的法治思维、运用法律解决问题的能力，以及形成“经营依法、决策问法”的合规文化氛围。例如，通过为期三年的普法工作，使企业各成员了解与所在岗位直接相关的法律风险点、使合规审核嵌入企业经营决策流程，等等。

（二）制订工作计划

在分解企业普法工作目标的基础上，要根据分解后的工作目标，制订相应的工作实施计划。如何制订一个科学合理的计划呢？我们可以根据管理理论中制订计划的“5W1H”模式着手制订：

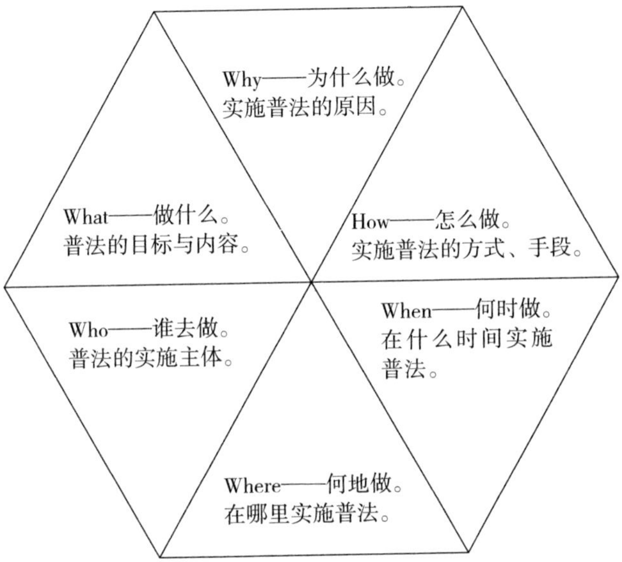

图 1 制订计划的“5W1H”

从这六个方面出发，在确定好活动目标的基础之上，通过研究过去，认清现在，预测未来，做到根据实际情况的临时变化，对具体的执行措施进行相应的修改。具体而言，制订工作实施计划，要注意以下几个方面的问题：

一是要有明确的时间进度安排。即各项工作都要有预定的完成期限，期限届满未完成的，要查找原因、及时补救，甚至可以考核处罚。

二是要有明确的种类数量安排。即要明确在计划的工作期限内，要开展哪几类普法工作？每类普法工作要开展多少数量？例如，一年时间内，要开发普法课件多少套？组织普法授课多少场？编制普法读物多少套？等等。

三是要有明确的功能职能实现。即在计划的工作期限内，普法工作要达到的成效，实现的功能。例如，一年时间内，企业普法工作要和地方司法部门建立常态化的对接工作机制、普法信息化平台实现远程互动交流的平台功能，等等。

三、建立企业普法管理制度

规章制度是管理工作的重要抓手，是实现管理成效的重要保障。企业普法工作亦是如此，特别是多层级、大规模经营企业，普法工作的管理不能依赖一时一地的领导意志、人员能力等不确定性因素，而应当通过建立管理制度，形成长期稳定的科学管理，从制度上保障企业普法工作的持续、良好开展，从制度上保障企业依法经营、合规管理的基本需求。

一般而言，企业普法管理制度应当包含以下几个方面的内容：机构与职责、工作机制与流程、资源保障、评估考核等。当然，一些企业由于客观条件限制，在普法管理制度中可能难以实现对某方面内容的规定，如资源保障、评估考核等。但是，这不影响企业普法工作的管理要依靠规章制度这一方法。企业普法管理制度的建设也不是一蹴而就的，而是一个持续健全、逐步完善的过程。企业可以结合自身实际情况，把已经具备条件的管理要求先行写入管理制度，当前不具备条件的管理要求，可以通过持续推进相关工作来逐步实现，未来条件成熟时，再通过企业管理制度修订程序修订完善。

鉴于本套丛书设有专门章节论述普法工作管理制度，编者在此不再展开、赘述。

四、做好企业普法资源保障

任何管理工作都需要资源保障，普法工作也不例外。一般而言，企业普法工作需要以下几方面的资源保障：

（一）人才保障

管理工作需要由人来实施，“人”这资源可以说是企业普法工作最根本的保障。进一步看，企业普法工作的人才保障，又可以分为在数量上的保障和在质量上的保障两个方面。

质量上的保障请读者参阅下文“培养普法团队的方法”部分。

数量上的保障，主要指企业对普法工作的人员配备情况，包括是否配备了专岗专员，配备多少人员等问题。这需要企业法律部门依据企业普法工作需求、企业总法律顾问制度建设等方面的要求，与企业人力资源部门协调人员配备。企业对普法工作配备专岗专员，当然有利于提升普法工作成效，但这里要强调的是，专门从事普法工作的法律人员，要加强与合同管理、案件管理、风险管理等其他法律工作模块人员的沟通交流、信息共享，否则就难以了解企业当前到底面临什么法律风险，需要从哪些方面加强普法工作，导致普法工作脱离企业实际，成为空中楼阁。

（二）经费保障

开展企业普法工作，聘用内部普法人员、聘请外部法律专家、编制和印刷普法读物、开发建设普法信息化平台、制作普法广播电视节目等工作，都需要经费的保障支持。企业法律部门可以协调财务部门，就普法工作列支专项预算经费，若无法列支专项经费的，可以考虑增加其他法律服务经费预算额度，以便法律部门从企业整体的法律服务预算中调配经费用于普法工作。

（三）时间保障

普法工作是双向工作，既要有开展普法的一方，也要有接受普法的一方，但是，一些企业认为企业的主要任务就是生产、经营，在此之外难以再安排时间接受普法教育，对此，企业应当认识到，开展普法教育是保障企业依法经营、实现可持续发展的必要工作，对企业具有长远的利益。所以，企业应对普法工作提供必要的时间保障，定期安排合理的时间，接受普法教育，组织学法用法。特别是对于一些重要的时间节点，如“消费者权益保护日”“安全生产日”“国家宪法日”；以及企业所属行业的重要纪念日，如电信行业中的“国际电信日”等，都是企业开展普法工作的有利时机，企业若能在此时提供时间资源保障，便可达到事半功倍的效果。

（四）信息保障

信息保障，是企业普法工作必不可少的智慧支持。这里说的“信息”包括但不限于企业各类纠纷案件的情况、企业合同起草及审查中的常见问题、企业生产建设所处的外部环境、企业市场经营所面临的外部竞争、企业财务管理的重要数据、企业发展改革的战略规划等内容。这是因为，企业普法工作从根本上说是为企业发展服务的，如果企业普法工作人员连从上述信息可以反映出来的企业运营现状都不清楚，普法工作就会陷入无的放矢、脱离实际的状态。

（五）权力保障

权力保障，是实现企业普法工作管理效能的必要强制力。它既可以用于约束企业法律职能部门根据企业需求和管理制度开展普法工作，否则可予以惩罚；又可用于约束企业其他部门及企业管理层接受普法教育，否则同样可以予以惩罚。此外，权力保障还是企业对普法工作计划进行监督、对普法过程进行控制、对普法成效进行评价的权力来源。可以说，权力保障的作用，贯穿企业普法工作管理的全过程。

五、加强企业普法过程控制

企业在根据国家五年普法规划，开展普法工作的五年周期中，通过制定目标、建立制度、保障资源、分解目标和制订工作计划等环节的管理工作方法，在理论上已经基本保障了普法工作的管理成效。然而实践中，企业运营面临的内外部客观法律环境时时刻刻在发生变化，既定的短期、局部目标，以及工作计划等，需要不断地检查、协调、调整，以适应新的客观情况变化，保障整体目标的最终实现。这个不断地检查、协调、调整的过程，就是企业普法工作的过程控制。具体地说，过程控制是根据普法的目标、计划的要求，设立相应的衡量标准，然后通过将实际普法工作的结果与预定的标准进行比较，从而检查确定出普法活动中出现的偏差及其严重程度。在此基础上有针对性地采取必要的协调、调整和纠正措施，以确保资源的有效利用和目标的有效实现。这可以通过以下几个方面来进行：

（一）协调

过程控制中的协调，可以实现普法资源的调度、共享，从而解决企业普法因各种资源不足、冲突等原因造成的困难，对最终目标的实现具有保障作用。例如，关于普法专家资源的不足。下属单位对重大新型法律风险的认知、研究和防范能力不足，但又缺乏可以针对这一风险提供普法服务的专家资源，那么上级单位可以协调外部专家资源，对多个面临同样情况的下属单位开展“普法巡讲”。“六五”普法期间，一些中央企业就组织立法专家，对新实施的《招标投标法实施条例》《消费者权益保护法》《广告法》等新法新规，到各下属子企业开展普法巡讲，在短期之内集中解决下属子企业对新法新规普法专家资源不足的困难。

此外，通过上一管理层级的协调，可以组织不同普法单位之间的经验交流，实现普法工作管理经验的共享，从整体上提升不同单位的普法工作管理能力；还可以解决普法工作因经费资源、时间资源等问题造成的困难等。

（二）调整

过程控制中的调整，一般是根据企业内外部客观条件，以及普法工作本身的客观情况来实施的，一般是根据以下几个方面的变化来调整：一是根据外部监管要求的变化，常见的如新法实施、旧法废止、经营资质变化等；二是根据企业发展战略的变化，常见的如企业进入新的市场领域、经营新的业务类型、跨国（境）经营等；三是根据企业组织机构变革带来的机构职能变化、管理能力变化等。

（三）检查

过程控制中的检查，是判断普法工作是否按计划达成既定目标的直接手段。企业普法工作应当定期和不定期进行检查。定期的检查，更侧重于对照工作目标和工作计划进行，检查普法工作完成的进度和效果。不定期的检查，则更侧重于观察日常普法工作的基础管理情况，防止下属单位平时疏于推进工作，只在定期检查时间节点到来前突击作假的情况，通过及时控制工作过程，保障整体工作目标的实现。

六、实施企业普法成效评价

成效评价，是指在企业普法工作周期的末期，通过不同的维度，对企业普法工作是否达到既定目标、实现预期价值进行评价。它是实现企业普法工作闭环管理的最后一个环节。成效评价一般可以从两个方面进行。

（一）定量评价

定量评价可以从种类、数量、内容三个方面来进行。

一是种类评价。通过种类评价，可以考察企业通过多少种形式开展普法工作，如讲授普法课程、编撰普法读物、创办法律期刊、法律知识竞赛、法律征文比赛、普法工作交流、受众自行学法用法、利用新媒体普法、制作普法广播电视节目、建设普法信息化平台等。普法工作形式的多样化，有利于提高受众的接受程度，提升普法工作成效。

二是数量评价。通过数量评价，可以考察不同种类的普法工作分别开展了多少次、覆盖了多少人、服务了多少专业部门，从而发现企业普法工作主要集中在哪一方面，在哪一方面还需要加强。这可以为企业未来应该从哪一方面有针对性地加强企业普法工作提供科学的决策依据。

三是内容评价。通过内容评价，可以考察普法内容覆盖的范围，是否覆盖了企业生产建设、经营服务、综合管理的各个条线，是否覆盖了企业面临的热点、焦点法律问题，是否覆盖了企业面临的重大法律风险，等等。一般而言，普法内容的全面性、针对性与普法工作成效呈正相关的关系。

（二）定性评价

一是企业依法经营情况评价。通过这一评价，判断企业通过开展普法工作，是否杜绝或者减少发生违规行为，是否符合国家相关监管部门的各项监管要求，是否有能力在现行法律框架下，通过依法合规经营，实现可持续发展。

二是企业权益保障情况评价。通过这一评价，判断企业通过开展普法工作，是否能在非由违规引发的纠纷中，有能力保障自身合法权益，避免经济损失，实现企业资产的保值，以及按照法律规定实现可预期的增值。

三是企业风险管控能力评价。通过这一评价，判断企业通过开展普法工作，是否推进法律合规审查嵌入经营管理的业务流程，是否实施相关的事前性风险管控的基础管理工作，从而提升企业风险管控的能力。

第三节　企业普法工作的实施方法

前文论述的是企业普法工作的管理方法，在管理之下，还要具体地开展、实施普法工作，下文将讨论普法工作具体的实施方法。

一、选取普法内容的方法

企业面临的内外部法律环境纷繁复杂，在纵向关系上，涉及宪法、基本法、行业法、行业行政法规及其他规范性文件；在横向关系上，又涉及原材料采购、生产建设、营销服务、综合管理等不同业务条线的不同法律、法规。因此，企业普法工作在内容选择上，要充分调查企业生产经营的实际情况，紧密贴合企业依法经营需求，并且从纵向关系和横向关系上，综合考虑普法内容的选取。以下几个选取普法内容的方法，可供读者参考。

（一）围绕宪法、中国特色社会主义法律体系

宪法、中国特色社会主义法律体系，是企业在市场经济条件下依法经营、合规管理所必须遵循的最高的、最根本的准则，且对不同的企业都具有普遍性的约束力，是企业普法内容不可或缺的内容，特别是在对企业管理层这个“关键少数”的普法活动中，更应当将其作为主要内容，以保障企业管理层行使权力、经营决策的合法合规。

（二）围绕行业监管重点和行业焦点问题

在企业外部法律环境中，宪法、中国特色社会主义法律体系的下一层级，就是行业监管重点和行业焦点问题所涉及的法律、法规，这就不具有普遍适用性了，需要各个企业结合自身所处的行业，进一步梳理、分析、提炼本行业监

管的重点、本行业经营的焦点都涉及哪些法律、法规，如电信行业的监管重点和焦点是电信资费、移动互联、电信建设、消费者权益等涉及的法律、法规规章及规范性文件。

（三）围绕企业中心任务和企业制度流程

企业为落实发展战略，会明确一定时期内的中心任务，并制定、优化服务中心任务的管理制度、业务流程。这些中心任务、管理制度和业务流程，对企业普法工作具有导向意义。企业的普法工作是服务支撑性工作，因此，普法工作在内容的选取上，应紧密围绕企业发展的中心任务，以及服务与中心任务的管理制度和业务流程。

（四）根据不同企业不同的生产经营特点选择侧重点

围绕各个企业不同的生产经营特点，普法工作在内容上也应据此有所侧重。生产型企业以安全生产法、产品质量法等专门性法律、法规为普法主要内容；工程建设型企业则以建筑法、招投标法等涉及建筑领域的法律、法规为普法主要内容；服务型企业则应以合同法、商标法、侵权责任法等为普法主要内容。根据企业的特点有选择、有侧重地开展，才能事半功倍。

M 公司从事金融服务行业，公司管理层高度重视每位员工有效抵抗金融经营风险的意识和能力，在全体员工中开展金融法以及合同法、担保法、刑法等涉及金融领域的法律法规及相关司法解释的普及教育。推送的案例中有一半以上是涉及保证、抵押、质押等员工工作接触的各个领域，让员工在阅读案例时可以有效地结合自身工作中遇到的问题，深入思考，使普法工作收到更好的效果。

（五）融合日常法律管理和企业真实案例

通过合同审核、采购方案审核、营销方案审核、广告发布审核等日常性法律基础管理工作，可以梳理出企业风险管控的薄弱环节；而企业发生的诉讼案件、非诉讼纠纷（含行政处罚案件）等真实案例，又可以暴露出企业业务管理潜在的漏洞。这些薄弱环节、管理漏洞，都可以成为普法的内容。

K 公司的法律部门就把普法工作与合同审查结合起来，法律人员在进行合同审查时，对合同条款进行修订的同时，还对合同经办人进行合同法律宣传，耐心解释相关条款修改的用意，使员工知其然并知其所以然，真正做到审核一批合同，培养一批人员。经过这样普法工作的开展，公司员工的法律意识得到加强，业务水平得到提升，也有效促进了公司业绩的增长。

二、组织普法活动的方法

（一）挖掘需求，量身普法

法律人员组织普法活动，要注重调查研究普法需求，力戒主观臆断，避免普法活动偏离企业业务部门和管理层的合理需求，影响普法工作成效。以下工作方法可供读者参考。

第一步，调研直接需求。通过问卷调查、访谈、发文征集等方式，可以调研收集受众的直接普法需求。这类需求常常因受众已经发生法律风险，从而可以由受众主动、自行提出。例如，受众已遭受行政处罚或者发生经济纠纷等，受众为免遭处罚和防止损失，而自行、主动提出普法需求。

第二步，挖掘潜在需求。除直接需求以外，受众还存在潜在普法需求，但因受众暂时没有面临风险而没有发现、不能自行提出。这就需要法律人员有敏锐的法律嗅觉，多参与、多介入业务活动，善于从业务流程中发现风险，挖掘出受众的潜在普法需求。例如，合同违约责任条款缺失或者不完善，但因合同相对方诚信履约，而没有发生纠纷、造成损失。在这种情况下，受众就有潜在的合同风险防范普法需求。

第三步，量身定制，“菜单式”普法。在了解受众普法需求的基础上，法律人员可以开发不同内容的普法课程，制订不同形式的普法活动方案，形成“普法课程菜单”“普法活动菜单”，请普法受众自行点播他们需要的普法课程和活动形式。

（二）注重时效，属地策划

组织普法活动要注重时效，善于利用重要时间节点、重大事件影响时机。可以利用的重要时间节点有：“3·15”消费者权益保护日、“12·4”国家宪法日、安全生产月，以及生产闲时、市场淡季等。可以利用的重大事件影响时机有：企业发生诉讼案件、企业遭受行政处罚、企业被媒体曝光等，以及国家监管部门、上级主管单位的检查、通报、专题工作会议，等等。

此外，组织普法活动也要因地制宜、属地策划。企业下属的分驻不同地区、承担不同职能的各个单位，可以协调用于组织普法活动的资源不同、条件不同。考虑到这一情况，企业可以授权不同的单位，结合属地情况，因地制宜地组织不同形式的普法活动。

（三）丰富多样，避免疲劳

随着我国多个五年普法规划的持续实施，普法工作实践中已经沉淀积累了较多的工作形式，如讲授普法课程、编撰普法读物，等等。但是，普法工作要不断地创新和丰富工作形式。一旦普法工作不能推陈出新，受众就会产生“审美疲劳”，从而影响普法工作成效。企业普法工作，可以沿着以下几个方向，寻找、创新普法工作形式：

一是寻找普法工作与其他法律管理工作的结合。例如，企业诉讼案件庭审时，可以组织旁听法庭；日常也可以组织有关单位开展“模拟法庭”。

二是寻找普法工作与其他专业条线管理工作的结合。例如，借助其他专线条线的工作会议、培训交流、检查等管理工作契机，主动申请加入较短时间的普法活动。但是，以这种方式创新普法形式，要求普法工作在内容上紧密贴合专业部门具体工作的主题；在时间上要尽量简短，不影响专业部门的原本的工作安排；在效果上不追求大而全，但要追求短小而有效，整体上要做到“小、快、灵”。

三是寻找普法工作与新型传播方式，以及现代化、信息化管理方式的结合。例如，建立普法微信公众号、建设远程普法信息化平台、借助或者单独建设普法网上学院等。

进一步丰富普法工作形式的方法，保障普法活动丰富多样，避免受众“审美疲劳”的方法，可以参阅下文“丰富普法形式的方法”部分。

（四）提高层次，带动学法

从管理方法上看，企业的领导干部学法用法，可以发挥模范带头作用，带动企业各部门、各单位积极学法用法，可以促进普法工作成效的提升。而且，党的十八届四中全会以来，也强调普法工作要抓好“关键少数”，这个“关键少数”指的就是领导干部。因此，不论是从管理科学上来看，还是从中央要求上来看，企业普法工作都应当提高层次，聚焦“关键少数”，以领导干部学法、用法带动企业全员学法、用法。

在具体方法上，一是企业可以建立管理层定期学法用法的管理制度，这个管理制度既可以体现在普法工作管理的专项制度中，也可以体现在企业人力资源培训管理的一般制度中；二是企业可以由更高一个管理层级单位，组织协调专家资源，对下属管理层级多个单位的管理层，进行“巡回式”普法，即自上而下的推进对“关键少数”的普法教育工作；三是企业各单位分管法律工作的领导，可以主动承担普法工作任务，由分管领导亲自担任普法讲师，为企业各单位普法，将领导干部的管理权力与推进普法工作的需求相结合，提升普法工作成效。

（五）重视宣传，提升成效

普法活动本身就是宣传工作，但是为了提升普法活动的成效，给未来组织普法活动创造便利条件，对普法活动本身也要进行宣传。宣传渠道可以利用企业内部的新闻平台，也可以通过普法工作中建立的普法微信公众号等新媒体、远程普法信息化平台，等等。宣传内容主要包括，企业监管部门和上级单位对普法工作的要求、本企业管理层对普法工作的要求、企业开展了哪些普法活动、哪些人参加了普法活动、普法活动的内容与形式、普法活动参与者对普法活动的感受、普法活动的成效，等等。总之，要重视对普法活动的宣传，扩大普法活动的影响力、营造人人学法用法的良好氛围、激发受众对普法活动的需求，最终提升普法工作成效。

三、讲授普法课程的方法

研究讲授普法课程的方法，应当注意一个重要的前提，即讲授普法课程，实质上不仅是一项宣传教育工作，而且是一项针对具有社会阅历、工作经验以及独立思考能力的成年人教育工作。这项工作既具有一般教育工作的共性，又具有成年人教育的个性。只有充分研究、切实把握这些共性和特性，才能讲好一堂普法课程。下面，编者就结合教育工作方法、教育心理分析的一些理论知识，与读者一起探讨讲授普法课程的方法。

（一）一个准则

讲授普法课程的“一个准则”是：不在于讲多少，而在于别人听进多少。这个准则是由普法工作具有的“教育”特征决定的。讲授普法课程也是一项教育工作，具有其他教育工作的共性。教育的成效如何，不在于授课一方讲授了多少内容，而在于听课一方吸收了多少内容。要提升普法授课成效，授课者就要思考如何提高听众的兴趣、如何“抓住”听众的耳朵。

（二）四点注意

第一点注意是“多一点互动”，少一点“填鸭”式的讲授，多一点解决问题的互动。讲授普法课程不但是一种教育活动，而且是一项以专业部门的同事或者是企业管理层等“成年人”为对象的教育活动，这显著区别于以“未成年人”为对象的教育活动。成年人都具有独立的分析问题、判断问题的思考能力，在听取普法课程的过程中，他们难免存在怀疑、不信任的心理活动，而不像未成年人那样认为“老师讲的都是对的”。如果普法课程的授课者一味地灌输，全是“填鸭”式的讲授，不顾听众是否理解、接受，那么授课者将可能与听众失去交集，一堂普法课程讲下来，一方面，授课者希望听众吸收的内容，听众没有吸收；另一方面，听众希望在普法课程中解决的问题，最后也没解决。因此，讲授一堂普法课，不妨采用“讲师讲授＋互动交流”的模式，讲授者可以“抛砖引玉”，先安排一些时间讲授普法课程，随后组织现场互动问答交流，引导听众提出与本堂普法课程相关的法律问题，然后与听众一同讨论、解决这些问题。

第二点注意是“多一点尊重”，莫把听众当学生，沟通交流比说教更有效。上文已经提到，普法课程的听众一般是专业部门的同事或者是企业管理层，他们在各自所在的岗位上都是专家，就企业生产经营中面临的问题而言，他们比法律人员有更深刻的知识，所以，普法课程讲授者若以“老师”自居，把听众们当成“学生”，那么就难免与听众拉开距离，阻碍了本应该畅通的沟通渠道，导致听众认为法律人员所讲授的不过是纸上谈兵，听听就罢，更不用提落实到实际工作中了。所以，法律人员在讲授普法课程的过程中，应树立尊重听众的正确心态，以向听从请教、与听众共同讨论、解决问题的心态，营造畅通的沟通交流渠道，在法律与业务的融合中，解决实际问题、提升普法成效。

第三点注意是“多一点弹药”。上文已经提到，普法课程的听众一般是专业部门的同事或者是企业管理层，他们不具备专业的法律知识，不专门从事法律管理工作，因此，不能要求他们以一个专业法律人员的角色，落实法律风险防范建议。那么，在这种情况下，怎样保障普法工作的成效呢？一个简单有效的方法就是“多一点弹药”，这些“弹药”包括但不限于普法听众能直接使用的各类法律文书模板、与普法听众岗位紧密匹配的法律风险清单和防范措施清单、汇编某一项具体业务所涉法律规定的口袋书、把一项复杂的法律风险分解成多个简单问题的风险判决清单和图表，等等。总之，这些“弹药”要具备简单易懂、一看就会、拿来就用的特点。

第四点注意是“多一点个性”。针对不同的普法对象开发不同内容的普法课程，切忌那种放之四海皆可用的普法课程。这是由企业机构设置的特点所决定的，一家企业不会存在两个职能相同的部门，即使承担相同职能的多个下属机构，典型的如在不同地区经营的多个分公司、在不同地区生产多个工厂、在不同地区建设的多个工程局等，也会因为人员素质、外部监管环境、市场竞争环境的不同，而面临不同的法律风险。因此，讲好一堂普法课程，首先应当勤于收集、调查普法对象的法律服务需求，为其量身定制，开发一项“个性化”的普法课程，不贪多求全，有针对性地解决普法对象所面临的哪怕是一个、两个具体的法律问题，那这堂普法课程也是卓有成效的。

（三）三个关键

第一个关键是，有内容、讲案例。内容，是决定一堂普法课程是否具有吸引力的重要因素。从教育心理上来分析，听众一般只关心与自己相关的事情，反之，与听众不相关的事情，即使再重要、再紧急，也不会引起听众的兴趣。因此，在企业内部讲授普法课程，应当有与本企业、与听众所在岗位紧密相关的内容，这些内容的来源，最直接的就是本企业发生的真实案例，包括但不限于诉讼纠纷、非诉讼纠纷、重大责任事故、被监管部门或者上级单位通报批评的重大事件，等等。

第二个关键是，有理论、重总结。普法课程的听众不是法律专业人员，没有法律基础知识，且一般不会主动学习法律知识，这是常见的现象。基于这个现象，听众在普法课程中理解、接受法律知识的速度比较慢，常常跟不上讲师的讲授进度，这就要求讲师要善于将整体普法课程分解成若干个小的部分，在讲授完一部分内容后，及时回顾这部分内容，从具体的案例、知识点中归纳提炼抽象理论，并作好总结，以巩固授课成效。

第三个关键是，有思维、要升华。一堂普法课程的内容毕竟是有限的，不可能囊括听众在未来工作中涉及的所有问题，而“授人以鱼不如授人以渔”，普法讲师若能在课程中提炼、升华出一定的“思维”，形成一定的方法论，则可以为普法听众提供更多的支撑和帮助。例如，在合同法律知识培训中提炼、升华出“以管理的办法解决法律问题”的思维，引导企业各专业部门通过设计违约责任条款，提升业务管理水平。在这个思维下，企业的意图并不是追究合同相对方的违约责任，而是通过设计违约责任合同条款，督促合同相对方加强其内部管理，避免发生违约行为而造成双方的损失。

四、丰富普法形式的方法

（一）专项普法与灵活普法相结合

1. 专项普法活动

企业可以针对特定的对象或者事项开展专项普法工作。

常见的针对特定对象开展的专项普法工作有：针对一线生产建设单位、营销服务单位等基层单位开展的专项普法活动，这类专项普法活动通常以基层单位在生产、经营中面临的实际法律问题为普法内容。例如，某企业普法工作策划组织的“六五普法进基层”专项普法活动，主要围绕基层生产建设单位的安全事故风险管控、基层市场营销单位的不正当竞争风险防范等开展；此外，也可以针对企业中高层管理人员开展专项普法活动，这类专项普法活动主要以管理决策涉及的法律问题为普法内容。例如，某企业组织的“中高层管理人员法治思维系列培训”，主要提升中高层管理人员在经营决策过程中，运用法治思维防范商业贿赂、依法招标采购等。

常见的针对特定事项开展的专项普法工作有：针对企业经营长期涉及的事项开展的专项普法活动，如提供公共服务的银行、电信等企业，消费者权益保护是企业普法可以长期选择的内容；也可以针对企业经营在特定时期涉及的事项开展专项普法活动，如电信企业在实名登记法律法规实施后开展的实名登记专项普法培训等。

2. *灵活普法活动*

除专项普法活动以外，企业还应积极组织灵活多样的普法活动，以补充专项普法活动在时间、场地安排等方面的不便。以下几种灵活普法形式可供读者参考。

（1）以会代培、以培代培。在企业相关专业部门召开的工作会、组织的业务培训中，适当加入耗时较短的普法培训。例如，在企业工程建设部门召开的工作会上，可安排 15—30 分钟的普法活动，专门培训工程款项结算纠纷的法律风险防范；在企业客户服务部门组织的客户投诉处理培训中，也可安排 15—30 分钟的时间，专门培训格式合同效力认定、消费欺诈法律责任等问题。

（2）法庭旁听、以案代培。企业法律管理工作，必然涉及诉讼案件处理，而普法工作则可“以案说法”，在诉讼案件处理过程中，组织案件涉及的业务部门，结合案件涉及的业务问题开展普法培训；普法工作也可借助企业合同检查、工程审计，结合检查、审计发现的问题，开展普法培训。以案代培、以检代培的灵活普法形式，因直接关系企业业务部门的业务管理风险，可较好地调动业务部门学法用法的积极性，从而提升普法成效。

（3）借助检查、以检代培。检查，是企业的法律管理工作的一种常见形式，包括对案件管理的检查、合同管理、决策合规的检查等。此外，企业一些业务条线上的具有检查性质的活动也会直接涉及合同等与法律管理相关的元素，如内外部审计、采购检查等。企业普法可以借助这些检查，就检查中暴露出的、要求整改的涉及法律风险的问题，做一次有针对性的普法培训。

（二）传统普法形式与创新普法形式相结合

关于普法形式，传统与创新是一对相对的、界限较为模糊的概念，一些在当时看来属于“创新”的普法形式，随着企业普法实践的不断深入，可能就会逐渐变成“传统”的普法形式。例如，在“六五”普法中后期，“微信”快速传播，并成为人们日常生活中常用的社交、阅读应用之一，不少企业很快意识到微信应用所带来的“碎片阅读”方式是一种很好的普法形式，于是多家企业纷纷开办了“普法微信公众号”，这在“六五”普法中后期可以视为创新，但在未来的“七五”普法中，就不宜再认为是创新了。从这个意义上说，创新企业普法工作形式，是一项永无止境的工作，它要求从事企业普法工作的法律人员，不断研究认识新事物、结合普法工作特性不断地进行思考创新。

1. 传统普法形式

截至当前，我国已经完成“六五”普法，“七五”普法启动在即。我国各行各业多年来的普法工作，积累、沉淀下大量传统的普法形式，典型的有：讲授普法课程、编撰普法读物、创办法律期刊、法律知识竞赛、法律征文比赛、普法工作交流等。

值得一提的是，“六五”普法期间，一些多层级管理的企业，特别是中央企业，系统地组织了“中高层普法巡讲”活动。活动通常由企业总部邀请资深法律专家，以子企业和企业下属单位中高层管理人员为对象，就企业面临的重大法律风险，或者是新法新规实施后企业经营调整策略的问题，开展巡回式的普法授课，极大地提高了企业管理层在市场经济条件下依法经营的能力。这进一步深化和发展了讲授普法课程这一传统的普法形式。

鉴于上述传统的普法形式已被较广泛地应用，本文不再展开赘述。

2. 创新普法形式

“六五”普法期间，我国各行各业敏锐地观察到我国社会信息化的快速发展，网络社交空间的不断拓展，积极以现代信息化手段为依托，不断创新普法形式，以下介绍三类典型的创新普法形式。

一是普法“微信公众号”。上文已提到企业可以利用微信应用软件所带来的“碎片阅读”方式，开展普法工作、创新普法形式。在此基础上，一些企业还对“微信公众号”进行了升级改造，使普法“微信公众号”不但具有信息推送功能，还具备关键字查询信息、互动问答的功能，将“微信公众号”从单向沟通拓展为“双向沟通”，进一步提升了普法工作的成效。

二是普法电视、广播节目。传统的普法形式通常局限于企业内部，但近年来，一些公共服务领域的企业为改善外部法律环境、提升客户服务质量，积极尝试在企业外部开展普法工作，与当地电视台、广播台联合制作公开播放的普法节目，加强公众与企业之间的互信了解，动员群众配合企业做好相关风险防范工作，有效地降低了企业运营的风险。

三是远程普法信息化平台。企业可以投资建立远程普法信息化平台，典型的如配备普法课程的网上大学、可远程登录的法律咨询网上平台等。以这种形式开展普法工作，最直接的优点是企业全体人员可以通过远程普法信息化平台，共享企业最优秀的法律资源，包括但不限于优秀的普法课程、法律专家答疑、典型案例搜索，等等。可以说，远程普法信息化平台已是企业未来开展普法工作必不可少的普法形式。

（三）挖掘其他普法形式

企业普法工作要树立“普法战场无处不在”的观念，凡是需要提供法律支撑服务的场景，都可以挖掘其他的普法形式。上文提到的就企业诉讼案件组织法庭旁听、借助各类检查开展普法等，都不是专门组织的普法活动，都是借助其他管理工作的便利条件开展的普法活动，而且普法工作因为与普法对象联系更及时、更紧密，而具有更好的成效。

此外，还有一些其他的普法形式，可供读者参考：提供法律咨询时、参与企业经营决策的合规审查时、对企业签订合同进行审查时、参与用户投诉处理时等，都是法律人员开展普法工作，传播法治的机会，这些工作是非典型的、计划外的普法形式，但就企业普法工作而言，这些形式却是不可缺少的一部分。

在此，举一个企业利用 OA 系统进行“微普法”的真实案例与读者们分享。Q 公司在 2014 年引进了 OA 协同办公系统，这一应用提高了员工办事效率和内部管理效率，更为普法工作提供了新的平台。起初 OA 协同办公系统是利用工作流概念，基于互联网技术，使企业内部员工方便快捷地共享信息。发现这一特点后，法务部申请将员工编织在普法工作的环节中去，让每名员工在自己的客户端就可以收到普法教育的内容，根据自身的时间安排和需要进行学习。这一应用增强了员工在普法工作中的参与感，员工可以在自己的平台对普法工作的形式、普法活动的内容甚至自身对普法工作的看法发表意见，拉近了活动与员工之间的距离，所有的问题与答案也会在员工中同步分享，第一时间将员工带入情景，参与到活动中来。这一微普法形式得到绝大多数员工的喜爱，参与积极性很高。

五、培养普法团队的方法

（一）建立复合型的普法团队

1. 普法团队的内外结合

普法团队的“内”，指的是企业内部法律人员；“外”，指的是企业外聘从事企业普法工作的外部律师、专家、学者等人员。普法团队内外团结，可以使整个普法团队在能力上扬长避短：内部法律人员可以发挥熟悉业务管理流程的优势，从如何加强企业内部基础管理的角度开展普法工作；而外聘法律专家学者可以发挥对单项法律理论研究较为全面深入的优势，外聘律师则可以发挥对具体法律实务实践经验丰富的优势，从如何认识外部法律环境、梳理法律风险责任的角度开展普法工作。总之，内外部法律人员之间，因为工作的任务、环境、经验等方面的不同，会形成知识结构、能力结构上的差异。普法团队只有内外结合，通过协同工作才可最大限度地提升普法工作的成效。

2. 普法团队的多层次结合

普法团队的多层次结合是指企业内部，从企业负责人到法律工作的分管领导，到法律部门领导，再到基层的普法工作人员，共同作为企业普法团队的内部成员。其中，企业负责人和法律工作分管领导既可以为企业普法工作调配、协调人、财、物等重要资源，也可以从普法工作管理制度建设等方面开展较为宏观的普法管理工作，为发挥领导干部带头学法用法的模范作用。他们还可以担任普法讲师等具体普法工作；而法律部门领导和基层法律工作人员，则负责普法工作日常的组织、管理及具体工作。普法团队的多层次结合，有利于充分调动企业组织架构中不同层级人员的优势，形成上下通力合作的良好局面，提升普法工作成效。

（二）提升普法团队的“核心竞争力”

1. 普法团队“懂法律、熟业务”的复合知识储备

企业普法团队，要具备“懂法律、熟业务”的复合型知识储备。这是由企业普法工作的性质决定的。企业普法工作直接服务于企业依法合规经营的需求，是一项支撑服务性的工作。这就要求，企业普法不但要与企业生产经营实际紧密结合，还要使各项法律管理工作能够有机地嵌入生产经营业务流程，成为整个企业运营的一个环节。要满足这个要求，企业普法团队就要既“懂法律”，又“熟业务”，若非如此，脱离了生产经营实际的普法工作就有如空中楼阁。

2. 普法团队的研究思考能力

每一个企业所处的内外部法律环境都是不断发展变化的，这就决定了企业面临的法律问题也会随之发展变化。企业普法团队不是象牙塔里两耳不闻窗外事的老先生，不能固守既有的法律知识，要提升自身的研究思考能力，积极关注企业发展战略、生产建设监管、市场竞争监管，并及时研究企业在发展，甚至是转型中面临的重大、新型法律问题，将这些问题研究得深入、透彻，在普法工作中才能“言之有物”，才能实实在在地为企业的生产经营做好支撑服务。

3. 普法团队的归纳总结能力

企业普法团队的“归纳总结能力”与前面论述的“研究思考能力”不同。“研究思考能力”侧重于研究问题的能力，强调尽可能地全面、深入；而“归

纳总结能力”直接关系到在普法工作中，如何向受众清晰、准确地传递法律研究成果，强调归纳总结出来的内容，要尽可能地通俗、简单、清晰、易懂，便于他人理解、吸收，这是下一步做好普法讲授，高效传播法律研究成果的重要前提。

4. 普法团队的普法讲授和沟通交流能力

企业普法团队的“普法讲授能力”和“沟通交流能力”相辅相成，是企业普法团队将法律知识、研究成果、管理手段传递给企业各单位同事及管理层的重要桥梁。前文已经提到，普法工作的一个原则是“不在于讲了多少，而在于别人听进去多少”，而这“听进去多少”，就要依靠普法团队的“普法讲授能力”和“沟通交流能力”了。至于如何提升“普法讲授能力”和“沟通交流能力”，读者可以参考前文“讲授普法课程的方法”部分。

第四章

普法组织建设篇

组织是人们群体活动的主要形式，组织的建立、管理的方式会影响组织的工作行为和效率，作为普法的基础保障，组织建设的意义不言而喻。普法组织建设篇将通过组织行为学研究，并结合企业普法实际，介绍企业普法组织架构总体规划、普法队伍建设以及组织资源保障等方面的规划和做法，为普法的顺利开展提供组织保障。

第一节　普法组织架构总体规划

一、组织架构设计对普法的影响

（一）组织的特点

组织是对完成特定使命的人的系统性安排，是一群人的集合，为了完成共同的使命和目标，组织成员按照一定的方式相互合作而结成有机整体，从而形成单独的个人力量简单相加所不能比拟的整体力量。[①] 通过组织的基本概念不

① 张德，陈国权．组织行为学［M］．清华大学出版社，2000.

难看出，组织有以下三个特点：第一，组织是由人组成的集合体，单个个体不能成为组织；第二，组织具有特定的使命和目标，一定的使命和目标是组织成员集合组成组织的原因和理由，企业就是一个典型的组织，企业存在就是为了生存、发展、营利，这就是企业成员集合的目的和使命，也是企业存在的原因和理由；第三，组织通过一定的组织结构进行运作，组织内部存在一定的分工和协作，组织的成员根据这种分工协作关系明确了各自的权利、责任和管理结构。

基于组织的以上特点，组织架构的设计将直接影响组织的活动和组织绩效的实现。以企业为例，企业的组织结构在一定程度上降低了员工的不确定性，澄清了员工所关心的一些问题，并激励他们实现更高的绩效水平，组织结构也会在一定程度上限制和控制员工的活动。[①] 因此，通过科学的组织架构设计影响组织活动的开展和组织绩效提升是具有积极意义的。

（二）组织架构设计对普法的影响

企业普法是一项包括法治宣传教育和依法治理双重任务的综合工程，做好这项工作离不开有效的组织架构设计和规划。普法归根结底是由普法人员完成的，普法人员组成普法团队，普法团队的运作方式在很大程度上影响着普法的实际效果。普法组织架构设计对普法实施的影响主要表现在以下三个方面：

第一，普法组织架构决定了普法人员的基本素质，影响普法的实施水平。不同类型的普法组织架构设计对普法人员的能力素质要求不同。例如，在设置专职专业普法岗位和专业普法队伍的企业中，要求普法人员具有法律专业背景并取得法律职业资格，而在未配备专职专业普法人员的企业中，对普法人员的素质要求则可能相对较低。

第二，普法组织架构设计影响普法实施质量。在设置普法领导机构的企业中，企业对普法的重视程度和协调能力较强，而在未设置普法领导机构的企业中，普法的受重视程度和协调能力则可能较低。

---

① 何欣梅．把握组织行为学理论实践于企业管理——浅谈组织行为理论及其在企业管理中的应用［J］．南昌教育学院学报，2011.

第三，普法组织架构设计影响普法的实际效果。由于不同的普法组织架构模式对普法人员及机构的设计安排不同，普法组织架构设计也将最终影响普法的实际效果。在组织架构设计完善、组织结构合理、普法人员配备得当的企业中，普法的管理规范化和科学化程度相对较高，普法的制度建设、总体规划以及资源支撑均有所保障，进而普法的实际效果能够得到较好的保障。

因此，进行合理的普法组织架构设计对普法实施非常必要，通常普法组织架构设计应包含普法领导机构建设、普法日常管理机构建设以及临时普法机构建设三个方面。

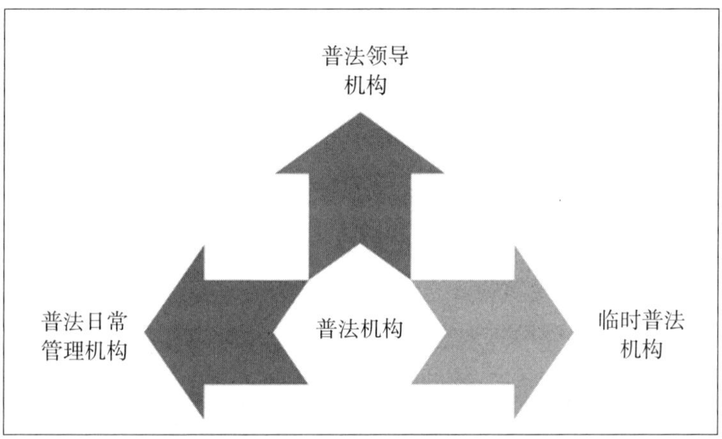

二、普法领导机构建设

做好企业普法组织建设工作，必须充分发挥各级普法机构的作用，整合企业法律资源，明确各级机构职责，充分发挥各方面的优势，形成工作合力。其中，普法领导机构的建设处于首要地位，普法领导机构是指在企业中负责领导普法工作并进行资源整合和议事协调的组织机构，根据当前企业机构设置实际，普法领导机构的设置应主要从企业总体和企业分支机构两个维度进行考量。

（一）总体普法领导机构设置

1. 设置的意义

企业普法领导机构一般采用议事协调机构方式设立，议事协调机构是为了完成某项特殊性或临时性任务而设立的跨部门的协调机构，普法领导机构的名称多为普法宣传工作领导小组或依法治理（企）工作领导小组。

在企业中设置普法领导机构主要有以下几方面的意义：第一，有助于对普法进行统一的规划和指导，增强企业普法的整体性、系统性和全面性。确保企业普法统一部署、统一开展。第二，可以有效整合企业普法相关资源，提高资源协同利用效率。普法经常涉及跨部门的沟通协调，仅依靠法律事务部一个部门很难完成，通过设立由企业相关主管领导挂帅、各相关业务部门参与的普法领导机构，可以有效整合法律和相关资源，提高资源利用效率。第三，有助于降低企业经营成本，采用虚拟机构方式设立的普法领导机构不仅符合普法实际，同时还可以节省设立正式组织所需要的人工成本和办公场地设置等相关费用支出，节约企业经营成本。

2. 主要职责

普法领导机构一般承担以下职责：第一，认真实施依法治国方略，组织本企业干部职工学习宣传贯彻党和国家有关法律、法规、有关文件及会议精神，提高企业员工的法律素质，推进企业民主法治进程。第二，对企业普法进行总体领导，负责企业普法的总体规划、指导，审定企业普法规划及年度普法计划。第三，发挥组织协调、指导监督作用，协调调动各方面积极性，推动各项普法工作深入开展。特别是在遇有临时性重大普法任务时，协调各相关部门和调配资源，为普法的顺利实施提供经费、人员、设备等支撑保障，确保普法的效果。第四，定期研究企业普法进展情况，整体把控普法推进进度，督促工作开展。第五，督促指导企业分支机构和下属各单位的普法实施，并进行考核和表彰。

3. 主要组成人员

企业中普法领导小组一般由企业法定代表人或者相关业务主管领导任组长，法律事务部、人力资源部、党群工作部、纪检监察部以及工会等相关业务部门负责人为成员。市场经济条件下，企业总法律顾问制度在经营管理中所发挥的重要作用，正在逐步为越来越多的企业领导人所认识和重视，建立和完善企业总法律顾问制度，正在成为众多大企业的自觉行动。在实施总法律顾问制度的企业中，根据总法律顾问的性质和职责，一般由总法律顾问任普法领导小组组长。

成立企业普法领导机构需要发布正式的文件，文件内容可参考如下示例：

关于成立 ××× 公司"六五"普法工作领导小组的通知

各地市分公司、省公司各部门：

为更好地贯彻落实国务院国资委《关于在中央企业开展法制宣传教育的第六个五年规划（2011—2015 年）》（国资发法规〔2011〕85 号）文件及集团公司关于开展法制宣传教育的第六个五年规划，结合公司当前实际情况，决定成立 ××× 公司"六五"普法工作领导小组（以下简称领导小组），主要负责公司"六五"普法的指导、协调、督促、检查和考核验收工作，指导督促各单位的法制宣传教育工作。现将有关事项通知如下：

一、领导小组

组长：×××

成员：省公司各部门负责人

二、领导小组下设办公室，具体负责"六五"普法工作领导小组的日常工作。办公室设在省公司法律事务部，其组成人员如下：

主　任：×××

副主任：×××

成　员：×××、×××、×××

××年×月××日

4. 国有企业普法领导机构设置概况

国务院国资委一直重视国有企业的普法工作，对中央企业法治宣传教育和地方国资委的普法领导机构建设均提出了明确的要求，中央企业和国有企业中一般均设置了普法领导机构，统一领导本企业的普法工作。

（二）分支机构普法领导机构设置

1. 设置要求

企业分支机构中是否设置普法领导机构需要根据企业的实际情况确定，对于比较大型的企业集团，分支机构的规模一般也比较大，涉及的跨部门沟通协调事宜较多，较为适宜设置普法领导机构。而对于中小企业，如果其分支机构规模较小，或跨部门沟通协调事宜较少，或主管领导个人即可完成相关协调工作的，则也可以不设置普法的领导机构，但应有承担具体领导责任的岗位和人员。

2. 主要职责

企业分支机构中普法领导机构一般负责以下工作：第一，认真实施依法治国方略，组织本单位干部职工学习宣传贯彻党和国家有关法律、法规、有关文件及会议精神，提高员工的法律素质，推进企业民主法制进程。第二，对企业分支机构内部普法进行总体领导，负责企业分支机构普法的总体规划、指导，审定企业分支机构普法规划及年度普法计划。第三，在分支机构中建立普法的跨部门协调机制，在上级单位或相关主管部门安排重大普法任务时，协调各相关部门和调配资源，为普法的顺利实施提供支撑保障，确保普法在分支机构的实施效果。第四，定期研究本单位普法进展情况，整体把控普法推进进度，督促工作开展。

3. 组成人员

企业分支机构中普法领导小组一般由企业分支机构的负责人或者分管相关工作的业务主管领导担任组长，分支机构中的法律事务部（企业管理部）、人力资源、党群工作部、纪检监察部以及工会等相关业务部门负责人作为成员。

4. 设置概况

与企业总体普法领导机构设置情况类似，在国有大中型企业中，一般分支机构也会对应设置普法领导机构，而中小企业和非国有企业设置比例则相对较低。

三、普法日常管理机构设置

除了卓有成效的领导外，普法的实施离不开具体落实各项普法工作的日常管理机构，在不同类型企业中普法日常管理机构的设置要求不尽相同，主要是受企业是否设置了独立的法律事务管理机构、分支机构具体情况等因素影响，企业普法日常管理机构又分为主办机构和协办机构两大类。

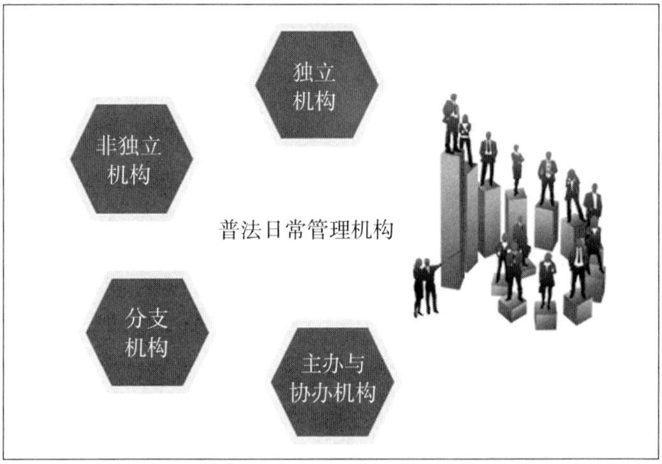

（一）有独立法律事务机构情况

独立的法律事务管理机构，是指企业中协助企业负责人正确贯彻国家法律、法规并开展相关法律工作的一个专门机构。独立的法律事务机构一般配备专职法律事务工作人员，在本部门负责人直接领导下开展工作，负责企业中的合同审查、纠纷案件管理、普法宣传、合规管理等法律事务相关工作。

1. 设置意义

机构健全是法律顾问发挥作用的基础，独立法律事务机构的设立为法律顾问履职提供了机构基础，在这样的企业中设置普法日常管理机构具体负责普法实施工作是非常必要的，并且具有以下重要意义：第一，明确企业普法的定位，突出普法的重要性。第二，明确企业普法机构的职责，便于从事普法的具体工作人员开展工作，确保普法得到具体落实。第三，可以保障普法队伍的稳定，避免因机构人员变化影响普法的实施。

2. 设置的方式及主要成员

在设有普法领导机构的企业中，一般会在领导机构下设置普法办公室，具体负责普法的实施，有独立法律事务机构的企业中，普法办公室一般设置在法律事务部门。法律事务部门一般配有专职的普法人员，专职普法人员和人力资源部、党群工作部、纪检监察部及工会等相关部门的工作人员，共同组成普法日常管理机构，由专职普法人员主要负责普法的落实。

3. 设置概况

与普法领导机构设置情况类似，目前国有大中型企业中一般设有独立的法律事务管理机构，同时企业中已经设置了普法的领导机构，进而也能够对应地设立相关的普法日常管理机构，较好地发挥法律专业优势，做好普法具体实施工作。

（二）无独立法律事务机构情况

1. 设置意义

与大型企业集团和大中型企业设有独立法律事务管理机构不同，在很多企业中并没有为履行法律事务工作职能设立独立的部门，而是将其附属于综合管理、风险管理等相关管理部门，在这种企业中设置普法的日常管理机构意义更为重要。一方面通过设立日常管理机构可以明确普法的承担主体，便于从事普法的人员有据开展工作；另一方面也可以发挥议事协调机构的沟通协调作用，解决普法具体实施中跨部门沟通问题，提高工作效率。

2. 设置方式及主要成员

如果企业设立了普法领导机构，可以直接在领导机构下设置办公室或者办事机构，具体负责本企业的普法日常管理工作，以承担法律事务管理职能的机构为普法日常管理机构中的主办机构。如果企业没有设立普法领导机构又无独立的法律事务机构，则有必要单独设立企业普法的日常管理机构，确保普法的顺利开展和有效实施。具体可以根据企业经营发展实际确定由承担法律事务管理、人力资源管理以及相关管理职能的部门具体负责普法日常管理工作，并以承担法律事务管理职能的机构为普法日常管理机构中的主办机构。

3. 设置概况

随着市场经济的不断发展，企业的法律风险意识日益增强，尽管在有些企业中没有设立独立的法律事务机构，但仍有具体人员承担法律事务相关工作。实践中，一般采用在企业职能部门下设法律事务组或者安排法律事务工作人员的运行模式来负责企业法律事务的执行，这些组织和人员成为企业普法的承担主体。如果企业本身已经设立了普法领导机构，则会对应设立相关的日常管理机构，即使没有相关领导机构，也会由前文所述法律事务组或者法律事务工作人员承担普法实际工作。但是，也存在企业并未设立普法领导机构，又无独立的法律事务机构，也未设立普法日常管理机构的情况，在这种情况下，法律事务工作人员仍然承担着普法实际工作。

（三）分支机构中的设置

1. 设置要求

企业分支机构位于普法的最前沿，也是具体执行普法的基本组织单位，因此，在企业分支机构中设置普法日常管理机构非常必要，原则上企业分支机构中均应设立普法的日常管理机构，确保普法各项工作的有效落实。特殊情况下没有设立日常管理机构的，也应有具体承担日常管理职责的工作人员。

2. 设置概况

当前我国各种类型企业的分支机构中，普法日常管理机构设置比例较高的仍为国有大中型企业和大型企业集团，以中国移动为例，集团下属的 31 家省级公司及其所辖的地市分公司均设有普法日常管理机构，较好地保障了普法的具体实施。但在部分中小企业的分支机构中，受企业规模和对普法重视程度的制约，普法日常管理机构的设置比例相对较低。

（四）主办机构与协办机构

普法日常管理机构主要包括主办机构和协办机构两种，其中，法律事务管理机构为普法日常管理机构中的主办机构，主要负责普法的具体组织实施，人力资源部、党群工作部、纪检监察部、工会等相关业务部门一般是根据具体职能及普法需要承担相应的辅助协办职能，为普法日常管理机构中的协办机构。

四、临时普法机构设置

（一）设置意义

普法领导机构和日常管理机构作为企业普法的主要领导和执行机构，有效保障了企业普法的开展，但由于企业生产经营实际不断变化，企业中可能还会存在部分领导机构和日常管理机构管理覆盖范围不够的业务领域，需要其他形式的普法机构进行补充，这就是临时普法机构。

（二）常见类型

1. 专项普法机构

企业经营发展过程中常常需要因部分专门事项的特殊需要而临时成立一定的普法机构，保障普法的开展，这种机构一般称为专项普法机构。以通信行业为例，每年的“3·15”期间，结合当年度发现的主要问题可能会设置一定的临时普法机构，国家或者地方颁布了专门针对电信行业的重要法律、法规，企业内部一般也会成立专项普法机构进行重点宣传和普及。专项普法机构的特点主要表现为两点：一是临时性，这种机构的设置一般是基于临时出现的重大事件而非日常工作计划。二是专业性，专项普法机构由法律专业人员和业务专业人员共同组成，法律专业人员要发挥普法的主导作用。

2. 非专业临时普法机构

与专项普法机构不同，企业中也存在这样一种群体，他们并非法律事务工作人员，但热爱学习法律知识并乐于用法律知识去解决工作生活中遇到的法律问题，这些法律爱好者因共同工作需要或者共同兴趣爱好结合在一起，就形成了企业中另外一种临时普法机构，即非专业临时普法机构。这种机构在企业中不是普遍存在的，对法律问题的认识可能欠缺一定的专业性，但如果能够在法律专业人员的指导下开展一定活动，将成为企业普法的有益补充。

第二节　普法队伍建设

普法的开展主要是依托普法队伍进行，本节着眼于从普法队伍的“选”“用”“育”“留”四个维度介绍普法队伍建设的主要做法，“选”的维度主要是指普法队伍建设规划的理论依据、具体规划及普法人员选聘等，“用”的维度则主要指普法人员如何配备以及普法工作岗位如何设置，“育”的维度主要指普法队伍的能力提升和业务交流，“留”的维度则主要涉及普法人才保有机制建设方面的内容。

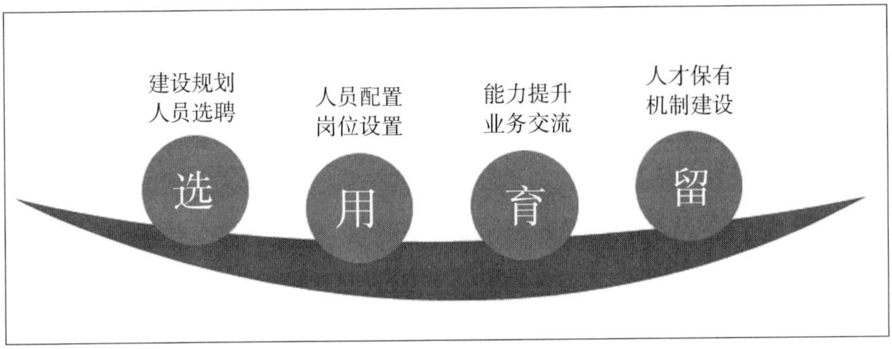

一、普法队伍的建设规划

（一）团队建设的理论分析

1. 团队工作制对组织的影响

团队是由组织中的正式关系而使各成员联合起来形成的，在行为上有彼此影响的交互作用，在心理上能够意识到其他成员的存在，并有相互归属的感受和协作精神的集体。[①] 团队和群体两个概念经常交换使用，但团队与群体是不同的，团队不是群体成员的简单集合，一个真正的团队是由有互补技能、相互信任、有共同业绩目标、相互负责的少数人组成的。团队是组织的一部分，团队对组织的贡献远远超过传统意义上的群体，一支结构良好的团队能够更好地吸收新思想和新经验，促进组织活动的开展和组织绩效的提升。

互联网及信息技术的快速发展改变了组织的结构和运行方式，时空界限对组织形式的影响削弱，这就使虚拟团队的产生具备了可行性。虚拟团队是一种具有共同目标、动态性和灵活性，依靠技术，跨越时间、空间距离和组织边界

① 张忠宇.现代企业团队理论研究［D］.哈尔滨工程大学法学硕士学位论文，2004.

而形成的小型群体。[1]这种团队组建模式，充分发挥了现代信息技术的优势，打破了时空界限对组织工作的影响，使企业能够更快速地应对急剧发展变化的经营形势，支撑组织工作的开展和组织绩效的提升。

2. 建设高效团队的策略

并不是所有团队都能产生高绩效，团队的发展是一个动态的过程，从团队孕育至发展成熟需要经历一个逐步发展的过程，有效的团队建设策略在这个过程中起着重要作用。建设高效的团队一般需要考虑共同目标、行为规范、有效激励以及合理数量四个方面的策略。

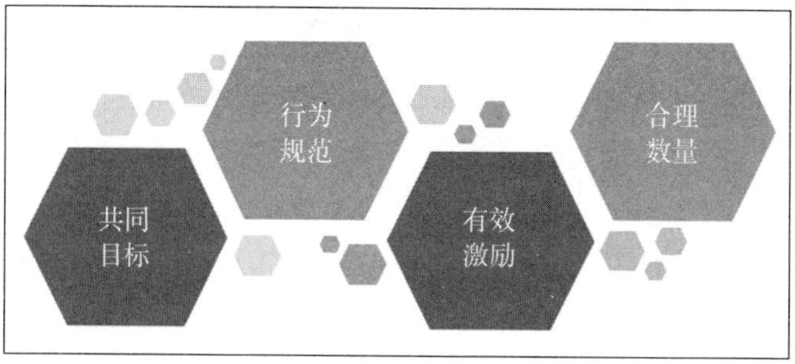

第一，要明确团队的共同目标。团队作为组织的一部分，与组织一样因特定的目标和使命而存在，清晰、强有力的目标可以使团队形成强大的合力，团结一致完成超群的工作任务。第二，要建立共同遵守的行为规范，规范是人们对如何思想和行为的共同认识，这种认识形成了组织文化的基础[2]，对组织成员的行为产生影响，进而影响团队绩效的实现，要建设高效的团队，就要在团队内形成良好的共同行为规范，并共同遵守执行。第三，要进行有效的激励。团队成员的工作努力只有在获得有效的激励和肯定的情况下，才能产生持续的动力推动工作目标的实现。有效的激励不应仅着眼于对团队成员个人的激励，对个人绩效的激励机制对团队整体绩效的提升意义不大，应通过团队工作任务的

① 王重鸣，唐宁玉．虚拟团队研究：回顾、分析和展望［J］．科学学研究，2006（2）．

② 张德，陈国权．组织行为学［M］．北京：清华大学出版社，2000.

设计激励团队合作，提升组织的整体绩效。第四，要控制团队成员的数量，也即保持合理的团队结构。团队的成员不是多多益善，规模会影响团队的整体行为，单就完成任务而言，小团队比大团队的速度更快，团队成员过多可能影响团队成员之间的交流沟通和团队凝聚力，进而导致团队绩效受到影响。在进行组织结构设计时，需要综合考虑个体和整体层面的条件，合理确定团队成员的数量，发挥他们之间的积极协同效应，不断提高组织绩效，促进组织战略目标的实现。

（二）普法团队的具体建设规划

结合当前企业普法涉及面广、跨部门沟通协调难度大等特点，企业普法较为适宜采用团队工作方式进行组织建设。企业中的普法团队主要有专业普法团队和非专业普法团队两种形式。

1. 专业普法团队建设

在企业内部承担普法的主力军是企业中的专业法律事务工作人员，他们拥有系统专业的法律知识、熟悉企业业务经营，构成企业中的专业普法团队。企业中的专业普法团队又可以分为专职法律工作团队和普法讲师团两种。

（1）专职法律工作团队

法律人才是企业法治建设的关键要素，随着企业管理者法律风险意识的不断增强，企业中专门的法律事务机构和法律事务工作人员的配备已经成为一种趋势。法律事务机构在法律允许的范围内，秉持追求最大化效益、最小风险和最少纠纷的理念，通过有效的法律事务管理工作在企业生产经营过程中扮演着不可或缺的角色。企业的法律顾问队伍也就形成了企业中的专职法律工作团队，这支队伍中既有专门从事普法的专职普法人员，也有同时承担普法和其他法律工作的兼职普法人员，他们都在各自业务领域通过各自的工作进行着法律知识的普及宣传工作。因此，为确保普法的有效实施，在条件允许的企业中应设置独立的法律事务管理机构并设置专人从事普法。不同层级的专职法律工作团队还可以通过虚拟团队的方式进行资源的优化整合，充分发挥企业法律顾问队伍的专业优势，推动企业普法的实效提升。

（2）普法讲师团

企业普法是一项综合系统工程，不是单靠法律事务部门或者法律顾问个人力量就能够完成和取得良好效果的，需要有效整合企业的普法资源，普法讲师团这种工作团队就是对普法资源进行有效整合的一种方式。在我国，普法讲师团普遍存在于普法的各个领域，不仅在企业中存在，在政府普法、高校普法等领域都有普法讲师团。企业中的普法讲师团是将在各自专业领域具有专长的法律和业务专家集合起来，在一定时间范围内，统一为企业内有需求的职能部门和分支机构进行普法的一种普法方式。

在企业中组建普法讲师团，应注意以下几个问题：第一，要进行总体规划。根据企业法治宣传教育工作实际需要，制订讲师团工作方案，统筹安排活动任务，充分发挥讲师团的知识优势，服务企业经营发展。第二，要健全规章制度。普法讲师团成员主要从法律事务管理部门和业务管理部门中按条件严格选聘，要通过制度明确普法讲师团工作职责，实行分类动态管理。第三，要强化宣讲能力培训，按照统筹规划、分级负责原则，定期组织业务培训，不断提升讲师团成员的宣讲能力。第四，要加强监督考核，定期对普法讲师团成员的工作进行评估，对履职不力者及时更换，确保普法实际效果。

2. 企业内部非专业普法团队建设

企业普法需要调动企业各方面资源协同开展，法律事务管理部门及其工作人员要在其中发挥主导作用，同时也离不开企业各个业务部门工作人员的支持和配合。在企业的具体业务部门中有志于进行与所在专业相关普法活动的业务骨干可以组成业务部门普法团队。跨部门工作人员可以基于特定业务领域或者特定时间的业务需求组建普法志愿者团队，参与企业普法活动，普及宣传法律法规知识，共同提升企业干部员工和社会公众的法律素质。普法志愿者团队可以在企业法律专业人员的培训下掌握各自本职工作所需的必要法律知识，并对身边同事和服务对象进行宣传，扩大普法范围，带动全员尊法、学法、守法、用法。例如，通信行业中的一线营业员，在新法律法规颁布时，就可以通过发放宣传资料、解答简要咨询等方式普及宣传电信行业相关法律知识。

（三）普法人员的选聘

21 世纪的竞争，很大程度上是人才的竞争，组建高效的普法工作团队需要有优秀的普法人才作为基础，因此普法人员的选聘在普法队伍建设中是关键的环节。选择普法人员，需要从道德品行、工作经历、专业资质、业务能力等多维度考量，选择符合企业经营实际、能够促进企业发展的优秀人才。首先，应具有良好的道德品行，普法宣传工作肩负着传播企业法治文化、为企业经营发展提供支撑保障的重要任务，普法人员需要认同企业文化特别是企业法治文化，品行端正，无不良记录，以确保普法工作的顺利实施。其次，普法人员应具有一定的法律专业从业经验，如曾在法律相关岗位工作或实习等，以便更好地结合企业经营实际开展工作，避免纸上谈兵。再次，对于专职普法人员，应要求取得法律职业资格或者企业法律顾问执业资格，确保工作的专业水准。最后，还应结合企业经营中可能出现的法律问题考察普法人员的业务处理能力和应变能力，确保在后续工作中能够胜任普法工作。招聘普法人员应由企业人力资源部门通过招聘方式进行，一般招聘的公告格式可参考以下示例：

×××公司××年法律事务工作人员招聘公告

随着×××公司业务的快速发展，我们诚挚希望有志于在×××公司彰显才华、驰骋梦想的各路英才加盟我们的团队。具体招聘需求、程序及注意事项如下：

一、招聘需求及条件

1. 需求部门：法律事务部

2. 需求人数：××人

3. 需求学历：硕士研究生

4. 需求专业类别：法律类

二、招聘程序

1. 在线申请

请对照招聘需求与报名条件登录×××网址进入××年招聘栏目填写

《应聘申请表》。

2. 简历筛选及笔试

通过简历筛选的人员将被邀请参加两轮笔试。

3. 面试

面试分为两轮，笔试合格者将参加初次面试，初次面试合格者将参加复试。

4. 签约

通过复试者将统一参加体检，体检合格者公司将统一组织签约。

三、报名时间

报名截止日期为 ×× 年 ×× 月 ×× 日。

四、注意事项

填写一份信息完整的网上申请表是迈入公司的必备条件，请按照要求认真填写，同时注意以下事项：

1. 申请表中的毕业院校、所学专业务必填写完整、标准的名称。

2. 报名系统不支持提交后再修改，请认真填写后再提交，切勿重复提交。

3. 对于网上申请表中您填写的所学课程的成绩及相关奖励，在进入后续面试环节后，我们将要求您提供证书、成绩单原件。

4. 有较好的才能、突出的特长、社会实践等经历请尽量说明，以使您获得更多的录用机会。

5. 您向本公司提供的个人资料，必须是真实、有效和准确的，您须对您输入的资料负全部的责任，如发现您所提供资料有不实之处，我们保留在不事先通知的情况下取消您申请资格的权利。

6. 如应聘者为国（境）外学历，需满足如下基本条件：

经国家教育部留学服务中心认证的国（境）外大学本科及以上学历学位。其中，中外合作办学性质的须同时获得办学双方颁发的学历学位，且其国内学历学位须符合普通高等教育形式全日制国民教育系列的要求。

7. 除第一轮笔试您可选择在其他城市参加外，后续笔试、面试、体检、签

约地点均设在 ××× 市。

8. 应聘人员须保持手机和电子邮箱的畅通，我们会通过短信、电话或电子邮件方式将笔试、面试及录用信息通知到应聘者本人（注：对于在各招聘流程中落选人员，有可能无法一一通知到本人，敬请谅解）。

××年×月××日

二、普法队伍的人员配备和岗位设置

（一）普法人员配备

1. 配备原则

（1）实效性：分层级配备普法人员原则

开展企业普法要注重层层部署，在企业经营管理的管理层、基层以及一线均应配有相应的普法人员。实施总法律顾问制度的企业中，要充分发挥总法律顾问作为企业经营管理者的作用，通过总法律顾问对企业经营决策活动的参与保障企业经营活动合法合规，向企业中高层管理者普及宣传法律知识。在企业中层管理者中，可以选择法律事务部门负责人或者承担法律事务工作职能的部门负责人对管理层进行普法。企业普法在基层必须配备专职或兼职工作人员，具体负责普法实施工作。在企业经营一线则可以通过普法志愿者团队方式配备普法人员。各层级普法人员有机整合，上下协同，确保企业普法的顺利开展。

（2）专业性：分专业线条配备普法人员

普法需要结合企业的经营实际开展，根据企业经营的专业线条不同，有重点的配备不同领域的普法人员。对于与企业经营发展密切相关的专业线条必须配有专业或专职的普法人员，对部分非重点专业线条则可联合配备普法人员，但仍需注意做到对企业业务的全面覆盖。

（3）准入性：强化普法人员的资格资质要求

企业开展普法的目的是防患于未然，法律专业知识的系统性和企业经营实际的复杂性决定了从事普法宣传工作的人员应具备较强的法律专业知识和企业业务知识能力。因此，在配备企业普法人员时要不断强化对普法人员资格资质的要求，确保普法取得实效。对于法律专业人员，建议要求必须取得法律职业资格或者企业法律顾问执业资格，对于非法律专业的普法人员也应取得一定的法律从业相关资格或通过相关认证，保障普法的顺利实施和工作效果。

2. 专职与兼职普法人员配置

作为现代企业制度有机组成部分的企业法律顾问制度，可以促使企业在市场经济条件下依法求得生存与发展，规范企业的组织和行为，促进企业依法经营管理，依法维护企业自身的合法权益，实现公平有序的市场竞争。因此，在条件具备的企业中应积极鼓励建立企业法律顾问制度，设置企业法律事务机构并独立开展工作，对于普法也应单独设置专职普法人员予以保障落实。但受我国当前经济发展现状和地区经济发展不平衡限制，实施企业法律顾问制度乃至设立专职普法岗位仍需要一个渐进的过程，在条件不具备的企业中则需要结合企业的实际确定从事普法的人员是否专职。一般而言，企业中专职普法人员的数量建议不低于企业员工总数的0.3%，专职普法人员占比不低于普法人员的30%。

3. 专业与非专业普法人员配置

在专职与兼职普法人员之外，普法人员的配备还需要考虑从业人员的专业性，按照专业普法人员为主导、非专业普法人员为补充的原则进行普法人员配备。专业普法人员应充分发挥法律专业优势做好企业普法的规划及实施工作，非专业普法人员则应结合业务专业知识配合专业普法人员共同开展普法，实现法律与业务的有机统一，促进企业依法合规经营。

在企业经营实践中，要不断推进专职与专业普法人员的配备，在条件允许的企业中增加专职普法人员和专业普法人员的数量，为企业普法的开展提供充分的人员保障。

（二）普法岗位设置

1. 专职岗位

专职岗位，是指在企业中为开展普法而专门设置的法律事务工作岗位，专职普法岗位的工作人员专门负责企业普法的规划与设计、普法活动的组织和具体实施。原则上，企业中的专职普法岗位应由具备专业资格的法律专业人员担任，对其任职资格应有明确要求，如取得法律职业资格或者取得企业法律顾问执业资格，确保专职普法人员的法律专业素质过硬。

2. 兼职岗位

兼职普法岗位，是指在企业中从事普法的同时承担企业其他工作的工作岗位。兼职普法岗位的工作人员可能是法律事务工作人员。例如，既从事合同管理、纠纷案件管理等法律事务工作，同时又承担企业普法的工作人员，也可能是从事其他企业管理事务的工作人员，如在非法律专业部门中从事综合管理、战略管理等企业管理事务的工作人员。由于兼职普法岗位兼职负责企业普法的规划与设计、普法活动的组织和具体实施，对其任职资格要区分情况来要求：对于法律事务工作人员具备条件的情况下应要求具备法律专业资格资质，对于非法律专业工作人员则不宜强制要求法律专业资格资质，以免使企业普法无法有效落实。

三、普法队伍能力提升和交流

（一）普法能力提升

普法是一项既包含了法律专业知识传播又包含了宣讲表达及沟通处理能力的综合性工作，做好这项工作需要打造懂专业、善表达的普法人员队伍，提升普法人员的专业技能和普法宣讲能力。

1. 普法专业技能的提升

做好普法首先应具备全面的法律专业知识，随着社会生活的不断发展变化，法律法规也在不断地更新完善以更好地调整社会关系，这就要求普法人员紧跟时代变化，及时更新知识储备，提升法律专业素养。企业需要为普法人员学习法律知识提供便利和支持，如定期组织法律专业知识培训、购买法律专业书籍、电子数据等，帮助普法人员提升普法专业技能。

2. 普法宣讲能力的提升

普法不是简单的法律知识的复述和传达，特别是企业普法如果脱离企业经营实际则没有意义，因此普法人员还需具备较强的业务知识与法律知识融会贯通、有效表达的能力，也即需要不断提升普法宣讲能力。提升普法人员的普法宣讲能力，需要企业为相关工作人员创造学习培训条件、搭建普法展示平台、提供普法宣讲交流机会，促进企业普法人员素质的不断提升。

（二）普法交流机制

1. 内部交流合作机制

交流合作是学习先进经验，取长补短进而提升工作绩效的重要方式之一，在企业普法团队内部应基于共同的任务目标加强法律专业知识的交流与合作。可以将企业普法人员划定为若干小组形成虚拟团队，利用信息化手段进行经验交流和共享，也可以组建项目团队，围绕特定目标进行合作，充分利用普法优势资源，提升普法效果。

2. 外部交流合作机制

他山之石，可以攻玉。除企业普法团队内部的专业交流之外，与外部的交流合作也是提升企业普法队伍能力和素质的重要方式之一，企业普法队伍的外部交流合作主要包含跨行业、跨地区及与行业主管机关的交流与合作。

（1）跨行业交流机制

不同行业开展普法的方式方法、侧重点等各有不同，开展跨行业的普法队伍交流能够帮助企业普法人员拓宽视野、开拓思路、吸取先进经验，提升本行业、本企业的普法。目前，我国中央企业和国有企业在国务院国资委和地方国资委的领导下，开展了形式多样的跨行业交流活动并取得了较好的效果，如中央企业法治建设优秀案例库的汇编、法治讲堂活动等，为企业普法搭建了良好的跨行业交流平台，对促进企业普法队伍发展和提高具有很大帮助。

（2）跨地区交流机制

不同地域的企业所面临的地区经济发展环境、法治环境等均各不相同，普法的开展情况也必定有所不同，可以通过跨地区交流的方式进行普法队伍交流。例如，组织跨地区普法经验交流座谈会，组织全国性普法活动等。

（3）与行业主管机关的交流沟通机制

我国的普法是在党和国家领导下有序开展的，企业的普法要受到行业主管单位的指导和监督，企业普法机构要特别注意加强与行业主管机关的交流沟通，以便准确理解国家政策法规的执行要求，明确行业主管机关的监管要求，保障企业普法的有序开展。

四、普法队伍人才保有

在企业普法队伍中，具有法律专业知识和技能，能够胜任普法，进行创造性劳动并对企业发展作出贡献的人才，是企业的宝贵人力资源和财富，如何通过体制机制建设保有好这些人员，发挥其聪明才智为企业普法及法律事务工作创造价值是企业普法必须思考的问题之一。做好普法队伍的人才保有要注重普法人员能力素质提升、为其提供职业发展通道、给予工作资源保障并建立工作激励机制。

（一）注重能力素质提升

寻求长远发展是每个职场工作人员的职业理想之一，而职业能力素质则是实现长远发展的必要保障，普法人才也不例外。因此，企业需要从职业生涯规划角度做好普法人员能力素质提升工作，使其在普法实践中不断成长进步，热爱本职工作，助力企业发展。

（二）提供职业发展通道

作为企业中的支撑辅助部门，法律事务部门与企业具体经营部门相比并不直接为企业创造经济价值，很多企业在员工的职级和薪酬设计上会自然地倾向具体业务部门，这可能导致很多优秀的法律事务工作人员受到职业发展限制而放弃法律事务工作，转而从事具体业务工作，导致普法人才流失。为避免人才流失对企业普法产生的不利影响，企业人力资源管理中需要为普法人员提供完善的职业发展通道，合理设置普法人员的职级以及薪酬，至少应保证在同一部门内部从事普法的人员职级不低于从事其他工作的人员，薪酬水平与其工作表现和贡献程度成正比。

（三）给予普法资源保障

开展普法离不开经费、人员等工作资源的有效支撑和保障，企业普法中应做到物质资源和人力资源配备到位，切实保障普法人员顺利开展工作。普法的物质资源主要包括开展普法活动所需的宣传物料、技术支撑、经费投入等，企业应对普法给予专项预算，确保专款专用。普法的人力资源主要是指开展普法活动需要进行参与和配合的人员，企业应通过制度建设保障人员投入和参与，使普法有的放矢，顺利开展。

（四）强化激励机制建设

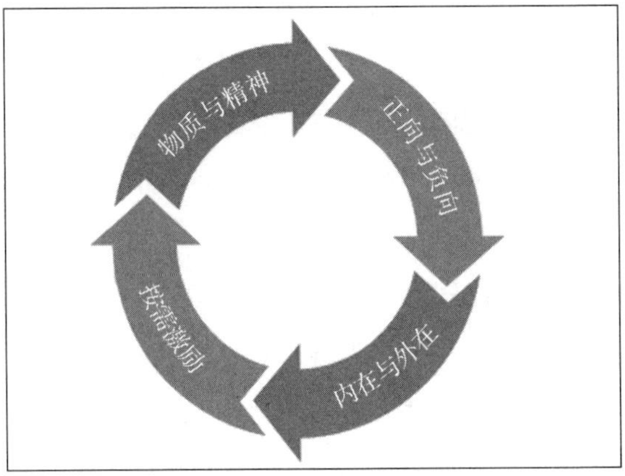

1. 物质激励与精神激励相结合

根据马斯洛的需求层次理论，物质是人们较低层次的需求，这一层次的需求得不到满足人们将无法追求更高层次的需求，物质激励直接影响员工生活质量，进而影响员工工作积极性，因此对普法人员进行激励首先需要注重物质激励。但是，仅有物质激励是远远不够的，物质需求得到满足后，员工就会重视其他方面的需求，希望得到组织的认可和重视，这就需要对普法人员给予精神激励。在实际普法中，要将二者有机结合起来，既重视物质也不轻视精神，力求取得最佳的激励效果。

2. 正向激励与负向激励相结合

正向激励主要是用正面的、积极的结果给予员工肯定和奖励的激励方式，与之相反，负向激励则是用负面的、否定的结果对员工的不良行为进行惩处的激励方式。在企业普法实践中应以正向激励为主、负向激励为辅，二者有机结合，推动普法人员积极学习先进经验和典型做法，提升普法效果，同时，牢记负面教训、防患于未然，确保普法依法有序开展，为企业经营发展保驾护航。

3. 内在激励与外在激励相结合

在当前企业普法实践中，企业对普法人员的激励还主要是采取给予奖金或者福利，提升职务等级让员工更有积极性，或者授予荣誉称号等与工作本身并不直接相关的外在激励方式。但是，外在激励的作用是有限的，无法从根本上实现长久激励的目的。基于工作本身使人热爱并从中获得乐趣的激励就是内在激励。对普法人员，外在激励不可或缺，但同时也要深度发掘普法本身对从业人员的意义，通过有效的内在激励取得最大化的激励效果。

4. 适时按需激励

除物质与精神、正向与负向以及内在与外在激励之外，普法团队的管理者还需要根据不同团队成员的特征，动态的掌握普法人员需求的变化，制定相应的激励措施，即按需进行激励。要定期对普法人员进行需求调研，通过调研找到普法人员的需求点并通过有效措施予以满足，确保激励措施及时到位，有效保有普法力量。

第三节　普法组织资源保障

一、组织经费保障

开展企业普法组织建设离不开各项经费和资源的保障，普法组织经费主要表现为专项预算、人员薪资、平台建设经费及其他经费等形式。

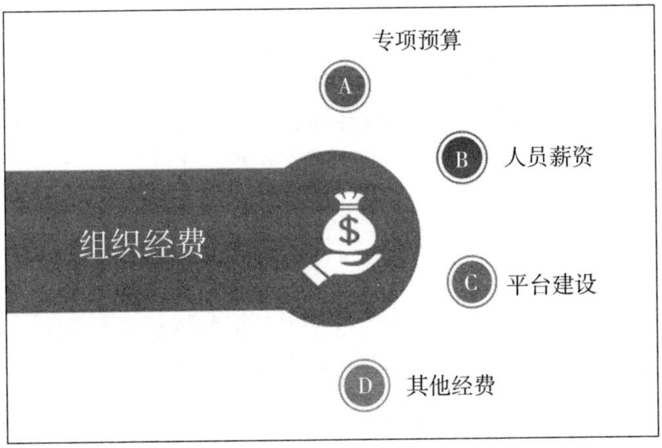

（一）专项预算

普法的专项预算是指企业为保障普法团队开展工作，在企业经营成本中单独列支的经费，主要包括普法资料经费和普法活动经费两大类。普法资料经费是指普法实施过程中用于购置普法书籍、购买普法电子数据资源等普法资料所需的经费。普法活动经费主要是指开展各项普法活动所需的经费，如进行宣传单印制、宣传活动策划、宣传板报设计等各项具体普法活动所需的经费。普法专项预算的具体数额和比例需要根据企业普法活动的实际确定，既要能够保障普法顺利实施，又要避免过度占用企业经营资源。

（二）人员薪资

除开展普法活动所需经费之外，普法人员的薪资也是普法组织资源之一，无论是在设置专职普法岗位还是兼职普法岗位的企业中，普法人员薪资都是必要的经费。普法专项预算与普法人员薪资这两项经费构成开展普法所需的必要物质基础。

（三）平台建设

随着信息技术的不断发展，普法信息平台日益成为企业普法人员开展日常普法不可缺少的资源之一，平台的建设经费也就成为普法组织资源的一种，需要给予规划和保障。

（四）其他经费

除普法专项预算、普法人员薪资及普法平台建设经费等组织经费外，普法的开展也需要诸如普法人员的培训经费、普法人员进行学习交流涉及的差旅费用等其他经费的保障，这些经费也是普法组织建设顺利开展的必要条件。

二、外部资源保障

受时间、精力及专业能力限制，企业普法中还需要企业外部的普法资源给予支撑和保障，常见的外部资源主要有外聘律师、高等法学院校、法律专家学者、专业咨询机构、行业协会及上级单位等。企业普法机构要发挥企业法律顾问、外聘律师、外部专家学者、专业咨询机构、行业协会及上级单位的作用，加强组织协调，引导他们发挥各自优势，组织开展形式多样的普法活动，提升普法实效。

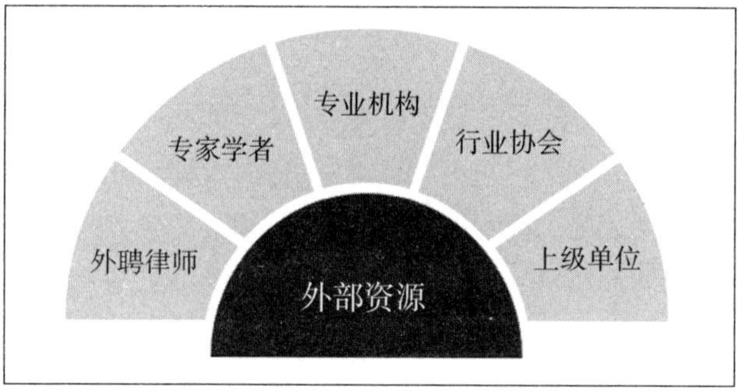

（一）外聘律师

企业的外聘律师，主要是指在企业法律顾问服务单位中对特定专业领域具有较为深刻和全面的研究，专门为企业提供法律专业服务的法律从业人员。在我国企业法律顾问制度尚未健全的时候，企业的法律服务需求激增，企业的法律事务工作很多是依靠外聘律师完成的。企业法律顾问制度逐步建立后，企业内部法律顾问成为企业法律工作的骨干，外聘律师更多的在需要进行专业性、复杂化法律事务论证时为企业提供支撑服务，如需进行法律专业性较强的普法活动，则可通过外聘律师资源给予支撑。

（二）高校、专家学者

高等法学院校、法律专家学者是我国法学教育和研究的中坚力量，他们拥有丰富的法律知识储备，能够充分理解法律的基本精神和内涵，是企业开展普法的有益支撑力量。对于企业法律事务工作人员的执业能力提升、业务相关法律知识的专业系统分析等内容比较适宜通过选择高等法学院校和法律专家学者进行，充分利用高等院校和专家学者的专业知识和丰富的法律实践经验，拓宽企业普法视野，提高干部员工的法律基础素质。

（三）专业咨询机构

除外聘律师、高等法学院校及法律专家学者外，企业开展普法的另一支有益补充力量是专业的咨询机构，专业咨询机构拥有丰富的管理经验，能够从整体和全局出发对企业各项相关资源进行有效分析和整合，协助企业解决经营发展过程遇到的瓶颈问题，推动企业经营发展。企业普法发展到一定阶段，需要进行资源整体整合和价值发掘时，可以组建特定项目组，通过企业内部法律事务工作人员与专业咨询机构相结合的方式进行普法价值的深度发掘。

（四）行业协会

行业协会是以同一行业共同的利益为目的，以为同行业企业提供各种服务为对象，以政府监督下的自主行为为准则，以非官方机构的民间活动为方式的非营利的法人组织。行业协会可以在新的产业链整合形式中起到重要的发起者、计划者、监督者和协调者的作用。[①] 基于行业协会的这种特性，在企业普法活动中应注重充分重视和发挥行业协会在资源整合方面的作用，通过行业协会为企业争取良好的法治环境和资源，加强与同行业其他企业的交流沟通，不断提升普法实效。

（五）上级单位

上级单位并非严格意义上的外部资源，这里仅是从企业本身及企业之外的

---

① 刘正．行业协会在产业链整合过程中的作用研究［D］．暨南大学硕士学位论文，2007.

意义上探讨上级单位对普法组织建设的保障作用。企业受上级单位的直接管理和领导，上级单位对普法进行总体规划，同时也掌握着更为丰富的普法资源，因此在普法组织建设方面也离不开上级单位给予的支持和帮助，从而保障普法活动能够有序开展。

结语▶企业普法的顺利开展需要有效的组织建设工作给予保障，做好企业普法组织建设工作主要抓住三方面要点：第一，要从全局和管理角度做好企业普法的组织架构规划，按照普法领导机构、日常管理机构、临时工作机构的层次，分层级设置相关普法机构，确保普法有领导、善实施、会应变。第二，要从“选”“用”“育”“留”四个维度做好普法队伍建设工作，确保普法队伍规划到位、结构合理、专业扎实，运行稳定。第三，要从经费和外部资源两个方面给予普法组织建设资源保障，使普法能够顺利开展。

参考文献

[1] 张德，陈国权．组织行为学［M］．北京：清华大学出版社，2000.

[2] 何欣梅．把握组织行为学理论实践于企业管理——浅谈组织行为理论及其在企业管理中的应用［J］．南昌教育学院学报，2011.

[3] 张忠宇．现代企业团队理论研究［D］．哈尔滨工程大学法学硕士学位论文，2004.

[4] 王重鸣，唐宁玉．虚拟团队研究：回顾、分析和展望［J］．科学学研究，2006（2）．

[5] 刘正．行业协会在产业链整合过程中的作用研究［D］．暨南大学硕士学位论文，2007.

第五章

管理制度篇

本篇从普法管理制度的含义、分类、特点、常见类型入手，重点介绍了普法管理制度的内容、架构及通用格式，并详细分析了其制定目的及意义、依据、方式和流程、执行原则、常见问题、保障措施等，归纳提炼出企业普法管理制度的基本原理和运行规则，为企业建立健全普法工作制度，规范普法工作开展提供了理论依据和参考。

第一节　普法管理制度概述

一、普法管理制度的含义

企业管理制度是关于企业组织、运营、管理等一系列行为的规范和模式的总称[①]，也是组织对实现管理目标所采取的组织、控制、协调、反馈等活动所依据的规范形式的总和。从某种意义上讲，企业管理制度是管理规范的制度化成果。

① 弗布克 HR 实务中心．管理制度设计实训实战实务［M］．北京：人民邮电出版社，2015.

据此，普法管理制度是指企业为实现普法工作预定目标而采取的关于普法组织、控制、协调、反馈等活动所依据的各种规范形式的总和。普法管理制度内容丰富、形式多样，不仅包括冠以“规定”“办法”“规划”“规范”“细则”等名称的制度规范，还包括其他用于规范指导普法活动组织、开展、评估及激励等环节的各类专门规定，以及散见于其他制度规范中与普法工作相关的制度条款。

普法管理制度是企业管理制度的重要组成部分，是企业依法开展经营管理活动的基础保障，与企业人事管理制度、财务管理制度、会议管理制度、培训管理制度等诸多制度一起，共同构成了企业完整的管理制度体系。

二、普法管理制度的分类

普法管理制度根据其表现形式、具体内容、制度性质、制度层级、针对对象等，可以有不同的分类。

（一）按表现形式划分

按表现形式，可将普法管理制度分为普法管理规定或办法、普法工作规划、普法活动方案或细则、相关普法制度条款等。

1. 普法管理规定或办法是普法管理中效力等级最高的制度文件，是企业的基本普法管理制度，具有统摄企业普法工作全局的作用。通常会冠以“规定”“办法”等名称，如“××公司普法管理规定”“××公司普法管理办法”。

2. 普法工作规划是针对某个时期内具有一定延续性的重点专项普法工作制定的制度规范，是该专项普法工作总的行动指南。例如，“××公司五五普法规划”“××公司六五普法规划”等。

3. 普法活动方案或细则是指针对特定事件或者主题开展普法活动的制度规范。例如，“××公司普法下基层活动实施方案”“××公司3·15普法实施细则”等。

4. 相关普法制度条款是指散见于其他制度规范中与普法工作相关的制度条款。这些条款没有集中以普法制度的形式出现，但依然是普法管理制度的一种表现形式。例如，某企业文化管理制度中规定：“企业要建立普法工作长效机制，鼓励各种形式的普法活动，营造依法治企的文化氛围。人力、财务等相关职能部门应提供必要的资源保障及支撑。”

一个企业通常只会制定一项冠以“普法管理规定或办法”名称的制度文件，但可能会根据时间、对象、主体、主题等因素不同，制定多个普法管理文件。

（二）按具体内容划分

按具体内容，可将普法管理制度分为工作制度、会议制度、活动制度、资源保障制度、评估检验制度等。

1. 工作制度是关于普法活动工作思路、工作流程、工作职责、工作机制等方面的制度规范。

2. 会议制度是关于普法工作相关会议的制度规范，包括但不限于会议的时间、地点、形式、主题、参加人员、表决方式等要素，通常可以分为定期会议和不定期会议，具体方式根据不同的单位和普法工作具体情形灵活采用。

3. 活动制度是关于普法活动具体开展方式、组织形式、活动过程、活动注意事项等问题的一般性制度规范，具体操作执行环节可以针对不同的普法活动灵活调整。

4. 资源保障制度是关于保障普法活动顺利有效开展的各种资源要素的制度规范，包括但不限于人员保障、机构保障、经费保障、场地保障等。

5. 评估检验制度是对普法工作成效、经验及问题进行总结评估的制度规范，是保障普法工作落到实处、持续开展的关键环节，通常包括评估原则、评估方式、奖惩规则等要素。

（三）按制度性质划分

按制度性质，可将普法管理制度分为通用制度和专项制度。

1. 通用制度是针对普法工作的一般性问题及通用规则进行明确的制度规范，属于各类普法工作共性的东西，如普法工作基本原则、工作机制、资源保障、评估检验等问题。普法管理规定或办法就属于典型的通用制度。

2. 专项制度则是针对某个具体的普法工作或活动制定的特殊制度规范，一般仅对该具体工作或活动具有约束力，具有较强的针对性和实效性。前述普法活动方案或细则就属于此类，如“×× 公司管理层学法用法专项规定”“×× 公司法律顾问培训管理办法”“×× 公司普法考核验收规范”等。

（四）按制度层级划分

按制度层级，可将普法管理制度分为集团制度、省级制度、市级制度、区县级制度。

集团制度是由集团公司（总部）制定的对全集团范围内均有效适用的制度规范，如“×× 集团普法管理规定”；省级、市级、区县级制度则依次是在省、市、区县层级范围内适用的制度规范，如“×× 集团 ×× 省公司普法管理规定”。

上述划分常见于大型企业或集团，不同的单位根据自身的组织架构可能会在层级划分上略有不同，如有的小型企业没有市县级单位，通常只有一个层级的普法管理制度。

（五）按针对对象划分

按针对对象，可将普法管理制度分为管理层普法制度、基层普法制度。

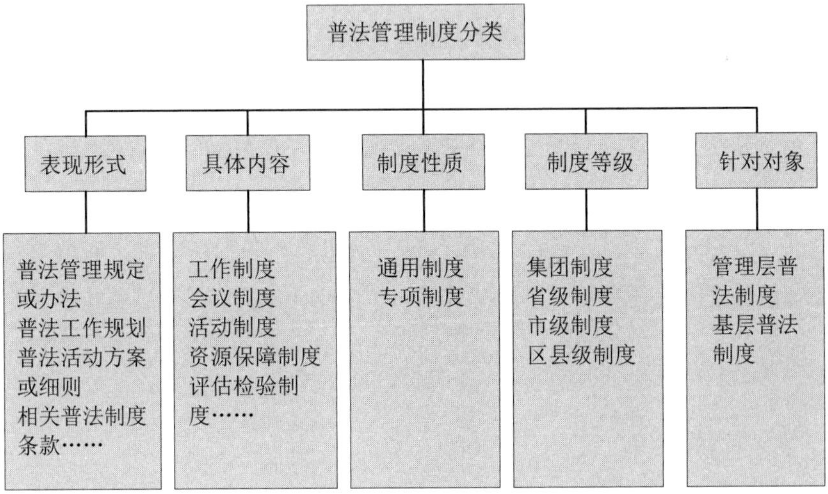

普法管理制度分类图

管理层普法制度是专门针对企业管理人员制定的制度规范，而基层普法制度则是面对基层员工制定制度规范。该种区分有利于针对不同的对象制订针对性的普法方案，提高普法工作效能。

三、普法管理制度的特点

普法管理制度作为企业管理制度的有机组成部分，除了具有企业管理制度一般共性的特点外，如制定程序具有规范性，执行上具有约束力等，还具有其自身的特性，主要表现为以下四个方面：

（一）专业性

普法工作是针对特定对象普及法律基础知识、传授法律技能的一项工作，而且通常是针对不具备法律知识储备的非法律专业人群，必须以具体、有效的法律法规及其他规范性文件为内容和依托，否则就失去了存在的价值和意义，因此具有极强的法律专业属性。也正是这种特性，普法工作通常依赖于法律专业机构及法律专业人员组织实施。普法管理制度的制定必须围绕法律法规来设计，确保制度能够有效贯彻实施。

（二）主题性

由于现行法律法规及规范性文件数量庞大、内容繁杂，国家往往会根据法律法规的重要程度及不同的时段制定不同的普法主题，体现普法工作的针对性。企业制定普法管理制度也必须要牢牢把握这一政策动向，提高普法工作的针对性和时效性。比如，每个普法五年规划都会有不同的主题和侧重范围，针对“3·15”“5·17”“12·4”会有不同主题和形式的普法活动，对普通员工和管理层普法的主题和重点也会有所不同。企业在经营实践中往往也会根据自身行业的特色及发展需要制定不同主题的普法策略，必然要通过普法管理制度体现出来。

（三）创新性

普法工作具有很强的实践性，需要通过各种不同的普法活动加以体现。因此，除了一些基本原则、机制、资源保障等方面的框架性制度相对固定外，大部分操作环节的制度规范必须随着实践的发展及企业经营的需要进行动态调整和创新。也就是说，企业普法管理制度要体现普法工作方式、活动形式的创新，讲究灵活性和实效性，不拘一格。比如，在传统纸面学习的方式之外利用各种新型媒介进行普法。不断创新是普法工作保持生机和活力的原动力。

（四）关联性

普法管理制度是企业法律工作制度的一部分，与其他法律工作制度，如合同管理制度、诉讼案件管理制度等，具有天然的关联性。普法管理制度的具体内容必须以具体法律工作为依托，与之紧密结合，同时要将普法基本精神及原则等贯穿到具体法律工作中，使之有机融合、互相促进。普法管理制度同时也是企业制度体系的一部分，与其他相关制度，如培训制度、宣传制度等也具有关联性，既需要与相关制度保持协调和一致，也应保持自身特色，二者互相补充、融合共存。

四、常见普法管理制度

除了通用、基本的普法管理制度，企业在长期的普法实践过程中通过不断探索、总结，也会形成内容灵活、形式多样、各具特色的具体制度，不一而足。下面结合中国移动的实践举例说明。

（一）管理层学法用法制度

该制度是专门针对企业管理层开展普法宣传教育，构建管理层学法、用法常态机制，提升企业管理人员依法经营的意识和能力的一项制度。通常包括制定依据或背景、指导思想、工作目标、工作原则、主要内容、工作方式或方法、适用对象、开展时间、保障制度等内容。

管理层普法是企业普法工作的重要环节和关键节点，抓好管理层的法制宣传教育，有利于促进企业重大经营决策的合法合规，自上而下地提升企业法律素养和依法经营水平。该制度具有三个特点：

一是对象特定。该制度专门针对企业管理层，而不是全体员工，因此必须结合管理层的特点，以合适的方式、适当的内容进行普法活动。

二是内容宏观。该制度对象的特定性，决定了其内容通常较为宏观。管理层不同于普通员工，主要对企业重大经营活动进行管理和决策，思考的角度特殊、层次较高，因此，普法活动应以比较大的、政策性较强的、偏重管理的法律法规为主要内容，且内容不宜过细，如宪法、企业国有资产法、公司法等。

三是规格较高。因管理层身份特殊、级别较高，管理层学法用法制度规格也较高，往往能起到巨大的示范效应，提升企业普法工作的影响力和效果。

（二）法律顾问培训制度

法律顾问培训制度是专门针对企业法律顾问进行普法宣贯、培训，从而不断强化和提升其法律专业技能的一项制度。因其适用的对象是具有一定法律专业知识的法律管理人员（法律顾问），故在内容的设置上应当比普通员工更具有深度和广度，以实现法律顾问专业技能的巩固和提升，更好地服务公司业务发展。

该制度通常以专题讲座、专项培训为主要形式，既有理论知识，也包括实务技巧；既包括针对新法律法规或热点问题的例行性培训，也包括针对某种职业资格考试的专项培训，如企业法律顾问资格考试培训、司法考试培训等。制度文本一般包括制定依据或背景、工作目标、工作原则、主要内容、工作方式、适用对象、时间安排、保障制度等基本内容。

（三）班组普法制度

班组普法制度是以班组建设为依托，以各个基层班组为单位开展普法活动的一项制度。

在企业班组建设中，企业将公司全体员工按一定的单位（如处、室）划分为若干个班组，建立班组博客、微信平台，开辟专栏进行工作建议、工作技巧、项目攻关等方面的交流和反馈，将线上线下活动相结合。班组普法制度就是充分利用这一平台和契机，将普法工作通过文字、图片、视频、动漫等形式展现出来，如发布新法律、新法规、新政策，探讨热点法律问题和投诉案例，撰写普法活动总结，交流普法工作经验，探索普法工作思路等。同时，还通过班组联谊、排名竞争等方式进行交流和比拼，既丰富了普法工作的形式，也拓展了普法工作的广度和深度。

班组普法制度通常包括制定依据或背景、工作目标、主要任务、工作方式、活动规则、活动频次、适用范围、激励制度、保障制度等。

（四）普法巡讲制度

普法巡讲制度是通过开发普法课程，并根据员工需求定向讲授法律知识，从而提升员工法律意识和学法用法能力的一项制度。

该制度通常有两种方式：一种是主动式巡讲，即法律部门将与企业经营相关的法律法规或热点问题进行归纳和梳理，事先开发课程并制作好课件，然后供不同需求的员工选择，从而进行课程讲授。另一种是被动式巡讲，即根据某个群体的需求和申请，如某个业务部门或者一线营业人员，法律部门或法律顾问进行专项的课程设计和课件制作，然后进行定向讲授。两种方式各有优劣，第一种适用面大，第二种针对性强，企业可以根据自身实际灵活运用。

该制度通常包括制定依据或背景、工作目标、工作方式、工作要求、工作频次、保障制度、激励制度、评估反馈等内容。

（五）法律穿越制度

法律穿越制度是指由法律管理人员根据事前收集的典型案例，分析制作普法材料，并深入基层向一线员工进行现场讲解和互动交流，以解决一线员工关心的法律问题的制度。穿越主体通常是企业各级法律管理人员组成穿越团队，也可以根据需要邀请相关业务或技术部门人员参加；穿越对象通常是区县分公司一线业务人员，根据需要也可扩展到后台管理部门；穿越形式可以根据企业规模及资源等实际情况来定，既可以集中穿越，也可以分成若干穿越小组或片区；穿越程序一般包括三个环节：事前收集近期发生的与公司经营相关的热点案例并进行法律分析，事中到选定的穿越基地进行现场案例讲解和答疑解惑，事后对活动进行总结以及对不能当场解决的问题进行反馈。

法律穿越制度普法工作方式的一项重大创新，其特色在于深入一线、以案说法和互动式普法，不仅节省了一线员工普法成本，而且大大提升了提高普法工作效能。该制度通常包括制定依据或背景、工作目标、工作方式、工作要求、工作频次、适用范围、保障制度、评估反馈等内容。

（六）公益普法制度

公益普法制度是企业根据需要自主开展或者协助有关政府部门联合开展的针对社会大众的一种普法制度。该制度是企业对外进行的普法活动，也是企业履行社会责任的一种形式，通常是利用一些重要时点开展法律常识的宣传和普及，如“3·15”消费者权益保护日、“5·17”电信日、“12·4”法律宣传日；形式灵活多样，如法律上街、送法下乡、法律进社区等；活动方式既可以是户外现场普法，如在一些人流量较大的公共区域解答法律问题、提供基础法律援助、派发普法书籍和资料，也可以是通过信息化方式进行后台普法，如发送普法短信、彩信等。该制度的基本特征是公益性，通过这种方式既可以帮助消费者了解基本的法律常识和维权技巧，也可以树立企业依法诚信经营的社会形象。

公益普法制度通常包括制定依据或背景、工作目标、工作方式、工作要求、工作频次、适用范围、沟通协调、保障制度等内容。

第二节　普法管理制度的内容与架构

有学者认为，企业管理制度的内容因企业不同而千变万化，但总能从中提炼出共性的东西，即制度应具备的主体要素和辅助要素[①]：主体要素是一项制度必不可少的组成部分，包括目的、适用范围、工作程序、规则、机构、解释与生效等内容，辅助要素可以体现一项制度的规范程度，包括制度名称、属性、等级、编号、版本等内容。

不同类别、不同形式的普法管理制度在内容与架构上会有一些不同之处，企业基本普法管理制度内容架构最为完备，通常应包括名称、正文、附则三部

① 刘长兴.企业管理制度的要素构成［J］.人力资源管理，2012（9）.

分，其他形式的普法管理制度可以根据实际采取较灵活的架构，但至少应包括标题、正文两部分。本节将结合中国移动实际分别论述几类常见的普法管理制度的内容与架构，并提供参考通用格式。当然，企业也可以结合自身实际灵活调整其中的部分要素，或者增加一些要素，在此不再赘述。

一、普法管理规定或办法

（一）内容与架构

1. 名称

名称是指某项具体制度的名字，由主体、内容和属性三部分构成。主体即制定该制度规范的主体，通常应写全称，以示规范；内容用以区别其他制度规范，如“普法”；属性表明该制度的性质，如“规定”“办法”等。名称是一部制度规范的眼睛，应做到准确、规范、精练、醒目，让人一眼即可看出该制度的本质。比如，“××公司普法管理规定”或“××公司普法管理办法”。

2. 总则

总则是一般制度规范通用的开头部分，通常包括该制度的制定目的或目标、制定依据、适用对象和范围、基本原则、指导思想等内容。总则部分的内容偏概括性、原则性，一般不涉及制度规范的具体内容，但该部分在整个制度结构中具有举足轻重的地位，奠定整个制度规范的基本框架、基调，对制度规范的全文起到提纲挈领的统辖、指导作用，后面具体的制度内容必须以总则部分为依据和指南，不能背离。具体如下：

（1）目的或目标：是指普法工作需要达到的目的或效果，格式较为固定。该内容虽然较粗，但应力求简明扼要、有的放矢，不宜大而空、流于形式。通常表述为：“为了××，根据××，制定本办法/规定。”

比如，为了进一步加强公司的普法工作，提高全体员工法律意识和依法经营水平，为公司的持续、健康、快速发展创造良好的法治环境，根据国家有关规定，结合公司实际情况，制定本办法。

（2）适用对象和范围：规定普法管理制度适用的具体对象和范围，格式较为固定，通常表述为："本办法适用于 ××。"

比如，本办法适用于中国移动通信集团 ×× 有限公司（以下简称公司）及下属分支机构。

（3）基本原则：该内容具有高度概括性，是对普法工作的整体思考和提炼，对于后续具体制度内容及普法活动的开展具有指导意义。每项原则通常以短语形式描述，要求语言精练、醒目、高度概括、言之有物；同时还要对该原则的具体含义和内容进行解释。

比如，"围绕中心、服务大局""省市一体联动""全员参与""注重实效""需求导向""求实创新"等。

（4）其他：制定依据、指导思想等，可以根据企业实际情况在制度中体现，也可以与其他内容融合表述。

3. 机构与职责

该部分是整个制度架构中承上启下的一部分，基本内容相对固定和明确，包括负责该项工作的相关部门名称、定位、职责分工等，内容应尽可能清晰、明确、具体，否则可能对后续工作的开展及制度的落实造成一定的影响。

在企业普法管理规定或办法中，该部分通常包括归口管理部门及其职责、关联部门及其职责两部分，也可根据实际加入"总法律顾问或企业分管领导职责"。

（1）归口管理部门负责普法制度或流程制定、活动策划、牵头实施、协调督促、指导下属机构、考核验收、信息系统建设等职能，是普法工作的主要落实机构，一般由企业法律部门担任。

（2）关联部门是参与普法工作的业务部门、职能部门、下属机构等，通常承担资源保障、本单位具体工作落地、配合实施、需求反馈等职责。

（3）总法律顾问或企业分管领导一般承担"指导、审批"等较为宏观的职责，如指导制度制定、体系构建、审核工作规划、指导活动开展等。

4. 工作内容

工作内容是普法管理制度的主体和核心，是不可或缺的组成部分，集中解决“做什么”“怎么做”等问题，因此，其内容较为充实、具体，承载着整个制度规范的落地实施。该部分内容主要根据不同企业的实际情况制定，通常比较具体、灵活，没有固定格式，但在制定过程中应尽可能全面、详尽、明确，确保其可操作性。常见的工作内容包括工作形式、活动方式、活动内容、工作程序、时间进度、适用对象、成果产出等。

比如，“公司通过现场培训、普法讲座、普法短信彩信、OA 视频等多种方式开展普法宣传活动，鼓励不断创新普法宣传形式，提升普法宣传效果。”“每年针对中高层人员开展 2—3 次主题普法讲座……”“公司普法活动分日常普法和专题普法两部分……”“普法活动具体形式包括但不限于普法培训、普法知识竞赛、法律穿越、普法巡讲……”

5. 保障措施

保障措施是确保普法工作顺利开展及取得成效的保证，没有各种资源作为支撑和保障，尤其是人员、经费等，普法活动就无法具体开展，更谈不上取得成效、达成既定目标。没有保障的制度很可能就是一纸空文。该部分也需要根据各个主体的实际来制定，常见的保障措施包括三种：

（1）组织保障，即普法工作的组织机构、执行机构等，形成常态化的工作机制、协调机制，确保普法工作的正常运作。这种机构既可以是实际的组织，也可以是虚拟团队。

（2）人员保障，即参与普法活动的人员，既包括法律管理人员，也包括业务人员、技术人员，各司其职、分工协作，确保普法工作落地。

（3）经费保障，也可称为物质保障。无论是普法书籍或资料购买，还是活动场地租赁、工具及设施置备、信息系统建设、视频动漫制作等都需要一定的经费。因此，企业开展普法活动往往需要有专门的预算，具体数额根据各自实际情况来定。

前两项内容也可与“机构与职责”部分融合，第三项内容一般专门进行规定，如“普法经费要纳入本单位预算，每年不得少于 10 万元，要根据实际情况统筹安排相关经费，保证法律宣传教育工作正常开展”。

6. 评估总结

评估总结是对普法工作成果进行验收测评（或考核）、总结经验与不足、激励先进、树立标杆的一项重要制度，是普法工作成效的重要保障。验收测评有利于确保普法工作取得实际效果、避免流于形式，总结经验与不足有利于确保普法工作不断改进和提升，激励先进和树立标杆有利于充分调动员工积极性和创造性，形成良性竞争格局，实现普法工作可持续发展。

该部分的内容也需要根据各单位实际来具体规定，通常包括验收测评的原则、方法或标准、周期、奖惩措施、总结报告等内容。其中，验收测评的方法或标准、周期应当科学、明确，确保其可操作性；奖惩措施既可以是物质激励，也可是精神激励，应当明确和适度；总结报告应当全面、中肯、翔实，既要高度概括，又要言之有物，既要肯定成绩，也要指出问题并提出改进措施。

比如，“评估总结包括年度总结、检查验收、考核激励。”或“公司每年开展优秀普法宣教单位评选，并发文通报。评选指标如下：……”

7. 附则

附则通常规定制度办法的解释部门、实施时间、术语和定义等内容，虽然内容不多，但也是必不可少的一部分。

解释与实施条款内容比较简单，格式比较固定，通常表述为：“本办法由 ×× 公司法律事务部 / 中心负责解释。”或“本办法自印发之日起实施。”

有些制度根据需要还有附件，将与普法管理制度相关的又无法在正文中展开的内容附上，作为管理制度的补充和诠释，如依据的规范性文件或内部管理规定、检查验收规范、具体激励方案等。此外，从制度规范的完整性角度讲，还可以加入版本、编号、等级、属性等辅助要素，全面展示制度规范内容（下同，不再赘述）。

（二）通用格式示例

××× 公司普法管理办法

第一章　总　则

第一条　为了进一步加强公司普法工作，提升全员法律意识和依法经营水平，为公司的持续、健康、快速发展创造良好的法治环境，根据国家有关规定，结合公司实际情况，制定本办法。

第二条　本办法适用于中国移动通信集团 ×× 有限公司（以下简称公司）及下属分支机构。

第三条　公司普法管理工作应当坚持以下基本原则：

（一）围绕中心、服务大局……

（二）全员参与、省市联动……

（三）注重实效、讲求创新……

（四）……

第二章　机构与职责

第 ×× 条　公司成立普法工作领导小组作为法律宣传教育的领导和决策机构，由公司总法律顾问任组长，各部门、中心负责人任小组成员，负责对公司普法工作进行全面指导、对重大普法项目进行决策……

普法工作领导小组下设普法办公室，由法律事务部负责人任主任，负责对公司普法制度制定、活动开展、评估验收等工作进行策划及实施……

第 ×× 条　公司总法律顾问全面负责普法工作，履行以下职责：

（一）指导建立和完善公司普法工作制度及流程；

（二）指导并批准公司年度普法工作主题及专项活动方案；

（三）协调处理普法工作的重大事项；

（四）指导培育公司依法合规文化及理念；

（五）……

（六）其他应由总法律顾问履行的职责。

第 ×× 条　公司法律事务部是普法工作归口管理部门，履行以下职责：

（一）建立和完善普法工作制度及流程；

（二）制定并实施公司年度普法工作主题及专项活动方案；

（三）对下属分支机构普法工作进行指导、协调、督促；

（四）组织开展普法工作检查验收及考评；

（五）……

（六）其他应由普法工作归口管理部门履行的职责。

第××条　普法工作关联部门在各自职责范围内密切配合法律事务部开展普法工作，履行以下职责：

（一）收集本单位员工的普法需求并报送法律事务部；

（二）会同法律事务部拟订普法工作计划和方案；

（三）提供职能范围内的人力、经费、宣传等资源支撑；

（四）……

（五）其他应由普法工作关联部门履行的职责。

第××条　……

第三章　工作内容

第××条　公司建立日常普法和专题普法相结合的普法工作机制……

第××条　公司通过购置法律书籍、现场培训、普法讲座、普法短信彩信、普法微信微博、普法电子杂志、普法视频及动漫、普法知识竞赛等多种方式开展普法活动，鼓励创新普法形式，提升普法效果。

第××条　公司建立管理层学法用法制度，每年针对管理层开展1—2次专题普法活动……

第××条　公司建立法律顾问培训制度，提升法律管理人员专业水平……

第××条　公司建立普法巡讲制度，分线条、分区域对业务部门、基层一线员工进行普法宣讲，提升全员法律素养和学法用法水平……

第××条　公司每年针对新员工进行岗前法律知识培训，重点开展电信法、合同法、招投标法、消费者权益保护法等领域普法……

第××条　公司建立普法活动通报机制，每季度通报各单位普法活动基本情况及存在问题……

第××条　公司建立普法会议及沟通协调机制，及时跟进解决普法工作中存在的问题。会议分为定期会议和不定期会议两种，由法律事务部负责召集。定期会议为每年的×月×日，不定期会议根据普法活动实际情况而定……

第 ×× 条　公司鼓励各分支机构开展形式多样的普法宣传活动，宣传内容应紧密联系工作实际……活动内容应及时以文件或邮件的形式报送法律事务部，具体要求包括……

第 ×× 条　……

第四章　保障措施

第 ×× 条　公司高度重视普法组织保障，强化各级普法工作机构建立与完善，充实工作人员。各分支机构应配置专职普法工作人员，确保普法工作落地实施……

第 ×× 条　公司设立普法工作专项经费，由法律事务部管理，每年不少于 ×× 元，保障普法工作顺利开展。普法专项经费必须专款专用，并按公司有关规定进行公示……

第 ×× 条　公司建立普法工作虚拟团队，由法律部门相关工作人员以及各业务部门骨干员工、分支机构普法接口人员组成，及时进行工作沟通及交流……

第 ×× 条　……

第五章　评估考核

第 ×× 条　公司建立普法工作评估考核制度，包括检查验收、年度总结、考核激励等 ×× 种方式。

第 ×× 条　检查验收方式包括问卷调查、随机访谈、现场检查等方式，具体要求……

第 ×× 条　公司每年对普法活动的成效及问题进行总结，并及时通报。各分支机构对本单位每年度开展的普法活动进行总结，并上报法律事务部，形成年初有计划、年终有总结的工作机制。

第 ×× 条　公司每年开展先进普法工作单位及先进个人评选，并发文及证书进行表彰，由法律事务部统一组织实施。

普法先进单位评选指标如下：

（一）普法年度计划或方案的制订情况；

（二）开展普法活动的频次；

（三）普法工作的创新情况；

（四）普法工作成效及亮点报送情况；

（五）……

普法先进个人评选指标如下：

（一）参与普法活动的频次；

（二）参加普法竞赛类活动的成绩或其他相关普法工作业绩；

（三）……

第 ×× 条　……

第六章　附　则

第 ×× 条　本办法由 ×× 公司法律事务部负责解释。

第 ×× 条　本办法自印发之日起实施。

二、普法工作规划

（一）内容与架构

1. 名称

基本格式和要求同上，可表述为："×× 公司关于开展法治宣传教育的第 × 个五年规划（20××—20×× 年）"或者"×× 公司 ×× 普法工作规划"。

2. 制定背景、目的及依据

该部分的基本格式、要求、地位与上文总则中的部分内容基本一致。其中，制定背景简要概述上个普法规划的完成情况及成效，新时期法治工作的形势和要求等，如"在党中央、国务院、国资委的正确领导下，我公司第六个五年法治宣传教育规划（2011—2015 年）顺利实施完成，并取得了显著成效……""党的十八大以来，党中央对全面依法治国作出了重要部署，对法治宣传教育提出了新的更高要求……"

3. 指导思想、主要目标和工作原则

该部分也属于比较抽象、概括、原则性的内容，具有一定的理论高度，主要阐明普法制度的基本方向、基本原则。其中，指导思想可以概述国家层面的战略、理念及本企业的工作思路，保证该制度的制定和执行能够坚持正确的方向。比如，“全面贯彻党的十八大和十八届三中、四中、五中全会精神……紧密围绕公司改革发展中心任务……为公司改革发展营造良好法治环境。”主要目标可以对上文的内容做进一步细化和展开。比如，“普法工作机制进一步健全，法治宣传教育实效进一步增强；公司依法治理、依法经营管理能力不断增强……”

4. 主要任务

该部分内容相对较为具体，需要将规划内普法工作的要点、重点一一列明和阐述，同时也要注意提炼和概括，做到结构严谨、条理清晰、详略得当。比如，“深入宣传中国特色社会主义法律体系……”“突出学习宣传宪法……”

5. 对象和要求

对象一般是企业全体员工，也可以突出重点针对对象。要求是普法工作开展需要遵循的规范，可以对基本原则做进一步细化、补充或引申。比如，“坚持把领导干部带头学法、模范守法作为法治宣传教育的关键……”“坚持抓基层普法……”

6. 工作措施

该部分具体讲述落实普法工作规划的举措，包括工作机制、活动形式、推进步骤等，具体可根据企业实际灵活制定，该部分内容与主要任务的要求相似，既要具体翔实，也要高度概括。比如，“健全普法责任制……”“推进法治宣传教育工作创新……”

7. 组织领导

该部分主要讲述普法工作规划的组织机构保障、经费保障等，与前文的内容也基本类似。比如，“加强机构建设……”“加强经费保障……”

（二）通用格式示例

××公司关于开展法治宣传教育的第七个五年规划（2016—2020年）

在××统一部署和正确领导下，××公司顺利实施完成了“六五”普法各项工作，取得了显著成效。公司法治宣传教育工作深入开展，法治思维能力不断增强，依法经营管理水平进一步提高，为公司改革发展提供了有力支撑保障。党的十八大以来，党中央对全面依法治国作出了重要部署，对法治宣传教育提出了新的更高要求。为深入贯彻落实全面依法治国战略部署，适应“十三五”时期公司改革发展新任务对法治宣传教育提出的新要求，进一步提升依法治企能力和水平，根据《国务院国资委关于在国资委系统开展法治宣传教育的第七个五年规划（2016—2020 年）》（国资发法规〔2016〕99 号），结合公司实际，制定本规划。

一、指导思想、工作目标和工作原则

指导思想：全面贯彻党的十八大和十八届三中、四中、五中全会精神……按照全面依法治国新要求，紧密围绕公司改革发展中心任务和“大连接”战略规划……为公司改革发展营造良好法治环境。

主要目标：

（一）普法宣传教育机制进一步健全，法治宣传教育实效性进一步增强……

（二）公司依法治理、依法经营管理能力不断增强……

（三）全员法治思维能力和全体党员党章党规意识明显增强，厉行法治的积极性和主动性明显提高，法治氛围更加浓厚……

（四）……

基本原则：

（一）坚持围绕中心、服务大局……

（二）坚持学用结合、普治并举……

（三）坚持分类实施、突出重点……

（四）坚持创新发展、注重实效……

（五）……

二、主要任务

（一）深入学习宣传习近平总书记关于全面依法治国的重要论述……

（二）突出学习和宣传宪法……

（三）深入宣传中国特色社会主义法律体系……

（四）深入学习宣传党内法规……

（五）深入学习宣传与企业经营管理密切相关的政策法规……

（六）……

三、对象和要求

“七五”普法的对象是公司全体员工，重点是领导干部和基层员工。具体要求：

（一）坚持把领导干部带头学法、模范守法作为法治宣传教育的关键……

（二）坚持从基层员工抓起……

（三）……

四、工作措施

“七五”普法规划从 ×× 年开始实施，到 ×× 年结束。分为以下三个阶段：

（一）宣传启动……

（二）组织实施……

（三）检查验收……

具体举措：

（一）健全普法宣传教育机制……

（二）健全普法责任制……

（三）推进法治宣传教育工作创新……

（四）……

五、组织领导

（一）加强组织保障……

（二）加强工作指导……

（三）加强经费保障……

（四）……

三、专项普法制度

（一）内容与架构

专项普法制度主要是指普法活动方案、细则、专项规定或办法等，因其一般是针对具体或专项的普法工作而制定，形式比较灵活，除了工作目标、工作内容、工作要求（或原则）、适用对象、完成时间等常规要素外（具体内容可参考前文论述），也可根据实际情况加入其他内容。

在架构上，既可以参照前述制度规范的常规格式，也可采用较为简易的格式。采用常规格式的，制度名称应与架构保持一致，为了与企业基本普法制度相区别，可以称为“××专项管理办法或规定”“××实施细则”或“××实施办法”；篇章布局上应划分章节、逐条规定。采用简易格式的，可以不用严格按照分章逐条的模式，将主要内容分项表述清楚即可，名称可采用“××规范”“××标准”“××方案”等。

（二）通用格式示例

示例一：××公司法律穿越专项管理办法

第一章　总　则

第一条　为进一步规范公司法律穿越工作，形成法律穿越管理的长效机制，防范业务运营法律风险，提升公司依法合规水平，根据《××公司普法管理办法》，制定本办法。

第二条　本办法适用于省、市公司法律穿越活动管理工作。

第三条　本办法所称法律穿越，是指省公司法律服务中心联合地市公司法律管理人员定期开展的面向一线前台人员和后台支撑人员的典型法律案例分享及互动交流活动。

法律穿越包括“事前收集分析案例、事中双向互动交流、事后总结沟通反馈”三个环节。

第四条　法律穿越坚持以下工作原则：

（一）服务一线……

（二）以案说法……

（三）注重实效……

（四）……

第五条　法律穿越按照片区分组方式开展，所有市公司划分为××组，由省公司法律服务中心指定各组的牵头单位。

第二章 机构和职责

第××条 省公司法律服务中心是法律穿越的统筹管理部门，各市公司综合部负责法律穿越的具体执行。

第××条 省公司法律服务中心的职责：

（一）制定法律穿越的管理制度和流程；

（二）拟订年度法律穿越活动计划；

（三）审定每期法律穿越案例材料；

（四）统筹组织每期法律穿越活动开展；

（五）跟进处理合理化建议及情况反馈；

（六）定期开展典型案例汇编；

（七）进行法律穿越年度总结；

（八）……

（九）其他相关职责。

第××条 市公司综合部职责：

（一）向牵头市公司提供典型案例；

（二）负责法律穿越的现场组织和典型案例的主讲；

（三）负责调查问卷的下发、统计和上报；

（四）……

（五）其他相关职责。

第××条 牵头公司职责：

（一）收集本组穿越案例并进行分析；

（二）协助省公司开展当期穿越组织工作；

（三）……

（四）其他相关职责。

第三章 法律穿越事前准备

第××条 法律穿越案例材料由牵头市公司提前准备，材料应做到案情介绍清晰明了，法律分析简明扼要，案例应与法律风险管理体系中的风险点相结合，数量控制在 ×× 个以内（模板参见附件一）。

第 ×× 条　牵头市公司应在 × 前完成案例材料，并上报省公司法律服务中心。省公司法律服务中心在 ×× 前对该期案例材料进行初审和复审并及时反馈修改意见。

第 ×× 条　法律穿越开始前 ×× 天，牵头市公司应将案例材料定稿版统一发至穿越小组各成员。

第 ×× 条　各市公司的案例分享主讲人应本着严肃认真的态度提前研习材料，确保案例分享的效果。

第 ×× 条　市公司应提前选定穿越基地，组织法律穿越的正式公文应当抄送省公司。

第 ×× 条　……

第四章　法律穿越事中组织

第 ×× 条　穿越基地所在的市公司负责当期法律穿越的现场组织。

第 ×× 条　法律穿越参与人员包括：法律管理人员、营销策划人员、客户服务人员、网络建设人员等。

第 ×× 条法律穿越的现场活动由市公司主持，分为以下几个环节：

（一）主持人简要介绍法律穿越；

（二）典型案例分享；

（三）互动交流，解答疑问；

（四）省公司总结；

（五）……

第 ×× 条　市公司应提前发放调查问卷表（见附件二），并于活动结束时回收，并现场完成分数统计，由省公司记录在案。

第 ×× 条　省公司负责现场互动法律问题的记录（记录表见附件三）。

第 ×× 条　……

第五章　法律穿越事后总结

第 ×× 条　对于在法律穿越中发现的问题，如属于市公司层面的问题……如属于全省层面的问题……

第××条　省公司定期开展法律穿越典型案例的汇编工作，并在年底总结全年法律穿越工作情况，形成工作报告上报至公司管理层。

第××条　在法律穿越中发现的法律风险点，应及时纳入公司的法律风险管理体系。

第××条　……

第六章　附　则

第××条　本办法由省公司法律服务中心负责解释。

第××条　本办法自印发之日起施行。

附件：

1. 法律穿越案例模板
2. 问卷调查表
3. 问题记录表

示例二：××公司普法总结验收规范

为做好普法总结验收工作，提升普法工作效能，根据《××公司普法管理办法》及有关规定，制定本规范。

一、基本原则

（一）效能第一原则……

（二）公开透明原则……

（三）宽严适度原则……

（四）……

二、主要内容

评估验收的主要内容是《××公司“七五”普法工作规划》和《××公司年度普法工作要点……的贯彻执行情况。重点从普法工作的组织管理、范围、内容、形式、人员参与、效果、创新、保障措施落实等方面进行评估验收，具体详见附件。

三、工作步骤

（一）开展自查

各单位根据检查验收标准进行自查，并将自查报告报送 ×× 公司普法办公室。

（二）现场检查

×× 公司普法办公室组织有关人员组成检查验收组，分赴各单位开展检查验收。检查验收的形式有：

1. 听取被检查单位主要领导的情况汇报；

2. 召开有关部门员工代表座谈会，了解情况，听取意见、建议；

3. 查阅有关文件和资料；

4. 抽查部分单位（部门）普法成果；

5. ……

四、工作要求

（一）提高认识、加强领导。……

（二）严格标准、深入检查。……

（三）坚持原则、求真务实。……

（四）……

附件：×× 公司普法评估验收标准

第三节　普法管理制度的制定与执行

一、普法管理制度的制定

（一）制定目的及意义

制度建设是现代企业管理的一项基本工作，企业要想规范管理、有效运作，就必须建立一个科学、完善的制度体系。同样，企业普法工作要想规范管理、有效运作，也必须建立科学、完善的普法管理制度。因此，普法管理制度制定的目的主要有两个方面：

一是为普法工作开展提供依据和指南。没有规矩不成方圆。普法工作的有序开展、顺利实施必须要有一定的规则和标准。比如，普法工作的目标是什么、工作方式有哪些、具体活动程序如何等，都需要有一个相对稳定、完备的制度规范加以明确。否则，整个普法工作就可能像无头的苍蝇一样，陷入迷茫、混乱、断断续续的状态。制定普法管理制度就是要为普法工作的有序推进和开展提供明确的规范依据和行动指南。

二是为实现普法工作目标提供保障。为避免普法工作流于形式，就需要对普法工作的目标是否达成、成效如何进行验收评估。制定普法管理制度，就是要以制度的形式将实现普法工作目标以及检验普法成效的方法、程序和规则进行固化，从而保障普法工作目标顺利完成。

制定普法管理制度对于推动普法工作深入开展具有重大的意义，主要表现在：

其一，有利于提升普法工作效能。普法管理制度为普法工作预设了一套完备的程序和规则，可以有效促进各种普法资源优化配置，保障各项普法活动有序开展，节省普法成本，提高普法工作的精准度，从而大大提升普法工作的效能。

其二，有利于提高普法工作规范化水平。普法管理制度的制定使得普法工作有法可依、有章可循，可以有效对普法活动进行科学管理，对各种普法行为及时进行规范和矫正，从而提高普法工作的层次，提高普法工作规范化、制度化水平。

其三，有利于促进普法工作持续健康发展。普法管理制度可以帮助企业及时总结普法工作经验，巩固普法工作成果，建立常态化的普法管理机制，促进普法工作持续健康发展，树立企业依法治企、守法经营的良好形象。

（二）制定依据

通常来说，企业普法管理制度的制定依据包括以下四个层面：

1. 党中央制定颁布的决定决议。这是指导全国各级党政机关、企事业单位、社会团体及个人开展普法活动的最高层级的依据，如《中共中央关于全面推进依法治国若干重大问题的决定》。

2. 全国人大常委会及国务院发布的决议和通知，如《全国人民代表大会常务委员会关于进一步加强法制宣传教育的决议》。

3. 各级党政职能部门制定的普法工作文件。包括中央和地方各级党的宣传部门、司法行政部门、国有资产监督管理部门、行业监管部门等制定的普法工作文件，如《中央宣传部、司法部关于在公民中开展法制宣传教育的第七个五年规划（2016—2020）》《国务院国资委关于在中央企业开展法制宣传教育的第六个五年规划（2011—2015）》《广东省司法厅关于印发〈2015 年广东省普法依法治理工作要点〉的通知》。

4. 企业内部法律工作制度和文件。既包括上级企业制定的普法工作制度和文件，也包括本企业内部相关制度文件。比如，《××集团公司关于开展法制宣传教育的第六个五年规划》《××集团公司普法管理办法》《关于印发〈××公司 2016 年法务管理工作要点〉的通知》《关于印发〈××公司法律事务管理工作考核办法〉的通知》。

企业普法管理制度必须根据上述制度文件来制定，结合企业自身实际对其目标、原则及要求等进行细化和落实，不能与其精神相背离。

（三）制定方式及流程

作为企业管理制度的一种，普法管理制度也要遵循企业管理制度的一般制定方式和流程，要符合制度规范合法、严谨的基本要求，同时还要科学、务实，避免流于形式。一般来说，其制定方式及流程如下：

1. 调查研究。制定一项成熟的管理制度必须要建立在充分的调查研究基础上，普法管理制度要想达到预期效果，也必须要对相关普法工作的基本情况、难点、要点等进行充分的调查研究、分析论证。

这一过程又可细分为两步：收集资料和分析研究。收集资料的范围既包括本单位以前和现在的普法工作的制度、文件、档案，也包括外单位可以吸收和借鉴的经验和资料，还包括国家和地方有关部门发布的各种规范性文件；有时还可以了解相关群体的需求作为第一手资料，如抽样调查了解相关业务部门的普法需求。分析研究是对收集的各种资料进行科学分析、加工、论证、归纳，去粗取精、去伪存真，提炼有用的内容作为制定制度的依据。

2. 起草初稿。在第一步对调查收集的资料进行分析研究的基础上，就可以起草制度文本初稿。起草时要本着严谨、务实的原则，确保制度内容合法全面、统一规范。

具体而言要做到“三个规范”：形式规范，即制度框架结构一般应参照法律、法规的形式，分章、节、条、款、项、目，并以中文数字依次表述；当然，也可根据制度内容多寡及实际情况适当删减，但应确保层次分明、条理清晰、序号完整。内容规范，即规章制度的名称、制定目的、制定依据、适用范围、工作内容、解释部门、施行日期等条款的表述应清晰、规范、完备，前后内容应统一协调，既不能出现重大缺漏，也不能重复累赘以及自相矛盾。用语规范，即规章制度的文字应备而不繁、简而不漏，用语应逻辑严谨、准确精练，不能出现错别字，更不能产生歧义。

3. 征求意见。制度初稿制定好了，接下来需要向有关部门征求意见，以确保制度制定程序民主、规范，内容完备、符合实际需求，减少制度实施过程中可能存在的阻力。征求意见形式上应以书面为宜，如正式公文或者电子邮件；范围上应确保全面，普法管理制度原则上各部门、下属机构都应在征求意见范围之列。

4. 修改审核。针对相关部门的反馈意见，需要对制度初稿进行重新审核或修改。对于反馈意见需要具体分析，不等于全盘接受或否决，具体由制度制定部门权衡把握。如果反馈意见比较合理、确有修改必要，可以进行相应的修改；如果某些意见过于牵强或者回避义务，则可不予接受。必要的时候需要与意见反馈部门进行深入、多次沟通，以达成一致意见。

关于修改审核的方式各企业做法不一，有的只需要制度制定部门自行把控即可；有些建立了内部制度审核机制的企业还需要依照制度规范的层级采用不同的审核方式，如公司核心制度流程需要提交公司决策机构审核，一般的制度流程由制定部门组织其他相关部门组成跨部门评审委员会评审。

5. 发布执行。普法管理制度经过修改审核就可以正式发布执行。形式上，制度发布需要采用正式的文件形式，以确保权威性和规范性；效力上，一般自发布之日起执行，有些也可以先试行，根据效果进行调整，然后再正式颁行。制度一经发布执行即在全企业范围内具有约束力，任何部门或员工都必须遵守。

6. 修订完善。制度实施后可能会根据实际情况的变化进行修订，对原制度中不合时宜或没有意义的内容进行删除或修改，并增加一些内容，使制度符合实际需要，以提高其可操作性和执行效果。

以上程序是针对基本制度规范，如普法管理办法等，一些专项普法活动规范或方案可以根据情况对某些环节进行缩减。

二、普法管理制度的执行

（一）执行的原则

制度的好坏需要执行来检验。制度是执行的基础和依据，执行是制度的实践和体现，没有制度就谈不上执行，没有执行，制度就是一纸空文。因此，必须重视并贯彻好制度的执行。普法管理制度在执行中一般需要遵守以下五个原则：

1. 围绕中心、服务大局原则。普法管理制度作为企业制度体系中的一部分，最终目的是要服务企业中心工作，保障业务运营合法健康发展，必须要坚持围绕企业中心工作，服务企业发展大局。企业普法工作的意义在于通过形式多样、行之有效的法律知识普及宣教活动，使企业从管理层到普通员工都能自觉养成用法治思维审视业务开展，确保业务规则的制定、实施能够符合法律的要求，从而减少企业违法违规风险，维护企业合法权益。普法管理制度的执行必须符合这一原则，否则就成了无源之水、无本之木。

2. 全面覆盖、突出重点原则。普法工作是需要全员参与的一项工作，学法、守法既是国家依法治国方略的基本要求，也是员工提高自身法律素养的有效途径。因此，普法管理制度的执行要坚持全面覆盖原则，不能留下真空地带，否则无法达成普及宣传法律知识、提升全员法律素养的目的。在全面覆盖基础上，还需突出重点，细分不同的对象开展针对性的普法工作，如针对管理层的专题普法、针对一线员工的专题普法、针对新员工的专题普法等，不同的阶段可以突出不同的重点，如在入职招聘后可考虑重点开展新员工普法，在“3·15”等时点可以重点开展一线服务营销普法。

3. 加强创新、注重实效原则。普法管理制度的执行需要加强创新，推动法治宣传教育工作理念、机制、载体和方式方法创新，丰富普法活动的内涵，激发普法工作的活力。同时，普法管理制度的执行也要讲求成效，不能一味追求形式创新而忽略实际效果。因此，执行过程中一方面要针对制度中预设的目标采取相应的措施开展工作，避免走弯路，影响执行效果；另一方面执行措施要做到科学、务实，既不能好高骛远，也不能过于保守。此外，还要对工作成果及时组织验收评估，对预定目标进行对标分析，总结成败得失，便于在后续执行过程中改进，以达到满意的效果。

4. 提高效率、兼顾公平原则。一方面，普法管理制度一经公布就应高效执行，严格按照制度设计的时限、阶段及时部署，有序推进各项工作落实开展，确保资源到位，避免执行中出现中断；同时要注重沟通协调，及时发现并解决出现的问题，避免扯皮推诿现象发生。另一方面，普法管理制度在执行过程中也要符合公平透明原则，确保执行公信力：对象上，全体员工都必须遵守，不允许有超越制度的特殊人群存在；程序上，执行过程、成效以及问题等都需要及时公开，让普法参与者知悉相关情况，便于监督和改进，尤其是在普法成果验收评估过程中，更要确保规则执行的透明度，确保评估的权威性。

5. 学用结合、普治并举原则。在执行普法管理制度的过程中需要注意将普法所学应用到企业经营管理活动中，坚持学用结合、学以致用，避免片面、机械式的普法活动。同时还需坚持法治宣传教育与企业依法治理活动有机结合，把法治宣传教育融入企业法人治理结构、经营管理的各个环节，引导员工自觉学法、用法、守法，形成企业的法治文化，提高依法治企水平。

（二）执行的常见问题

由于各种主客观因素，如执行人的素质和执行力有限、参与者不配合、普法的保障资源不足等，普法制度在执行过程中不可避免地会出现各种问题，常见的有以下五个方面：

1. 认识不到位。主要是思想意识层面对普法工作的重要性缺乏正确认识或认识存在偏差，如有些人过于看重物质利益和经济利益，对于费时费力又难以直接见到经济效益的普法工作持回避、被动、淡漠甚至抵触的态度；有些人认为普法工作跟自己无关，可有可无，甚至认为是累赘，导致参与的动力与积极性严重不足；还有部分管理人员往往口头重视但内心漠视，没有真正认识并接受普法工作的重要意义，导致自上而下的推动力度不够。

2. 创新性不够。普法工作的方式方法多种多样，需要与时俱进，不断推陈出新。实践中，有些单位普法宣传教育的形式、措施、方法还是老一套，思路僵化、变化不大，缺乏针对性和吸引力；有些单位仅仅停留在传统的纸面学习或者教条式宣讲，形式呆板、单一，没有充分利用互联网、新媒体等新途径，普法工作的深度和广度十分有限；还有些单位仅满足于完成规定动作，缺乏足够的创新意识，没能将普法宣传与具体业务活动有机结合、统筹推进，落入“为了普法而普法”的俗套。

3. 组织协调难。普法管理制度的执行需要科学组织调配各方资源，工作量大、程序复杂，在推进具体工作的过程中往往容易出现积极性不高、虚假应付、各自为战、互相推诿、设置障碍等不利现象，组织协调存在较大的困难，沟通机制也存在一定的障碍，无法真正形成合力，严重影响工作推进。

4. 评估有缺漏。在普法评估考核环节，有的单位考核验收失之过软、失之过宽，难以起到激励和促进作用；有的总结评估过于简单、粗糙、片面，难以体现制度执行的真实情况；有些由于评估考核制度设计不够科学，出现执行困难甚至放弃执行的情况；还有些一味片面注重奖励而忽视惩戒，难以起到真正的激励和警醒作用。

5. 效果不达标。普法制度虽然设置了工作目标，但执行结果未必能够达到预设目标，出现执行“变味”。有的单位在制度执行中注重活动形式不注重效果，往往导致活动声势浩大、有模有样，但流于形式，效果差强人意，投入与产出不成正比，甚至没有产出；有的单位普法工作与业务融合性不足，甚至脱节，出现普法活动与业务发展“两张皮”现象；有的单位重灌输忽视素质培养，工作疾风骤雨式地推进，大水漫灌之后根本不关注普法的内容是否消化吸收，普法对象的法律意识和法律素质是否真正提升；还有的单位没有考虑对象的实际，普法方案与对象需求出现较大偏差，达不到预定的普法效果。

（三）执行的保障措施

制度执行中出现的问题需要采取有效的保障措施加以解决。企业常用的保障制度有效执行的措施主要有以下 11 项[①]：1. 确保企业制度的科学性、合理性和可操作性；2. 确保企业制度能体现出员工的利益；3. 准备好制度执行所需的流程、表格等一系列工具；4. 保证制度执行的平等性；5. 组织高层塑造榜样，提高员工的积极性；6. 组织开展制度执行培训活动，确保员工准确地理解、掌握制度中的内容；7. 营造自觉遵守制度的氛围；8. 定期开展制度检查活动，及时发现并解决制度执行过程中存在的问题；9. 建立科学的监督机制，并加强制度执行情况跟踪；10. 制定科学、合理的考核办法和奖惩措施并有效执行；11. 不断完善企业制度，保证制度内容与时俱进。

普法管理制度执行的保障也需要借鉴上述措施，并结合企业自身实际情况进行优化完善。具体可以归纳为五个方面：

1. 合理调配各项资源，确保资源保障到位。一是人员保障，要组建项目的执行团队，明确项目负责人、执行人以及相关参与人员，无论是专职人员还是兼职人员，要做到分工明确、落实到位，这是首要的资源保障；二是领导机构保障，只有争取企业高层领导的重视和支持，提高普法工作规格，才能自上而下地引起各级员工的足够重视，提高其参与的积极性；三是物质保障，最关键

① 弗布克 HR 实务中心 . 管理制度设计实训实战实务［M］. 北京：人民邮电出版社，2015 .

的就是经费，只有经费充足、到位，才能丰富普法活动形式，拓展普法工作的深度和广度，提高普法效能；四是工具保障，对于制度执行需要的流程、各种表格、分析工具也要做好准备，增强其可操作性。

2. 完善工作推进机制，确保执行规范公平。一是工作推进要规范透明，严格按照预先制定的制度流程公开执行，不能打折扣；二是活动开展要公平公正，充分尊重和考虑普法对象的诉求和实际，做到全面覆盖、一视同仁，不能有偏私或歧视；三是要建立健全常备的沟通协调机制，对于制度执行环节出现的问题、存在的困难要及时进行沟通反馈并协调解决，避免问题积少成多。

3. 强化监督检查机制，确保执行落到实处。一是要按照制度监督要求，丰富监督检查形式，合理安排检查频次，将全面检查与抽查、常规检查与专项检查、事中检查与完成验收相结合；二是要对检查验收情况及时分析通报，指出问题、提出改进方案并跟进落实，避免存在“光打雷不下雨”或走马观花式检查现象。

4. 优化考核激励机制，发挥示范效应。一是要量化工作考评方案，既要确保标准明确清晰，又要避免程序过于烦琐，以增强方案的可操作性；二是执行考核方案要宽严适度，对于制度预设的硬性指标要不折不扣地严格落实，起到真正的触动和警醒作用，对于一些无法量化的或者软性的指标可以适度宽松；三是要树立标杆和典型，发挥榜样的带头示范作用，激励其他员工追赶先进；四是要落实惩罚制度，对于执行制度严重懈怠或者违规的应当坚决进行惩处，不能姑息包庇，影响考核效果。

5. 加强宣传培训，形成良好的执行氛围。要加强制度的宣贯和培训，确保员工准确地理解、掌握制度中的内容，从而更好地去贯彻执行。宣贯培训应成为一种常态化工作，以扩大制度的影响广度和深度，让严格执行制度形成一种习惯，融入企业文化。

结语▶本篇是对普法管理制度一些基本问题的论述，主要包括四个方面要点：第一，普法管理制度是企业为实现普法工作预定目标而采取的关于普法组织、控制、协调、反馈等活动所依据的各种规范形式的总和，其内容丰富，形式多样，对此应做广义理解。第二，企业普法管理制度具有规范的格式，既要参考一般制度规范的基本内容和架构，也要结合企业实际融入一些灵活的内容，以适应现实需要。第三，管理制度的制定具有重大现实意义，其为规范企业普法工作提供了依据和指南，也为提升普法工作效能提供了制度保障。第四，普法管理制度的生命力在于执行，其执行必须围绕实现制度价值的一些基本原则，努力克服执行中的问题，以确保执行效果。

第六章

机制流程篇

第一节　概　述

一、普法机制定义及在企业中的作用

普法机制，是指企业依法经营过程中构建的普法体系中的各工作要素以及各工作要素之间内在的、本质的相互联系、相互作用、相互协调的运行方式。包括工作机制、激励机制、约束机制等。普法机制的建立，一靠体制，二靠制度。所谓体制，是指组织架构、企业职能和岗位责权的调整与配置等；所谓制度，既包括国家和地方的法律法规规定、具体工作要求，也包括本企业的规章制度。通过与之相应的体制与制度的建立，普法机制在实践中才能得到体现。例如，中国移动的普法机制特别强调以“系统工程”为理念，适配国家普法要求，注重系统研究、科学规划，从而实现企业依法运营管理的目标。

普法机制对企业的法治建设及企业的长远发展具有重大意义。普法机制不仅对普法工作起到理论上的指导作用，使普法工作的开展有据可依，还对企业的经营管理发挥着现实作用。

（一）直接作用

1. 有助于推进企业普法工作的系统运转，达成普法的目标任务；

2. 有助于全体员工提升法律意识，掌握法律常识，学会运用法律，确保各项工作开展依法合规；

3. 有助于推进企业普法工作依据一定的原理、原则、方法开展，实现标准化、规范化；

4. 有助于建立普法工作品牌，使普法工作价值显性化，为企业创造更多利益；

5. 有助于提高普法的针对性和有效性，普法机制丰富的内涵为普法提供了多方面、多视角的可能；

6. 有助于推进企业法治文化建设，形成尊法、知法、守法、用法的企业文化氛围；

7. 有助于培育法律至上、依法经营理念，使企业规范经营，远离风险；

8. 有助于推动“十三五”规划目标的实现。

（二）间接作用

1. 有助于推动企业经济的发展：普法机制的建立，填补了企业管理机制的缺位，使法律渗透到企业经营管理的各个环节，控制经济活动中的法律风险，减少因法律缺位而给企业造成的不必要的经济风险及损失。普法机制通过普法的形式，以预防风险的方式为企业创造价值，虽然这样的价值可能在短期内很难感知，但是从对企业的长远发展来看，它的作用将不可估量。

2. 有助于优化企业的结构：普法机制的建立，有助于员工知识体系的迭代更新以及企业能力的重组，潜移默化地改变企业员工的知识结构及企业的能力组成，从而优化企业的结构。

3. 有助于提升企业的竞争力：普法机制的建立符合市场规律，普法机制使企业实现法治化运营管理，将企业打造成为一个具备法律能力的企业，既对企业起到保护作用，又给企业创造出更多的机会，法律能力也是企业竞争的一种手段和核心能力，将大大提升企业在市场中的竞争力。

二、普法流程设计的主要步骤和工具

普法流程设计，是指根据普法教育的目的与企业普法的要求，依据普法活动的内在属性和客观变化的规律，科学地设计时序和环节的过程，包括流程的分析、设计和优化。

（一）流程设计的主要步骤

1. 明确普法流程的目标、任务：在普法流程设计前，设定好流程设计的目标，即通过该流程，要取得什么样的普法效果，明确普法流程的内在属性和客观的变化规律。

2. 分析普法工作的环节：分析现有的普法资源、信息、设备、资金、人员、环境等因素，根据普法活动每个阶段 / 环节的功能、作用的不同，分解成若干个小过程。

3. 确定普法工作顺序：分析各普法事项或各普法工作的先后顺序，确定各普法活动之间是并行关系还是串行关系。

4. 选择合适的表达方式：选择一种合适的表达方式画出流程图，并做必要的说明和注释，如有严格时间要求的要标注完成时限。

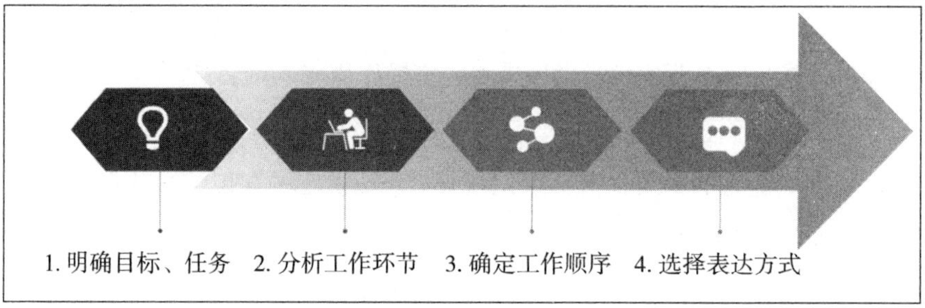

（二）普法流程设计的工具

普法流程设计，需要借助各种流程软件实现，如 Aris、Visio、各企业的流程管理系统等。

1. 各企业的流程管理系统：以中国移动为例，已建立流程管理平台，实现流程基础管理、流程生命周期管理，具体功能包括区、市流程视图展示，流程图及流程手册的编制，流程的审批、发布、查询、修改、废止等各项功能。

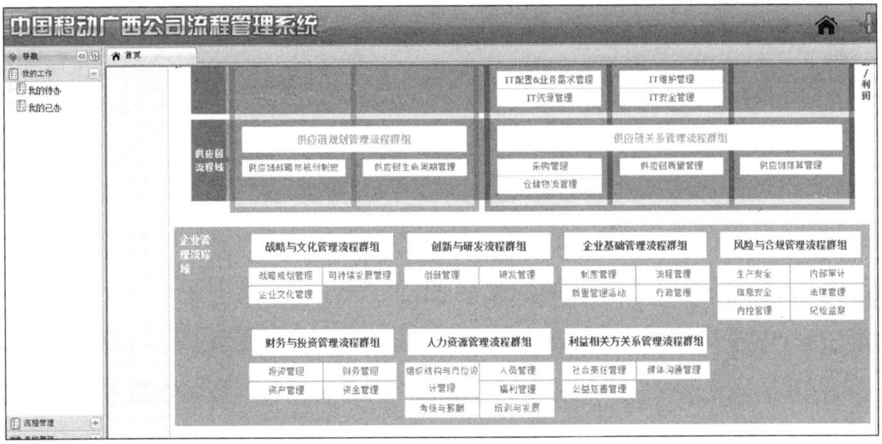

2.Visio：是一款就复杂信息、系统和流程进行可视化处理、分析和交流的软件。使用 Visio 制作流程图表，可以促进对系统和流程的了解，深入了解复杂信息并利用这些知识作出更好的业务决策。Visio 能够创建具有专业外观的图表，以便理解、记录和分析信息、数据、系统和过程。

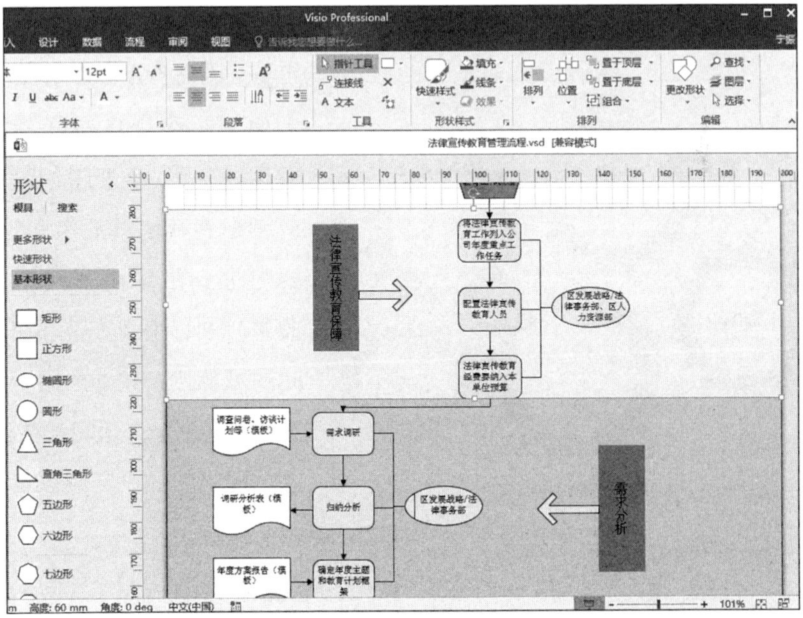

第二节　普法机制

一、管理学工作机制简述

管理学上的工作机制，是指管理工作系统的结构及其运行机理。管理工作机制以管理工作结构为基础和载体，它本质上是管理工作系统的内在联系、功能及运行原理。对于一般管理工作系统，管理工作机制主要包括运行机制、动力机制和约束机制。[①] 这三大机制也是管理工作机制的一般外在形态，由组织机制、工作流程、人员机制、目标机制、考核机制和激励机制六个方面的要素构成。

（一）组织机制

是指围绕战略目标进行的组织规划和创建。组织设立的原则为：职能明确、效率、成长性、安全、简单、编制管理。其中，组织职能明确即层级、部门和岗位之间的权责明确；效率即工作在组织各环节的流转和处理的时效应快速可控；成长性即组织设立时应考虑到组织工作和任务扩张的延展性；安全即组织设立时应考虑到其内部的风险控制，要考虑到组织内部的牵制和监督机制，组织人员和岗位之间的可替代，并不会因少数人离职而导致整个组织功能瘫痪；简单即组织的设定应该扁平及

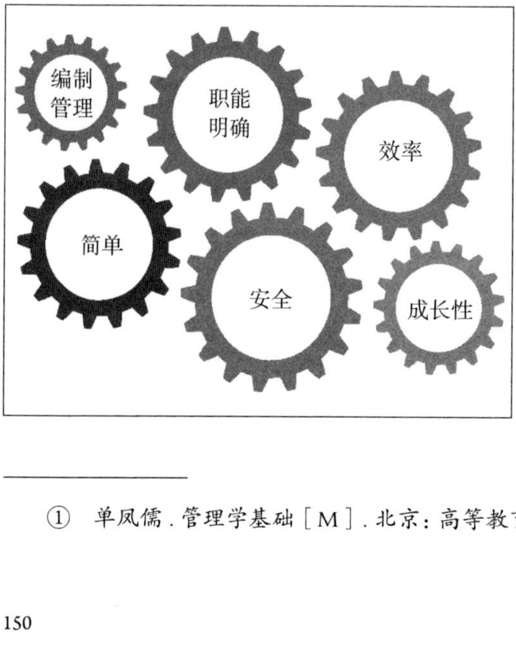

① 单凤儒．管理学基础［M］．北京：高等教育出版社，2008.

向附加值高的地方倾斜，越简单越好。①

（二）工作流程

是指在岗位的职责明确的前提下，事务的实施顺序及衔接明晰。其中流程的管控必须做到以下几点：畅通、节点控制、记录、透明可监控、信息共享。畅通是指流程的运转过程中无管理脱节或人为因素造成的阻碍；节点控制是指在流程的运转过程中，对流程的重要环节应设有相应的管控点，管控点的设置目的是监控事物流转和确保流转的时效；记录是指流程的各环节应留有记录，以便对事物流转过程中所遇到的问题及责任进行追溯；透明可监控是指各级主管对所负责流程各环节对外做到透明，对内做到管理监控；信息共享是参与流程中各环节的人员可以对流程所涉及的信息进行共享。②

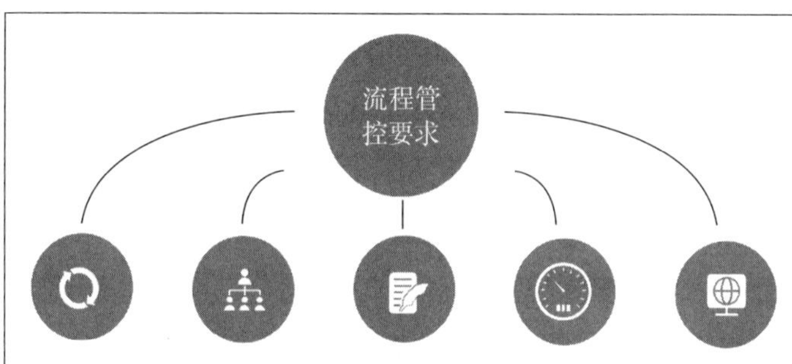

（三）人员机制

企业管理要“以人为本”，企业之间的差距，实际上是人才之间的差距；企业之间的竞争是人才的竞争；一个企业是否拥有优秀的人才，是决定企业在未来的市场竞争中能否取胜的不可缺少的主要因素。因此，企业用人是一门“艺术”，要有“想象力”，知人善任，人尽其用，将合适的人引到合适的岗位；因岗设人，而不因人设岗；处理好因势用人和因人用人的关系。③

① 管理六要素［DB/OL］.http://wenku.baidu.com/.

② 管理六要素［DB/OL］.http://wenku.baidu.com/.

③ 管理六要素［DB/OL］.http://wenku.baidu.com/.

（四）目标机制

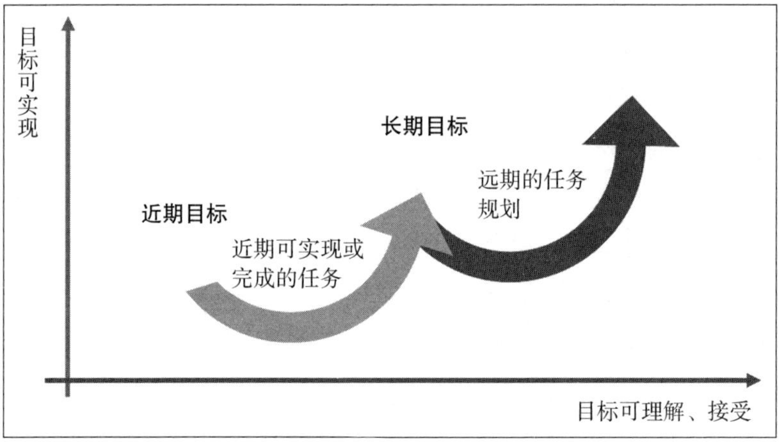

目标分为长期和近期的目标，长期目标偏重于人或团队远期的任务规划，近期目标是目标的接受人或团队通过努力在近期可实现或完成的任务。管理者在近期目标的制定时应考虑到目标的可实现性。目标的提出制定应讲究技巧，目标的制定者应适时与目标的接受人进行沟通，并通过一定方式的造势让目标的接受人理解和接受此目标，从而促进其为目标的实现而努力。[①]

（五）考核机制

考核起到导向作用，管理者可以通过考核牵引和指导个人或团队朝着正确的目标方向前进。考核分为定量考核和定性考核。考核过程中关键指标的拿捏有一定的技巧，如基层员工的关键指标应做到少且集中，且只有这样考核的实施效果才会越好。考核过程中还应适当考虑到团队的成长性和可实现性，不要让被考核人感觉到考核是束缚，从而产生敌对和反感情绪。

（六）激励机制

企业员工的工作态度是积极还是消极受到诸多因素的影响，如个人的性格因素、外界环境因素等，要让员工保持原有旺盛的工作热情和斗志，激励是管理者对员工管理必不可少的工具之一。激励不仅体现在升职、加薪、期权等物

① 管理六要素［DB/OL］.http://wenku.baidu.com/.

质奖励方面，也包含给予其精神上的鼓励，如积极与下属人员进行各种方式的沟通等，主管还可以通过其他方式对下属进行激励。激励下属可越级，而且所越级别越多，对员工的激励效果越明显。[①]

二、普法机制关键要素

普法机制，是指普法工作系统的结构及其运行的原理，本质上是普法工作的内在联系、功能及运行原理，与前述管理学上界定的要素相对应，主要包括工作机制、激励机制、约束机制。

（一）工作机制

1. 沟通机制

指在进行普法工作时，为实现某种需要或完成某项任务，企业各类别、各层级人员之间，企业各部门之间进行交流的一种机制。沟通是一种双向活动，其表现形式不限于口头交流，还包括书面交流，不管什么形式的沟通，只要能达到沟通的目的，均为有效的沟通。普法工作的沟通机制，要为法律宣传活动中必要的、关键的沟通提供可能，创造相应的途径，如：

（1）普法需求传输渠道：普法的需求是企业各类别、各层级人员的需求，而不应是传统做法中法律部门单项、主观推出的需求。普法沟通机制的重点之一在于通过何种交流形式获取不同部门、不同岗位人员的不同方面的普法需

① 管理六要素［DB/OL］.http://wenku.baidu.com/.

求。普法需求可通过上报、反馈、调研等方式实现。

上报是指企业各部门首先了解部门内人员的普法需求，结合本部门的工作内容对普法需求进行整合，而后向法律管理部门报告，再由法律管理部门向企业领导报告的形式，或者是员工个人直接越级向其上级报告需求。例如，企业可以在内部管理系统开发一个模块，允许各部门 / 个人将需求信息发送给其上级。

反馈来自两方面，一是在企业运营管理过程中，因实施日常工作而流露出来的法律教育需求；二是在进行普法活动后，反映出来的新的普法需求。企业可以通过设置意见箱或者对开展普法活动后发放评价问卷等方式，得到员工的需求反馈。

调研是指有关部门为了解需求情况，获得相关信息而有规划地、主动地发起沟通的形式。企业可以组织普法需求访谈，普法问卷调查等形式获得普法需求。

（2）普法内容传输渠道：所谓普法，就是普及法律知识的过程，如何将法律内容向需求人员传达，以达到满足普法需求的目的，是这个模块要解决的问题，其主要方式有推送、宣贯、培训等。

推送是指将经过整理的法律内容通过某种媒介迅速发送至企业员工，满足员工的多层次需求，并能够根据其自己所需筛选法律知识的方式。例如，常规性的可以采用短信、彩信、微信、微博、OA、飞信、QQ 平台等进行法律宣传，具体内容可以为新闻时事、案例分析、政策解读、企业内部的真实案例等。

宣贯即法律宣传及贯彻实施，具体是指对国家及地方的法律、法规、政策的宣传，并采取协调一致的措施、行动予以落实。例如，可在企业官方网站上发布法律、法规、规章制度，在宣传栏上进行法律宣传等。

培训即有组织地进行法律教学，传授企业人员法律意识、法律知识和技能的过程，培训的形式不应是单一的，可为专题讲座，也可为辅导班，可内部组织举办，也可派员外出学习。例如，中国移动开展的送法进班子、送法到基层巡讲活动，如以“兴趣提升年”为主题，举办“怎样利用法律手段维护个人消费合法权益”讲座、“法律风险管理培训”强化辅导班，以及组织法律团队培训和对外交流学习等，通过多样的培训形式，使法律宣传取得了良好的成效。

（3）内外部沟通协调机制：普法工作不仅要注重企业内部各职能部门的沟通协调，也要注重与企业外部的其他企业、组织机构进行交流。构建一个良好的内外部沟通协调机制，将利于拓宽普法视角，借鉴普法经验，利于推动整个企业的法治化发展，尤其是企业间的普法经验交流，利于取长补短，促进企业共同发展。以中国移动为例，对内，省市法律专业人员之间以微信、飞信、QQ为媒介成立了及时沟通交流的虚拟团队，省企业层面成立了主要业务部门参与的兼职法律管理员团队，确保普法活动的全面铺开。对外，积极与司法部门沟通，如协助、司法厅、工会开展“法治演讲大赛”。

2. 指挥机制

是上级对下级的普法活动进行发令调度的机制，包括普法指令的下达、普法活动的组织及汇报、普法需求分析、普法活动实施、普法评估考核等。

（1）普法指令的下达：集团公司对下属各单位、企业内上级部门对下级部门作出的普法工作的指示。《五年普法规划》《普法管理办法》《普法检查验收规范》等，均为对普法工作下达的具体指令。这些指令自上而下传达出领导层对普法工作的意愿，指导下级部门及员工开展普法工作。

（2）普法活动的组织及汇报：指根据上级的指示并结合实际情况组织普法活动后，及时向上级汇报普法工作情况及成效的过程。例如，企业根据检查验收标准进行自查，并将自查报告报送普法办公室。

（3）普法需求分析：普法需求要从“需求从哪里来”，以及“这是谁的需求”这两个方面进行分析。从内容上看，普法需求来源于各个方面，如个人生活、工作需要、职业保护、自身素质的提升等；从工作岗位上看，不同类别、级别的人员普法需求不同，故应对普法需求进行细化、分类。通过分析需求，才能确定普法主题、制订普法计划。以中国移动为例，其对普法所涉及的各部门的法律知识需求进行分析，并制作了年度需求分析表，根据该表，可以直观地看出企业各部门最迫切需求的法律知识有哪些。例如，2011 年至 2015 年，分别确定了“体系建设年”“兴趣培养年”“合同管理年”“专项支撑年”“综合提升年”的普法主题。

（4）普法活动实施：包括确定活动具体方案、组织实施活动和活动个案后评价。法律管理部门应当根据需求分析模块确定的年度主题和教育计划，以法律管理部门为主导，联合配合执行部门制定活动具体方案；以“务实实效”为导向，以企业运营管理活动中发生的典型案例为主线，开展“案例式”宣传教育工作，同时不断创新宣传教育形式和方式，采取多样化手段，开展丰富多彩的宣传教育活动。针对员工普遍感兴趣的关系到自身日常生活方面的问题，如权益维护、婚姻、教育、房产买卖租赁、交通事故赔偿等，定期开展法律大讲堂、讲座、外聘律师咨询日等活动；针对部门个性化需求的教育活动，即针对部门个性化需求，建立“定制培训”机制，定期收集各部门个性化的法律教育需求，组织法律资源开展定制培训；利用每年“5・17”电信日和“12・4”法制宣传日开展宣传，通过动漫、飞信、博客、微博、手机短信彩信、微信公众号等形式和媒介开展喜闻乐见的宣传活动。对于普法活动的具体实施，要走联合化、层次化的道路。普法工作虽由企业法律部门归口管理，但该项工作不应仅成为法律部门的工作，而是需要各单位齐抓共管、共同开展。各业务部门在开展业务中均有大量需要遵循的法律、法规、政策，这些部门均负有培育、提升本条线员工法律意识和法律知识的职责，按照“谁主管、谁开展”的普法原则，针对四个层级的人员，法律部门联合这些部门共同开展普法活动。

（5）普法评估考核：开展普法活动后进行评估考核。针对具体的活动个案，采取抽样问卷、访谈、考试等多种方式进行活动开展效果后评价，对参与人员获取的知识、活动效果、未来期望等进行了解，为以后的活动提供参考，积累经验。针对不同的对象，调查的侧重点是有区别的，如针对参与者，应进行法律知识调查，调查问卷主要涉及活动本身的法律意识、法律知识的要点问题；针对培训者，应进行活动效果调查，调查问卷主要涉及活动组织形式和内容宣贯成效的考评问题；而针对组织者，则应进行普法期望调查，调查问卷主要涉及活动改进方式等。

（二）激励机制

激励机制是指激发和强化员工对自身法律教育的需求，并推动和鼓励员工为了满足这些需求而采取的行动，支持和帮助他们为实现目标不断努力的过程。具体包括利益机制和成长机制。

1. 利益机制

以普法活动产生的效果及通过普法活动获得实际利益为引导，激发员工主动学习法律知识的意识，推动员工付诸行动，帮助其实现法律教育的一种机制。简言之，就是普法活动产生效果、对个人和企业产生利益，并因此形成激励。

（1）普法效果：普法效果不应简单地定义为完成某项普法任务，而应该是普法活动所取得的成效，即普法工作结束后体现出价值，发挥出作用。普法效果作用于接受普法的员工，使其法律意识觉醒，使法律问题得到解决，满足了其对法律的需求，从而起到激励的作用。故企业应充分调研和分析普法对象的普法需求，因人（部门）而异、因地制宜制定普法目标，并以目标为导向开展普法活动，使普法工作具备现实的意义。

（2）对个人和企业的利益：就员工个人而言，高管人员、中层人员、基层人员、法律团队均有各自的利益侧重点。高管人员是企业日常经营活动的决策者，其追求的是在管理企业过程中决策法律风险最小化、管理法律责任最小化，实现管理利益最大化；中层人员是企业运营管理者，其关注的是企业的运营与管理合法化，以避免因违法给其运营管理造成阻力；基层人员作为企业的一线员工，其追求的是通过法律手段保障其日常工作生活的合法权益；法律团队作为专职的法律管理人员，其追求的是自身法律素养的提升。就企业而言，其关注的是普法活动为其运营管理创造的价值。故普法工作应参照不同员工的利益侧重点，以企业的利益为出发点，谋求利益的最大化，达到提升员工个人的法律意识和法律知识，切实解决法律问题，防范企业经营管理风险，促进企业的长期稳定健康发展。

2. 成长机制

马斯洛的需求层次理论告诉我们，个体的需求是逐级上升的，当一种需要得到满足后，就不再有激励作用了，下一层次就会成为主导需求。因此，成长机制指的是不限于满足员工某个阶段的法律教育的需求，而是结合员工的职业生涯规划开展法律教育工作，为员工提供发展的平台、提供成长的空间，使员工的职业目标得以实现，激励员工实现自我完善、自我发展的一种机制。普法工作应与员工的发展紧密结合、与员工的职业生涯紧紧相扣，保证普法活动与时俱进。

（1）将普法工作与员工发展紧密结合：普法工作是面向全员性的工作，应紧密结合员工的职业发展实施普法活动。员工的发展应当是层级发展，从这个角度来说，普法工作也应当由浅入深地推进，才能够符合员工在不同职业时期内的法律教育需求。因此，随着普法工作的推进，将推动员工的自我发展，反过来，员工的自我发展也将促进普法工作不断完善。普法工作与员工的发展紧密结合，相辅相成。

（2）职业生涯预期：就是对职业生涯进行持续的、系统的计划过程。一个完整的职业规划由职业定位、目标设定和通道设计三个要素构成。企业应该对企业员工有系统的职业生涯预期，才能够培养和留住更多人才。而法律教育自然是员工职业生涯规划中不可或缺的一部分，企业对员工的普法作出持续的、系统的计划，为员工实现职业目标提供法律支持，将激起员工对职业未来的期待，从而努力工作，实现各工作岗位的价值。

（3）知识更新：普法内容应与时俱进，及时更新。法律管理部门应该关注最新的法律、法规的颁布情况，并通过不同的渠道如短信、微信、微博、OA平台等进行推送，使员工以最快的速度获知最新法律知识；开展普法活动时，要依据新的国家政策、传达最新的法律法规，使员工的法律知识库得到更新，以便解决企业快速发展过程中出现的新的法律问题。

（4）普法目标：指普法工作所期望获得的成果，是员工个人、各部门以及企业的共同努力方向。从结构上，普法目标可分为整体目标与具体目标，整体目标即为实现全员“法律意识”和“法律知识”双提升，实现企业“防范风险创价值、合规经营促发展”；普法的具体目标，细化为企业各部门的目标，结合各部门的职能特点，实现“法律、法规、企业规章制度实施到位，预防和减少违法违规行为”。从时间上，普法目标可分为长期目标和短期目标，长期目标是指伴随企业整个发展进程的普法目标，如中国移动“六五”普法规划的目标；短期目标则为每一年或每一个月的普法目标，以中国移动“合同管理年”为例，其目标为围绕合同全生命周期，即立项采购、合同准备、合同起草、合同审查、合同签订、合同履行等各环节，开展针对性的合同管理宣传教育，提升合同管理水平。值得注意的是，普法的目标并非一成不变，而是随着企业的发展而不断变化。

（5）过程辅导：在日常工作进程中给予法律层面的帮助，解决工作中遇到的现实法律问题、法律难题。辅导方式有两种，一种是被动辅导，如各职能部门在日常工作中遇到法律问题，向法律部门咨询。另一种是法律部门主动进行指导，如法律部门对其他职能部门进行监督检查，并就发现的问题提出法律意见等。过程辅导的作用在于：一是及时发现问题并解决；二是为将来的普法活动提供素材。过程辅导具有控制当下的风险、防范将来的风险双重意义。

（三）约束机制

约束机制，是指对普法活动的实施者、普法活动以及活动的结果所进行的一系列审核、监察和督导行为。具体包括制衡机制、监控机制、考评与奖惩机制。

1. 制衡机制

指普法领导小组与下设的执行机构、配合执行机构之间存在的制约关系，包括权责关系与制衡关系。各部门间的权责关系体现为权力彼此分离，参与普法工作的不同部门所拥有的权力是不同的，活动决策权、活动实施权、活动监督权应是分离的，而不是由某个个人或某个部门独自揽权。此外，普法活动的实施还应明确各部门具体责任，做到责任落实到人、有权必有责、失责必追究。只有明确了权力与责任的关系，各部门才会在自己的权责范围内规范地履行其承担的普法义务。这样，普法活动才能真正落到实处而不流于形式。各部门的制衡关系体现为部门之间对普法工作的分工与配合，部门之间互相制约，做到彼此独立但又互相依存，做到分工明确但又注重合作，做到上级对下级的活动指导，下级对上级的监督。在明确分工关系的前提下，各部门才能有条不紊地开展普法活动。制衡关系利于避免推脱普法工作任务、滥用权力的现象，也利于避免普法活动出现主观化、单向化的问题。

2. 监控机制

监控机制主要包含目标管控、过程监控、履职监督三大内容。目标管控指对普法活动的目标进行管理、控制，即通过把握普法活动的大方向，确保活动实施不走偏，能达到预期的效果。过程监控指在法律讲座、培训、宣传等普法活动中针对各环节进行监督控制。普法活动的实施，包括确定活动方案、组织实施活动、活动个案后评价等环节，法律管理部门应该参与到各环节当中，并在环节中充当监督者，指导各环节的工作，督促活动的进程、检查活动的内容等，以确保活动实施的质量。履职监督指的是法律管理部门以及职能部门、业务部门，在自己的职责范围内，既对本部门实施的普法活动进行自查，也对其他部门实施的普法活动进行监督。自查作为一种自我监督的方式，其优点在于能够较为深刻地剖析普法工作存在的问题，同时结合本部门的实际情况进行解决。虽然根据普法规划的指示，法律管理部门具有检查各单位普法工作的职责，但对其他部门普法工作的监督，不是法律管理部门的专有权利。在法律管理部门对其他职能、业务部门进行监督的同时，其他职能、业务部门也可以对法律管理部门的日常工作进行监督。只有双向监督，才能达到制约平衡。

3. 考评与奖惩机制

即建立健全考核评估指标体系，完善考核评估运行机制，对普法规划实施情况进行年度考核、阶段性检查和专项监督。以中国移动为例，年度考核由法律部门负责组织考核，考核周期为一年一次；阶段性检查针对的是普法工作不同阶段的检查，专项监督则是对专项的法律事务进行特别的监督。此外，还要建立定期检查机制，由企业普法工作办公室对各企业的普法工作进行定期检查。

年度考核、阶段性检查、专项监督以及定期检查的方式应该是具备现实操作性的（如组织法律知识考试），且考核、检查、监督的时间应该相对固定，以保证考核的效果。此外，还应控制考核次数，考核过于频繁，可能引起员工对普法活动的反感甚至抵触情绪，削减员工学习法律的热情；考核过少，则不利于及时获知普法活动的结果反馈，因此，把握考核“度”甚为重要。

考核后的评价宜采用评分制，将考核分数换算到法律事务管理考核办法的考核指标项中，作为奖惩的依据。考核评价的过程尽量透明公开，以确保评估结果的公正性及客观性，唯有公正客观的结果才能得到接受考核的人员的信服，考核评估机制存在的价值才能得以真正体现。否则，考核评估将形同虚设，对普法活动将起不到正面的作用。

通过考核评估，发现问题，及时解决，表扬先进，督促落后，激励为主，考核为辅。承诺的奖惩应依约实现，且做到奖惩分明，对宣传教育工作突出的单位和个人给予表彰、奖励；对宣传教育工作做得不好的单位和个人给予批评、教育，切忌赏罚不分，才能够切实调动员工接受普法的积极性。

第三节　普法工作流程

一、管理学流程六要素简述

流程是一系列活动的组合，这一组合接受各种投入要素，包括信息、资金、人员、技术等，最后通过流程产生客户所期望的结果，包括产品、服务或某种决策。[①] 流程具备六个要素，分别为客户、价值、输入、活动、关系、输出，不管通过什么形式表达，一个完整的流程基本包括这几个要素。

（一）流程六要素

1.客户：是流程服务的对象，对外而言是单位服务的个人或组织，对内而言可以是流程的下一个环节。

① 李陶然.现代生产运作管理实务［M］.北京：北京大学出版社，2010.

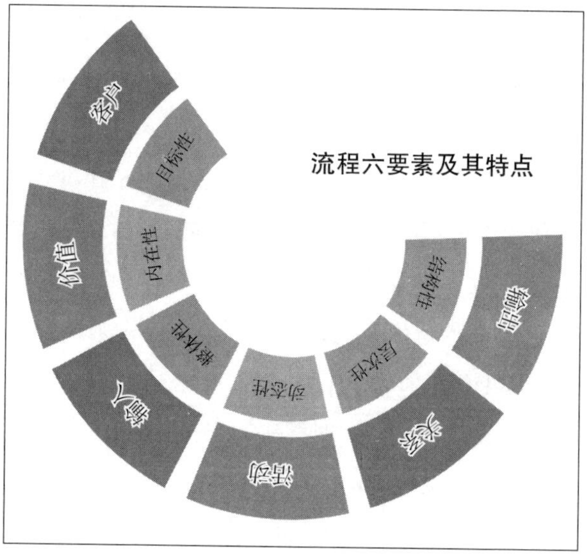

2. 价值：是流程运作为客户带来的好处，很多情况下并非用货币来评估，它可以表现为提高了效率、降低了成本，等等。

3. 输入：是运作流程所必需的资源，除了传统的人、财、物，还包括信息、关系、计划等；同时也可以理解为上一个流程输出传递到下一个流程进行进一步处理的资源、信息。

4. 活动：是流程运作的各环节。

5. 关系：指各环节之间的关系、活动之间的相互作用，是把流程从头到尾串联起来的过程。

6. 输出：流程运作的结果，结果中体现的是流程的价值。

（二）流程六要素的特点①

1. 目标性：有明确的输出（目标或任务）。这个目的可以是一次满意的客户服务，也可以是一次及时的产品送达，等等。

2. 内在性：包含于任何事物或行为。所有事物与行为，我们都可以用这样的句式来描述，“输入的是什么资源，输出了什么结果，中间的一系列活动是

① Wanxinju. 管理流程［DB/OL］.http://wenku.baidu.com/.

怎样的，流程为谁创造了怎样的价值”。

3. 整体性：至少由两个活动组成。流程，顾名思义，有一个“流转”的意思隐含在里面。至少有两个活动，才能建立结构或者关系，才能进行流转。

4. 动态性：从一个活动到另一个活动。流程不是一个静态的概念，它按照一定的时序关系逐步展开。

5. 层次性：组成流程的活动本身也可以是一个流程。流程是一个嵌套的概念，流程中的若干活动也可以看作“子流程”，可以继续分解为若干活动。

6. 结构性：流程的结构可以有多种表现形式，如串联、并联、反馈等。这些表现形式的不同，往往给流程的输出效果带来很大的影响。

二、普法工作流程关键要素

普法工作流程是将法律教育需求输入，经过普法活动的实施，转化为法律意识、法律知识输出，并根据企业发展的进程、目标的改变适时选择、更新的过程，是一个完整的有机体。普法工作流程包括：流程对象、流程价值、流程活动（活动输入、活动输出）、流程角色、流程系统、流程优化等要素。简单地讲，普法工作流程就是前六个要素的串联，但不是简单地相加，而是有机地结合运作。普法流程图如下：

从流程的视角分析，以中国移动的普法闭环体系为例，其运作实际上就是针对普法工作的一个流程系统。普法体系实行三个模块闭环管理。三个模块即需求分析、普法实施和评估考核，三个模块的闭环运作即普法工作流程的运作。

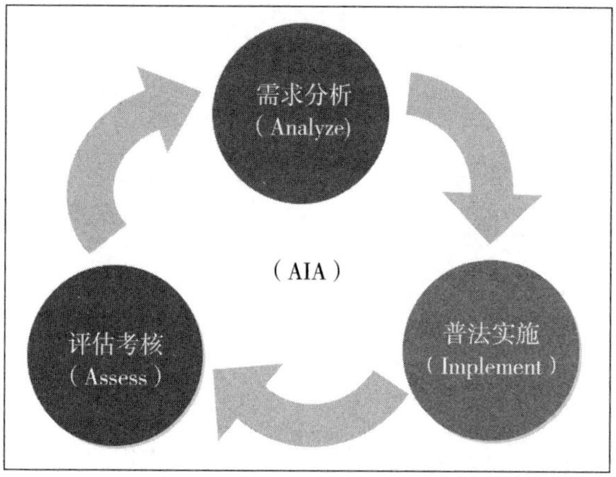

（一）流程对象

普法工作流程的对象一般指普法流程输出结果的最终消费者，即参加普法活动，接受法律教育的员工。对流程内部来讲，其对象为下一个普法工作环节。

1. 根据人员层级的不同分类，流程对象可分为四类

（1）高层管理人员：高管人员是企业日常经营活动的决策者、领导者，高管的行为不仅影响企业的整体发展轨迹，还对全体员工起到模范表率作用。高管人员学习法律的态度、使用法律的水平、遵守法律的程度，不仅对全体员工起到生动的标杆作用，还会直接影响普法工作的开展深度，因此，高管人员是普法流程中的关键对象，增强高管人员的法律意识和法律知识是深入开展企业普法和依法经营管理的关键环节。而依据高管人员的职位特点，与决策、企业管理相关的法律知识，是高管人员的需求。故通过案例剖析、案例教育等形式，进一步完善党委（组）中心组法律讲座制度、重大决策前的法律咨询审核制度，使高管人员带头学法、守法、用法，不断提高法律素质，改善知识结构。

（2）中层管理人员：各单位中层管理人员在企业管理运营中，起上传下达的作用，是企业决策的传达者同时也是实施者，是普法流程中重要的对象。中层管理人员的法律需求更多地体现为来自运营管理过程中的需求，可以企业运营管理活动中发生的典型案例为主线，开展案例式宣传教育工作。加强对中层

管理人员任职前法律知识的考察以及学法、守法、用法情况的督促检查；建立中层管理人员年度法律教育学时制度，制定学时累计手册；建立中层管理人员依法经营、依法管理考核制度，将考评结果作为综合考核评价的重要内容，并引导中层管理人员积极参与统一的普法活动，如法律讲座、法律知识竞赛、法律交流会等，鼓励自学法律知识。

（3）基层员工：基层员工是企业具体工作的实施者，企业的正常运营，离不开基层员工在各岗位上的工作，其是普法流程不可或缺的对象。基层员工的法律教育需求来源于实务，因此，应重点开展各单位基层员工（经营管理关键岗位和一线员工）的法律实务教育工作；根据不同工作岗位的特点，有针对性地开展普法活动，使基层一线员工了解与日常工作生活密切相关的法律常识，树立较强的法律意识和责任感，确保法律、法规和企业规章制度实施到位，预防和减少其基层工作出现违反法律法规、企业规章制度的现象。

（4）法律管理团队：法律管理团队作为普法工作的主导，引导全企业的普法工作，决定普法工作的具体进程，也是普法流程的重点对象。提升自身的法律素养与管理能力，成为法律与管理的复合型员工，是法律管理人员的法律教育需求。针对专职法律管理人员，重点培养法律人员跳出固有的法律专业思维，树立大局意识、全局意识，强化多元思维，学会从企业战略、管理和业务等多个角度观察、分析和研究法律问题了解企业、了解行业和了解产业，善于用法律的思维审视管理问题，用管理的语言表述法律问题，用专业的手段解决法律问题。

2. 根据工作部门的不同分类，流程对象可分为两类

（1）职能部门：企业内部具备一定管理职能的部门，如人力资源部、财务部等，将其纳为普法流程的对象，利于企业管理职责依法进行，确保管理的实效性。以人力资源部门为例：人力资源部门是通过决策、计划、组织、指挥、控制、评估、协调、激励等管理职能对企业内部的员工与员工之间、员工与工作事务之间的关系进行协调的部门。其工作职责包括招聘员工、对员工进行管理（培训、激励）、考核员工的工作等。人力资源部门的用工、劳务工作势必

需要依据法律展开，日常的劳务合同审查、员工纠纷、紧急突发事件的处理等势必需要法律的介入，它是普法流程不能遗漏的服务对象。

（2）业务部门：销售部门、研发部门、生产部门等，将其纳为普法流程的对象，有助于保证企业职能工作得到顺利执行。以市场部门为例：是为企业创造直接收益的主力军，是连接企业与市场的桥梁，市场人员不仅要与产品打交道，而且要同形形色色的人交往，纷繁复杂的交往中，难免会发生纠纷，离开法律，企业的营销工作将面临诸多障碍，这些障碍可来自监管部门或来自客户。

（二）流程价值

诚如管理大师迈克尔·哈默所说，“为顾客创造价值的是流程，而不是哪个部门”。流程价值指的是普法流程运作对企业及企业员工产生的意义、给企业及企业员工带来的好处。

1. 普法流程的意义

（1）建立关系，呈现逻辑

普法流程可以把个体员工法律素养的提高，变成众多员工法律素养的提高，再逐步转变为普法组织者的能力，也就是实现个人法律能力向组织法律能力的转变，即企业员工应服从普法组织管理流程。如果普法只是针对一部分受众，那么一旦所谓的“法律专家”离开了或者企业组织结构改变了，相应的工作就会受到影响。

（2）细分工作，明确职责

普法流程应将各活动环节进行划分，普法工作得到细分，各活动环节负责人的权责也相应明确，从而适当解放普法工作的管理者的生产力，发挥法律管理部门以外的其他部门的能动性，使各部门都能参与到普法活动当中。

（3）精简工作，提高效率

普法流程将精简普法工作中的烦琐环节，加快普法的进程以及普法工作模块的流转速度，提高普法工作的效率，如消除普法活动中相互扯皮的现象，在普法工作实施过程中，因缺乏流程管理，导致扯皮的现象时有发生。

（4）规范管理，精益普法

在普法工作开展过程中，常常会出现丢三落四、工作不到位的现象，普法流程的建立，可以帮助、提醒普法工作的实施人员依流程完成具体的工作任务。

建立普法流程只是保证普法工作顺利开展的第一步，同时，还需要相应的管理制度对流程进行管理，需要灵活的治理措施对流程进行调整，且普法流程要与时俱进，做到结合工作的现实状况，有计划地更新。只有这样，流程管理才能真正落地。

2. 普法流程带来的好处

（1）从企业普法战略来看，流程体系能够保证企业高层法律意志真正落地

企业的分级管理，导致企业的管理工作高度复杂化，企业领导无法通过现场管理、现场示范来带领、要求员工完成普法的工作，距离具体普法工作越来越远，且对越来越多的员工逐渐陌生，更不用说现场指导、监督每个员工按照企业领导者的思维和意愿去接受法律教育，在这种情况下，如何保证高层普法的意愿能够落实到每个员工的具体工作中去？只能通过普法流程来保证，即企业领导者将自己对普法工作的指导思想反映到流程体系中，并通过管理手段和技术手段要求员工按照流程开展普法工作，则员工的工作符合流程，也就必然契合了企业领导者的意愿，保证了高层普法决策的真正落地。

（2）流程体系建设有助于打通部门隔阂，加强横向协作

分工细化会导致各部门逐渐形成部门墙，因此，在开展普法活动时，法律管理部门、职能部门、业务部门之间可能会出现配合困难的情况。而通过端到端的流程体系打通，将各部门串接到普法工作当中，将利于普法工作各环节无缝连接，打通了部门墙，促使部门之间相互支持，从而使普法工作的横向协作更加顺畅。

（3）流程体系建设能够完成最佳普法工作方式的提炼和固化，提高普法工作效率

企业普法工作已经开展若干年，应对多年的普法经验 / 教训进行总结，并加以提炼、固化。否则即使有最优的普法方法，也还是某个人 / 某部门 / 某单

位的方法，并没有在企业层面上得到运用。普法流程能将普法方式标准化并固化，这样一来，每一个普法活动的优秀经验都会被归纳到流程当中，确保下一次的普法活动依据最新、最优的流程进行，这对普法目标的实现无疑具有重要意义。

（4）流程体系建设能够帮助普法工作完成从“人治”到“法治”的转变。具体体现在：

流程体系减少普法活动对人的依赖。健全的普法流程机制，是优秀的普法实践的结晶，能保证按流程开展普法工作，保持较高的质量和效率水平，而不受个人的影响。

流程体系能够将高层从日常业务中解放出来。企业高层的精力和时间是有限的，有限的时间精力难以应付过于具体的法律教育需求，只有建立起完善的普法流程机制，使各项工作有据可依，有工作流程可供遵循，普法工作不再需要高层过多干预，高层才能逐渐从企业的具体工作中解放出来。

流程体系能够使企业对员工的普法情况考核更加客观和公正。

如果没有规范的流程体系，则企业高层更多的是凭主观去评估员工的普法工作，而不在于员工工作的实际绩效，长此以往，员工将把主要精力用在揣摩上级的意图上，而不是用在努力干出普法实效来，这将不利于普法工作的长期开展。要解决这个问题，建立起完善的普法工作流程和普法工作标准，按照客观要求来考核普法情况，考核结果才能客观、服众。

例如，中国移动的普法闭环管理体系，通过规范操作，闭环管理，从而达到全员“法律意识、法律知识”的双提升，进而实现“防范风险创价值、合规经营促发展”的愿景，即普法工作价值的体现。

（三）流程活动

即完成某项普法活动需要开展的活动任务、主要步骤、时间要求等的环节，即“做什么”，与关键动作相对应。流程活动是流程的细胞。如果将流程比作一部机器，则流程活动是机器的零件，是机器运作不可缺少的因素。例如，普法闭环管理体系运作流程，其中的普法实施模块，体现的正是普法工作流程的“流程活动”。普法实施，即根据确定的年度普法计划，不贪多，贵在精，且有针对性，开展教育活动和宣传活动。该模块包括确定活动具体方案、组织实施活动、活动个案后评价等内容，体现的正是普法工作流程的“活动”过程。

普法流程活动具备如下特点：

1. 独立性。普法流程活动是相对独立的，每一个流程活动都有各自需要完成的工作任务，有各自的工作内容，有各自归属的职能部门。

2. 关联性。各活动之间不是绝对独立，而是存在着千丝万缕的关系。前一环节的活动引出后一环节的活动，后一环节的活动承接前一环节的活动，各环节间紧密相关，同时各活动之间相互作用、相互影响。

3. 逻辑性。流程活动一般是依顺序进行的，前一个环节的活动完成，才会进入下一个环节的活动，同时，流程活动是依照逻辑递进式地推进。

4. 统一性。各流程活动的普法目标一致，只是分工存在差异，其受流程管理者的统一控制。

这些活动对流程输出来讲，是核心的、关键的、不可缺失的。从流程优化的思路来讲，流程活动才能为组织创造价值，因此，必须尽量减少一切不必要的非增值活动环节，提高流程的质量和效率，使流程路径最短，效率最高。

在一个完整流程的过程中，包含着多项活动，一般而言，流程活动是有着严格的前后顺序和逻辑关系的。上一个活动的输出就是下一个活动的输入，这些活动对应着不同的职能部门。因此，在进行流程优化时，我们必须明确相关部门在这些流程活动中所要扮演的角色和承担的责任。

同时，根据流程的划分层次不同，过程活动也呈现出层级化的趋势。往往在高一级流程中的某一个过程活动，我们就可以细化成为一个完整的低一级流程。当然，在进行具体流程设计时，我们还是应该根据流程的具体设计要求和目的，进行适当的过程设计，尽量避免陷入不必要的细化设计或者过于空泛的宏观设计。

（四）活动输入

指完成某项普法活动需要投入的基本要素。这些要素是普法活动得以运作不可或缺的组成部分。一般而言，在普法活动过程中，它们将被有效地利用、消耗、转化，并最终对普法活动的成果产生影响。常见的普法活动的输入有：信息（对普法活动有利用价值的信息，如普法需求信息）、数据（具备参考价值的数据）、计划（对普法任务的规划）、标准（普法活动需要遵循的规范）、分析（对活动进行分析）、报告（对某项活动的说明）、资金（完成某项普法任务所需的经费）等。例如，普法闭环管理体系运作流程，其中的需求分析模块，体现的正是普法工作流程的“活动输入”。需求分析，即每年年初，根据上年活动开展总体评估考核情况，进行全体员工法律教育需求调研，以员工普遍需求为导向，辅之以法律部门的统一安排，确定年度普法主题，形成年度普法计划。在这个模块当中，涉及了需求调研、归纳分析、确定年度主题、制订教育计划框架等内容，这个过程即固定流程所需的信息、数据、分析的过程，普法工作流程所需要的信息资源以需求分析工具模板的形式（包括普法调研问卷模板、访谈计划表模板、访谈工作调研分析表模板、普法活动方案、年度总表模板）记录下来，形成了普法工作流程的“活动输入”。

活动输入具体以标准模板、问卷、表单等形式体现，如法律需求调研问卷模板、访谈计划模板、调研分析模板、普法计划表、普法工作任务分解表等。体现在模板中的可利用的内容以及模板本身都是“活动输入”。

普法活动的输入应当是有效的输入，才能确保普法流程的运行，否则就算普法流程运行得再顺畅，也达不到预期的普法效果。故普法活动输入应注意做到：

1. 全面具体：在开展某项普法活动前，应当了解该项普法活动的各环节所需要的活动输入有哪些，并据此对活动输入作出整体的规划，力求活动输入充分、全面。

2. 抓住重点：在完成某项普法活动过程中，哪些输入是必不可少的、哪些输入对目标的实现起到关键作用，需要重点把握。

3. 有针对性：普法活动的输入应当以普法活动的输出效果为导向，有针对性地准备。

（五）活动输出

指完成某项普法活动后，输出的最终成效，即普法活动的结果。具体以“表单、报告、模板、文件、影像资料”等形式表现，如活动方案模板、活动实施分工模板、活动后评估模板、活动情况报告模板、活动资料归档模板等。模板内容以及模板本身都是输出。例如，普法闭环管理体系运作流程，其中的活动结果、评估考核模块，体现的正是普法工作流程的“活动输出”。评估考核，即每年年末，进行年度普法总结，根据普法活动考核激励办法，以激励为主，考核为辅，评选先进单位和个人。该模块包括年度总结、检查验收、考核激励等内容，具体体现为年度总结报告模板、检查验收评分模板、考核激励指标模板，这些模板，就是每一年度的普法活动所取得的成果体现，换言之，这些模板就是普法工作流程的“活动输出”。

普法流程的输出是否合格，是否达到预设普法目标，最终需要由接受法律教育的员工进行判断，关键看普法的效果是否与他们的需求吻合。在同一个流程中，它可能有几种不同的效果，对应着不同的普法对象的需求，这些普法对象之间的需求可能会存在一定程度上的矛盾或者冲突。为此，设计普法流程时应以满足该流程的主要客户的关键需求为主，这样设计出的流程才能达到我们所期望的效果。

普法活动输出是否能达到预期目标，由普法活动输入及普法活动过程来决定。保证普法活动的输出，则要注意以下三点：

1. 重点把握普法输出当中的需求信息，对普法需求进行透彻分析，了解不同对象的不同需求，以便针对不同的需求设计与之相适应的普法活动。

2. 保证普法活动各环节实施到位，避免为了普法而普法，为了完成规划任务而普法，同时还要做好普法流程内各环节间的衔接工作，使上一流程的工作成果切实作用到下一个流程，下一个流程在传承的基础上延续，体现出普法流程的价值。

3. 注意普法流程的调整、改善，由于企业是发展的，法律是变化的，普法对象的法律教育需求是流动的，一成不变的普法流程显然不利于企业的长远发展及员工的持续进步。因此，普法流程需要根据普法活动的实际情况，结合现实的普法需求，逐渐完善、定期更新，才能使流程输出与时俱进。

（六）流程角色

流程角色就是指参与普法活动的策划及实施的主体。根据普法职责的不同，分为领导部门、决策部门、具体执行部门、辅助部门。各部门员工，是普法流程的实际操作者。为使输出结果与期望目标吻合，必须明确某项普法活动的责任部门、岗位权限及责任。企业成立普法工作领导小组作为领导和决策机构。普法工作领导小组由企业总法律顾问任组长，企业各单位负责人任小组成员。普法工作领导小组下设办公室作为普法的具体执行机构。普法工作办公室设在企业法律部门。企业人力资源管理部门和各业务部门作为普法的配合执行机构。

企业总法律顾问全面负责普法工作，履行的工作职责为：1. 指导建立和完善普法工作制度、流程；2. 指导构建和实施普法闭环管理体系；3. 批准年度普法工作主题和教育计划框架；4. 批准年度普法工作检查验收标准和规范；5. 协调处理有关普法工作的重大事项；6. 指导培育依法合规的企业法律文化和理念等。

法律顾问全面负责本单位普法工作，履行的工作职责为：1. 指导建立和完善普法工作制度、流程；2. 批准年度普法工作主题和教育计划框架；3. 自行组织开展或配合区企业统一开展普法活动；4. 协调处理有关普法工作的重大事项；5. 指导培育依法合规的企业法律文化和理念等。

企业法律事务部是普法工作的归口管理部门（以下简称归口管理部门），企业人力资源管理部门和各业务部门是普法工作的配合执行部门。

归口管理部门负责具体开展普法工作，履行工作职责为：1. 建立和完善普法工作制度、流程；2. 组织构建和实施普法管理体系；3. 分析、研究、制定年度普法工作主题和教育计划框架；4. 组织开展或联合配合执行部门开展普法活动；5. 对各单位普法工作进行指导、协调、督促；6. 组织开展年度普法工作检查验收；7. 指导、监督和考评分支机构的普法工作；8. 培育依法合规的企业法律文化和理念；9. 其他应当由归口管理部门履行的职责。

人力资源管理部门负责将普法工作纳入员工职业发展规划、管理培训和岗位培训规划，综合提升员工法律意识和法律素质。

各业务部门在归口管理部门的组织、协调下，与归口管理部门联合开展普法工作。

在一个普法流程中，可能只有一个部门/岗位，也可能包括多个部门。由谁来负责普法活动，与各部门在普法流程中所扮演的角色以及普法流程本身的层级划分有着重要关系。例如，对于年度普法活动制定流程，这个流程中涉及法律管理部门制订每一年的普法方案，企业领导审批年度普法方案，企业其他职能部门参与普法方案的设计。

（七）流程系统

普法工作流程要作用于实践，必须将其系统化、信息化，实现普法工作的管理。普法工作流程系统是在工作流程驱动下，通过专门的软件执行而完成普法工作、管理的系统。普法工作流程系统的主要目标是对普法工作过程中各活动发生的先后顺序以及相关信息资源的调用，进行管理而实现普法工作过程的自动化。

普法工作流程系统化，将为企业开展流程工作创造一个良好的管理模式，其具备诸多优点：

1. 提高企业流程管理系统的柔性，适应普法流程的变化。

2. 企业将不断地改变、更新工作流程系统，从而使各部门能够更好地发挥职能。

3. 流程系统在自动化过程中会省去一些不必要的步骤，从而提高工作效率。

4. 流程系统具备较好的流程控制，通过规范的工作方法、标准的工作步骤，提高普法工作流程的管理。

5. 流程系统可利用不同的软件按照普法工作的实际需要灵活设计。

（八）流程优化

对现有普法流程的梳理、分析、改进的过程，就是流程的优化。流程优化是一项策略，通过不断地完善、发展，改良流程以保持流程活力。在设计和运行流程过程中，只有对流程进行不断改进，才会使普法活动取得最佳的普法效果。流程优化不仅仅指开展有质量、有意义的普法活动，还包括如何开展这些活动。

流程优化的目的是提高普法工作的效率，避免某项普法活动出现耗时过长、成效不佳等问题。例如，提高普法活动的质量，使普法活动更贴近企业员工的需求；节省普法人、财、物、模板工具等资源的投入；降低普法的成本，如人员的成本及资金的成本；提高法律管理部门的法律宣传工作水准。

流程优化的内容包括开展普法活动的时间、标准工具模板、普法经费、活动方式、活动质量等。可针对这些内容进行全部的或者个别的优化。在优化普法流程的过程中还要注重系统性思考及综合平衡，避免发生一个内容得到了优化，而另一内容停滞不前的情况。

流程优化的条件指流程优化需要一定的条件，在普法流程开展过程中，要结合具体情况，把握优化时机，创造优化条件。外部条件如普法系统的完善或普法活动水平的提高；内部条件如对普法流程运作的原理进一步研究。

流程优化的途径包括通过普法资料的更新、普法手段替代、活动环节简化、活动时序调整。一般地，通过改造工作流程的方法进行优化，也可以完全推翻原来的工作流程，重新设计新的流程以达到流程的优化。

1. 改造流程

（1）剔除所有不必要的工作环节和内容

比如，普法工作某个处理流程、某道手续，但前提是要研究这些流程是不是多余的、可取消的。

（2）合并必要的工作

如果不能剔除工作环节，可以进行合并。普法活动中有合作分工，当分工无法实现工作效率时，则需要合并。将多个环节的工作内容进行合并，减少走流程的时间，使工作效率得以提高。

（3）程序的合理重排

在剔除或合并工作环节后，可能会引起工作顺序的变化，所以还要将所有程序按照合理的逻辑重排顺序；在改变活动中的某种要素后，也可能需要重新安排工作顺序和步骤。合理的重排将使普法工作更具条理性。

（4）简化所必需的工作环节

主要指对某个工作环节本身的简化，即将繁杂的工作内容转变为简单易操作的内容。

2. 重新设计新流程

如果要重新设计普法工作流程，则按照以下步骤进行：研究现有普法流程→沟通交流，采纳意见→创新→实践。

首先，充分研究现在的流程，分析其在普法工作开展中存在的优点及缺点，以便在新设计的流程中借鉴。

其次，部门员工之间、部门与部门之间要进行充分的沟通交流，采纳来自各方的意见，以便为设计提供新的想法、将各部门的需求融入新的普法工作流程当中。

再次，在设计普法流程时，应该以“设计”为理念，抛开原流程的束缚，创造出新的流程系统。

最后，在新的普法工作流程设计出来之后，应该用流程图进行描述，并在实践中检验。

结语▶本章结合管理学关于机制、流程的理论，首次将零散的、日常的普法工作进行体系化、系统化、理论化论述，并结合中国移动管理实践经验，填补在该领域的理论及实证案例空白，进一步提升普法的理论层次，更好地指导科学开展普法工作，取得实效。同时，坚持用法律思维审视管理问题，用管理语言表述法律问题，力求促进法律与管理的深度融合，并深挖普法工作机制、工作流程的方法论意义和价值，以期适配“法治移动”建设的需要，并为其他企业、单位提供借鉴。

第七章

普法活动篇

普法宣传教育活动（本章简称普法活动）与社会法治进程的发展、经济发展的水平和政治力量的引导等有着千丝万缕的联系，处于不同时代发展背景的普法活动让广大人民群众接触和学习到了法律知识，宣传普及了党的法治思想和依法治国的基本方略，对和谐社会的构建起到了巨大的推动作用。因此，提高普法活动的实效性，既是深入开展法治宣传教育工作的客观要求，也是实施依法治国方略、建设社会主义法治国家的重要内容。目前国有企业对企业内部普法活动都给予了较高的重视和支持，但对普法活动的理论性研究及总结仍需提升。

《孙膑兵法·月战》有云："天时、地利、人和，三者不得，虽胜有殃。"包括普法活动在内的一切行为活动，要想取得良好的效果，在活动的组织开展中对时间、地点和各方主体的需求把握都起着关键性的作用。2016 年 4 月通过的《全国人民代表大会常务委员会关于开展第七个五年法治宣传教育的决议》也明确提出，推进法治宣传教育创新要"结合不同地区、不同时期、不同群体的特点和需求，分类实施法治宣传教育，提高法治宣传教育的针对性和实效性，力戒形式主义"。由此可见，普法活动要想取得良好的成效，也必须从"适时"——把握工作时机、"适地"——考虑地域差异和"适人"——明确宣传教育对象需求三个方面入手。

到2016年，全国性的普法活动已开展了30年，古语说“三十而立”，这一年正是总结经验、发现问题、提出创新、改革思路的大好时机，本篇将以中国移动为例，通过“天时”“地利”及“人和”三个维度全方位介绍其普法活动开展情况，突出亮点、形成经验、固化成果。

第一节　天　时

“法治进企业”作为“法治六进”的一个重要组成部分，不仅仅要求加强在国有企业内部的普法活动，更重要是的，要以企业普法活动为撬动点，通过联动普法实现社会法宣工作的整体化。特别是，“六五”普法以来普法公益化、公共化的发展趋势，也要求国有企业普法宣教工作者进一步去思考如何解决企业普法的公共性问题以及如何在企业普法活动中体现公益性的特点。利用、把握好工作时机就是体现企业普法活动公共性和公益性的一个有效手段，同时，也是提升企业普法活动实效性的首要要素。

一、特殊时点普法

利用好特殊时点开展普法活动，即要结合年度各类宣传月、宣传周、宣传日和特殊时间节点集中开展“主题式”普法活动，要把被动完成任务转化为主动开展工作。一方面，“主题式”普法活动的组织和开展情况通常是地方各级普法工作行政管理机构对企业“依法治企”工作以及普法规划落实情况的一项重要考核指标；另一方面，企业单位在开展“主题式”普法活动时，如果能够将宣教主题与自身行业特点相结合，在特殊时点利用社会媒体宣传的影响力，开展重点突出、针对性强的集中普法活动，可以切实增强普法活动的实际效果。

（一）全国主题日普法

众所周知，国家每年在一些特殊时点，如“3・15消费者权益日”“12・4

宪法宣传日”等主题日（周、月）都会组织开展全社会范围内的普法活动。企业普法工作利用好全国性普法宣传活动的“周期性”特点，组织开展“主题式”普法活动：一是有利于构建企业普法工作的大格局。将全国性主题普法活动，结合企业内部不同业务领域的法律知识需求，制定“选修必修”普法宣传教育内容体系，从而形成统一、有序的企业普法工作格局。二是有利于倡导普法宣教工作核心价值。周期性开展“主题式”普法活动一方面可以通过即时的、动态的普法活动，起到集中、强化公民学法、知法的效果；另一方面也可以通过长期的、稳定的普法态势，推动全民守法的法治社会的建设。三是有利于借助社会力量提升企业价值。普法活动的合作化、社会化路径，一方面可以有效地发挥企业作为普法社会力量在和谐社会构建中的作用，成为国有企业履行社会责任的有效形式；另一方面将企业普法与国家普法进行“捆绑”，也有助于扩大企业普法活动效果，提高企业的社会影响力。

（二）行业纪念日普法

除全国性主题日普法外，不同行业的企业，还可以利用行业相关法律颁布实施纪念日，如通信行业的《电信条例》、建筑行业的《建筑法》等，组织开展普法活动。

作为最具有“标准化”特征的一类普法活动，做好特殊时点普法工作的核心在于明确普法活动内容以及落实普法活动责任。基于《中共中央关于全面深化改革若干重大问题的决定》《中共中央关于全面推进依法治国若干重大问题的决定》《关于推进地方各级政府工作部门权力清单制度的指导意见》等对政府权力清单、责任清单和负面清单所进行的全方位谋划，国家行政法学领域开展了对法治宣传教育清单化的理论研究，提出应在清单形式规制下，构筑立体化、系统化的法治宣传教育活动模式。借鉴这一理论，在企业普法活动当中，通过建立普法内容清单以及教育责任清单可以很好地提升活动成效的作用。

1. 普法内容清单

由于各种原因，企业单位原有特殊时点的普法活动更多地注重宪法和刑事法律等内容的宣传教育。在时间点的选择上，也主要关注“宪法宣传月”“12·4宪法宣传日”等时点，存在普法内容比较单一以及主要关注行业相关法律法规的情况。但国有企业不仅承担着提供产品或服务的企业责任，同时承担着一定的社会责任，因此，普法活动不仅要关注企业本身，也需要对社会热点问题予以关注，尤其应该关注对社会发展可能产生巨大影响的新法律法规甚至司法解释，从而更大限度地丰富普法活动内容。当然，这也对企业组织、开展普法活动的统筹能力提出了更高的要求，因此，建议对普法活动内容按照法律法规颁布实施时间等为时间轴建立内容清单。示例如下：

时点	普法宣教内容
1—2月	《安全生产法》《环境保护法》
3月	《消费者权益保护法》
4月	《国家安全法》《反恐怖主义法》《反间谍法》
5—6月	《电信条例》《劳动法》《劳动合同法》《保险法》
7月	《中国共产党章程》《中国共产党廉洁自律准则》《中国共产党纪律处分条例》《中国共产党问责条例》
8—9月	《反垄断法》《广告法》《反不正当竞争法》
10月	《民族区域自治法》等相关法律法规
11月	《刑法》及相关法律法规
12月	《宪法》

2. 教育责任清单

按照“时间到点、责任到人”的原则，在开展特殊时点普法活动时，将普法活动组织职责（不管是主导职责或是辅助职责）分配到企业内部各个相关部门，实现普法活动模式由单向的“输出式”模式向双向的“互动式”模式的转变，不断使普法教育对象转化为普法宣教主体，从而有效地调动企业各部门学法的积极性，切实提高普法活动效果。示例如下：

普法宣教内容	配合组织部门
《宪法》《中国共产党章程》《中国共产党廉洁自律准则》《中国共产党纪律处分条例》《中国共产党问责条例》	党群部门、纪检部门
《劳动法》《劳动合同法》《保险法》《工会法》	人力资源管理部门、工会
《建筑法》《安全生产法》	工程管理部门
《特种设备安全法》《国家安全法》《反间谍法》《信息安全法》《治安管理处罚法》《保密法》	安保部门
《反洗钱法》《税收征收管理法》《企业所得税法》《个人所得税法》	财务部门
《企业信息公示条例》	综合部门
《反不正当竞争法》《反垄断法》《商标法》《广告法》	市场部门
《招投标法》《政府采购法》	采购管理部门

企业普法工作主管单位，可以在每年年初制定本单位的特殊时点普法内容清单以及教育责任清单，方便企业人员明确年度内普法宣教需完成的“规定动作”，方便各相关部门计划相关配合组织工作，从而减少因临时性安排，而给普法活动推进造成阻碍和不便。

二、关键节点普法

企业普法活动必须要将普法活动内容与企业人员岗位工作或切实利益紧密结合起来，从而提升人员对普法活动主动关注和主动参与的能力。利用好关键节点开展普法活动，就是要结合企业年度重点工作部署和内、外部审计等各类检查发现的问题开展有针对性的普法活动。一方面，普法活动应围绕企业重点项目、重点业务和重点工作，开展有影响力的法治宣传，通过创新普法活动的项目化管理、精细化服务、多元化推行等模式，努力把各项重点工作涉及的法律法规宣传得更深、更透；另一方面，普法活动应结合各类检查中发现的问题，立足于企业依法治理与外部合规监控的关注点，通过以

“案”说法的形式，将法“制”宣教寓于法“治”实践之中，确保普法活动取得事半功倍的效果。

（一）重大工作普法

按照“决策问法”的要求，对企业重大项目、重大业务、重大工程等工作在决策前需进行法律审核把关，企业普法工作也可以利用企业组织开展上述重大工作的时机，全面、深入地开展普法活动。对于重大工作普法，需要在普法活动中确立“产品”思维，即将组织实施重大工作的部门、人员作为普法活动用户，瞄准用户在人事安排、资金流动、资产处置等方面的特定需求，针对各项具体需求所涉及的相关法律法规，以法律意见书、专项风险提示、专题培训等普法产品的形态来满足用户对风险防范的需求。

（二）重大检查普法

企业普法活动应立足于纠纷矛盾的解决与企业依法治理的完善。从企业普法实践中也可以看出，相当多的企业管理层以及一线员工，也习惯于在解决问题的过程中知法、学法和用法，因此，企业普法主管单位应有意识地加强与单位审计、监察及其他具有管理监督职责的部门的日常沟通和交流，定期收集各专业线条在检查中发现的问题，认真分析问题原因，梳理相关法律法规，及时地组织开展专项普法活动。

第二节　地　利

普法活动的另一个特点就是多层次、多形式开展。多层次性体现在外部普法活动中，有国家级政府机关组织的，也有地方级政府机关组织的。而在内部普法活动中，以大型国有企业普法活动为例，一般也包括集团公司普法、各省公司普法以及地州市分公司普法。多形式性体现在，随着通信及互联网技术的发展，可利用的传播媒介也从单一向多元化发展。普法活动实效性的另一重要要求就是将普法活动内容以最佳方式传播给受教育人群。因此，将普法活动形式与普法活动内容有效地融入当地社会发展当中，利用好社会发展成果所带来的媒介便利，必然对普法活动成效的提升提供助力。

一、普法活动层级

不同层级的普法活动组织者，所承担的责任也是不同的。集团型企业单位在具体组织开展普法活动时，需要在普法活动的实施机制上进行统一部署，确保各负其责，通过明确自身及外部各种参与主体的职能定位与工作侧重，防止因互相扯皮推诿，影响了普法活动的组织性和协调性。

（一）集团公司普法

企业集团公司在组织开展普法活动中，通常在聘请社会讲师、提升宣教内容以及调配活动资源等方面，具有一定的优势，可以有效地解决省级单位在面向本单位中高层以上领导人员的普法活动中，所存在的师资选择以及内容确定等方面的困难。中国移动总部充分利用上述优势，集中普法资源，组织开展了一系列普法活动。

1. 典型活动示例

国资委法治讲堂，由国资委定期组织开展法治讲堂，由总部将视频接入各省级单位，各省级单位与总部同步参加培训。

中高层普法巡讲，由集团公司依据省级单位所拟开展的普法活动内容，协助聘请行业内部以及专业领域中具有较高水平的专业人士，前往省级单位所在地开展普法活动。

视频培训，在集团公司所在地设置主会场，在各省级单位设分会场，各分会场通过视频接入形式，与总部同步开展培训。

2. 成果展示

中国移动高层普法巡讲

“中高层普法巡讲”——黑龙江站

“中高层普法巡讲”——广西站

3. 经验总结

一是集团公司应关注各下属单位普法活动的组织领导和工作保障机制的建立工作，搭建统一的普法活动平台，推动普法活动资源的共享，从而在全集团内部形成齐抓共管的普法工作大格局。

二是集团公司应关注分层分类，开展精准化普法，即在组织实施普法活动时，应对各下属单位的差异性有所考虑，根据不同地域社会和经济文化发展上的差异以及所在地区法治工作整体要求，协助下属单位找准活动载体、用好普法阵地。例如，在经济发达省份，可着力推进通过技术手段的普法活动，而在民族集中地区，则可以推进具有民族特色的普法活动，以此丰富普法活动形式，并形成个性化品牌。

（二）省级公司普法

1. 典型活动示例

相较于集团公司，中国移动各省公司在自行组织开展的普法活动中，形式更加多样、内容也更贴近本企业的实际需求，可以说，已经形成了以普法宣教对象“需求”为导向的普法活动体系。

领导干部学法，中国移动各省公司依据本单位实际情况，普遍建立了包括任前学法、党委（组）中心组学法、会前学法等活动在内的领导干部学法制度。

新员工入职学法，中国移动各省公司都已经将对法律知识的学习和考核，作为新入职员工培训的一项重要内容。

在岗员工法律培训，中国移动各省公司都在积极探索通过搭建普法活动信息平台、制作发放岗位法律知识手册、开展送法进一线（基层）以及建立普法微信号或发送普法短信彩信等方式，充实宣传教育内容，丰富教育活动形式，从而进一步完善在岗员工的普法教育体系。

2. 成果展示——在岗员工法律培训

法律进基层—海南公司网络维护中心培训

3. 经验总结

在企业集团内部，省级公司作为总部下属单位及区（市）公司的上级单位，在组织开展普法活动中，同样需要承担起“承上启下”的重要作用。省级公司在落实好集团公司以及普法行政管理机关的普法活动任务的同时，更应该依据企业实际需要，积极开展宣教活动。

一是从普法活动内容来看，省级公司普法应结合普法受众所在的部门属性，除一般性基本法律之外，生产型部门应以安全生产法、产品质量法、环保法等为主要内容；工程建设型部门应以建筑法、招投标法等建筑领域法律法规为主；人资管理型部门应以劳动法、保险法等为主要内容；市场型部门则应以合同法、商标法、侵权责任法、消费者权益保护法等为主。

二是从活动组织内容来看，省级公司需要建立完善企业内部的讲师团队，可以要求实务部门专业人员、外聘律师，本企业法律顾问等人员参加普法讲师团，完善讲师团普法宣讲制度，针对宣讲对象制定宣讲课程，明确宣讲任务，务求宣讲实效。

（三）区（市）公司普法

区（市）公司是普法活动中最“接地气”的层面。因此区（市）公司组织开展普法活动时，必须结合企业经营管理实际以及员工日常需要开展。

一是在普法活动内容方面，切忌只注重工作中的法律知识，而忽视员工生活方面的法律知识。适当开展与员工切身利益相关的法律知识的宣贯，不仅有利于员工法律意识的养成，也有助于增强员工对企业的归属感，同样可以起到提高一线员工主动学法的积极性的作用。

二是在普法活动形式方面，应尽量由企业内部法务人员开展普法活动，避免外聘讲师因不了解企业经营管理实际，授课的内容多流于形式，泛泛而谈的问题。

三是在普法活动组织方面，应在普法活动开展前，通过电子邮件、岗位办公系统等多种形式，先期开展法律条款的宣贯活动，使员工对拟培训的法律法规有初步的认识与了解。

二、普法活动形式

丹·斯伯和德莱得·威尔逊创立的相关性理论[①]认为，任何传播者都有两

① Dan Sperber and Deirdre Wilson.Releuance:Communication and Cognition（Cambridge，Mass:Harvard University Press，1986）.

个层次的意图。信息性意图是为了让听话者知道某事，而传播性意图则是让听话者意识到他说某话的目的。普法活动如果仅仅满足于信息性意图，让公众知道法律法规的内容，那么显然是不能实现宣传教育目的的，只有满足传播性意图，着力提高公众法律素养，普法宣传教育才能成为依法治国方略的重要内容。因此，普法活动必须从会议室、讲堂和课堂等“普法庙堂”走向社区、传媒等“普法江湖”，只有这样才能解决“公众缺失模式”[①]所造成的普法活动低效的弊端。“三五”普法结束时，有抽样调查显示，公众获取法律知识渠道主要有四种：阅读法治类报纸杂志、收听法治类广播、收看法治类电视以及参加社区法律活动。这表明，报刊和广播电视等传统媒体是当时公众接受法治信息的最重要渠道。应当说，课堂式普法、讲座式普法是“一五”普法到“六五”普法的普法活动形式，但是，普法活动必须考虑时代特征的不断发展，近年来，越来越多的公众特别是年轻公众习惯利用网络获取法律知识，通过网络讨论法律问题，这在传统普法阵地之外开辟了第二个阵地。在这个阵地里，普法活动必须适应新媒体迅速普及的现实需要，满足公众越来越多的法律需求。

（一）优势分析

按照对活动地点的不同要求，普法活动可大致分为传统普法阵地、普法讲堂、穿越巡讲以及宣传媒体应用四种形式。

传统普法阵地是指，在传统普法文化建设活动中，最主要的通过设置黑板报、宣传栏、宣传橱窗等以及通过悬挂条幅、张贴标语和宣传画等形式进行普法宣传。此外，还包括在刊物中开辟法治专版、专栏等。

普法讲堂是指，以普法讲座、普法培训等为主要形式的普法活动，也是普法活动的一种传统形式。

穿越巡讲是指，由普法活动组织者根据受训者的时间安排，充分利用受训者的自有资源（培训场地、设备等），以配合受训者的具体情况为原则，组织

① 林凌．法制宣传教育：从普法模式到公众参与模式［J］．编辑学刊，2015（5）．

开展普法活动，以最大限度确保参加活动人员范围满足普法活动目标，其本质就是“流动式”的普法讲堂。

宣传媒体应用是指，通过以移动终端为载体的新媒体进行普法信息传递或信息交互的普法活动形式。

不同的普法活动组织形式，在宣传教育内容的针对性、组织所需成本以及活动效果的影响力上也存在着显著区别，因此，在组织开展普法活动时，按照特定的条件以及普法对象群的要求，去选择适当的组织形式也很重要。

形式	对比					对象群
	内容		组织成本	互动性	影响区域	
	针对性	时效性				
传统普法阵地	一般	一般	较低	无	点状	不便接触网络或电视等传媒的群体
普法讲堂	较强	一般	中等	一般	小群体	特定普法对象
穿越巡讲	较强	一般	较高	较好	线性	特定普法对象
宣传媒体应用	较强	较高	较高	好	区域	不限定特定群体

（二）典型方式

1. 传统普法阵地

传统普法阵地建设是企业依法治理工作深入开展的重要载体，能够彰显企业法治文化氛围，起到潜移默化的法治宣教效果，因此，对增强普法活动的实效性还是具有重要的现实意义的。

（1）方式

传统的阵地式普法活动的运作方式主要包括：编、摆、演、考。但这些形式在沿袭传统的同时也有所变更和细分。

编——就是相关的普法部门组织编写法治宣传教育材料。除了法律条文内容的宣传材料外，还可以通过编写法治名言、法治逸事、法治对联等内容宣教材料，来实现普法与文化的融合，此外，还可以编写《法治行为指引》此类的读本，针对特定主体的行为，使受众清楚地了解法律制度规定的每个细节，使每项行为都有清楚的法律路径选择，方便使用者阅读、思考和对照。

摆——就是通过摆台、橱窗的形式发放、展示相关的法律宣传资料，或者由法律工作者或志愿者接受群众的法律咨询。例如，可以开设“法律诊所”，由法律专业人员组成普法宣教团队，通过定时定期坐班的形式，为受众提供法律咨询以及普及法律知识等。法治文化宣传标语或内容展示，也可以以漫画说法、以案释法等形式，采取通俗易懂、图文并茂的多种方式进行宣传。

演——就是通过文艺工作者演出节目等，组织受众聆听和观看，通过声情并茂、生动活泼的文艺形式来体现宣传教育内容，将法治道理寓于案例、故事、歌曲、小品、戏剧等文化形式之中。

考——就是指组织法律知识考试。除了常规的法律知识考试外，法治书画比赛、故事比赛和动漫、动画比赛等文艺性活动，不仅改变了原有普法活动中，法律条文给人的刻板严肃的印象，同时，也可以吸引更多层次的受众参与到宣教活动中。

（2）展示

分领域普法手册（黑龙江）

12·4 宪法日活动展示架

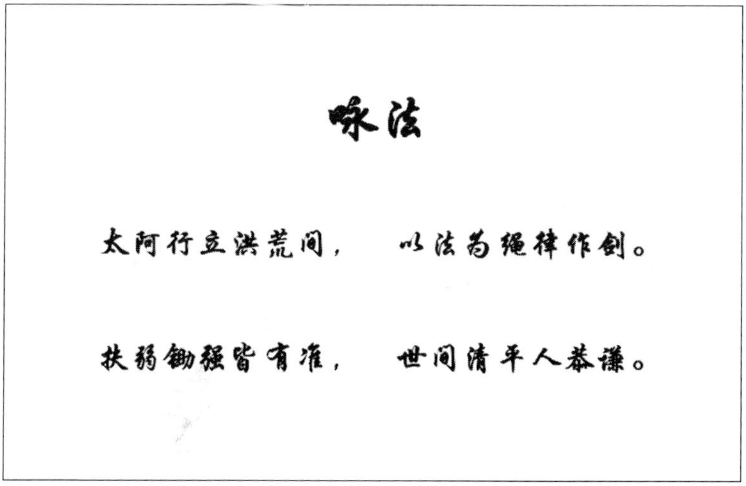

普法诗词作品（辽宁）

普法小品（湖南）

企业经营管理人员的法律考试（内蒙古）

需要指出的是，在普法阵地建设工作中，要注重点线结合、动静互补、横纵交错的普法活动网络的构建。

一是要充分发挥广播、电视、报刊等传统媒体的主导优势，加大普法内容在户外及室内大型电子显示屏、“LED”显示屏、楼宇电视等媒体上的播放力度。

二是要以受众更乐于接受充满人文关怀和亲和力的宣传方式开展宣教活动。普法阵地建设活动应该与社会整体的道德文化建设相配，在设计宣传标语、编辑宣传内容时，应尽量不采用单向训诫式的宣传教育方法，减少“不准”“禁止”等宣传方式，而应该将法律的人文精神以平等尊重式的方式传递给受众。[①]

三是尽可能地采用征集的方式，形成全民参与的普法活动过程。

四是最生动、最有效的普法活动应该是在解决问题过程中进行的普法，因此，设立有效的互动沟通渠道应该与普法阵地建设相互渗透，真正激活长期以来“沉睡”的普法。

2. 普法讲堂活动

通过组织讲座、培训等集中宣讲的方式，可以确保符合组织者需求的受众，最大限度地参与到普法活动当中。

（1）方式

随着信息传递途径的多样化及传递及时性的不断提高，传统的普法讲堂活动正逐渐向“交互式”普法活动转变。“交互式”普法活动是指在普法活动中通过参与各方的双向或多向互动，反馈、收集、吸收各类信息，进而调整决策、实施、评价等过程，以实现普法活动的预定目标。主要包括两种形式：

“订单式”普法。由普法活动组织者通过调研问卷、普法需求电子订单、实地交流访谈等形式向受众征询对普法活动的相关建议，然后对受众的需求反馈情况的汇总、分析，成为分析受众普法需求的大数据，并在此基础上参照年度普法宣教重点内容确定为组织者当年度重点宣教内容。

“点餐式”普法。即可根据实际需求“点餐式”选择宣讲课题和授课老师，

---

① 包志勤. 普法教育的新趋势与新探索［J］. 中国司法，2014（5）.

一般由各普法需求方提出的实际需求，由宣教活动组织者量身定做宣讲内容。同时，组织者还提供个性化定制普法服务，解决普法对象的“个案”需求问题。有效解决“需法”和“普法”脱节的矛盾，有效提高了各普法对象的法治意识、法治思维和法治理论水平。

（2）展示

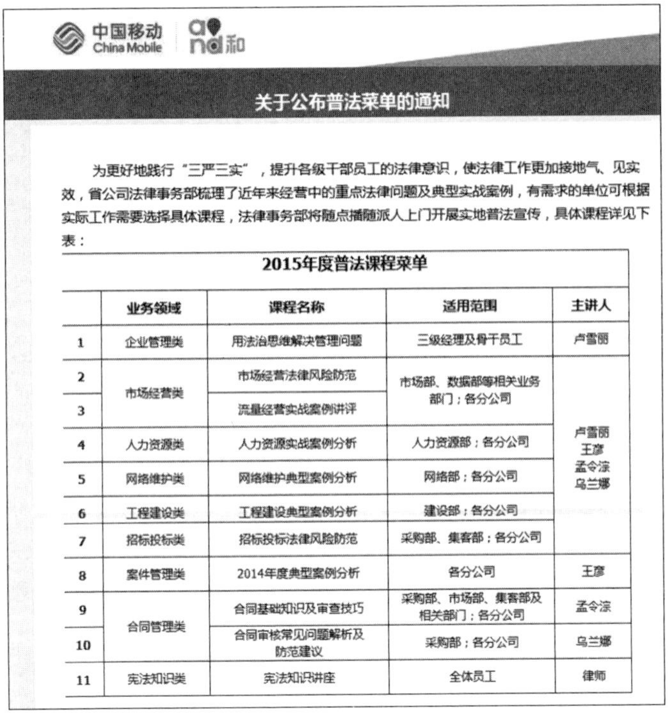

关于公布普法菜单的通知

为更好地践行“三严三实”，提升各级干部员工的法律意识，使法律工作更加接地气、见实效，省公司法律事务部梳理了近年来经营中的重点法律问题及典型实战案例，有需求的单位可根据实际工作需要选择具体课程，法律事务部将随点播随派人上门开展实地普法宣传，具体课程详见下表：

2015年度普法课程菜单

	业务领域	课程名称	适用范围	主讲人
1	企业管理类	用法治思维解决管理问题	三级经理及骨干员工	卢雪丽
2	市场经营类	市场经营法律风险防范	市场部、数据部等相关业务部门；各分公司	卢雪丽 王彦 孟令淙 乌兰娜
3		流量经营实战案例讲评		
4	人力资源类	人力资源实战案例分析	人力资源部；各分公司	
5	网络维护类	网络维护典型案例分析	网络部；各分公司	
6	工程建设类	工程建设典型案例分析	建设部；各分公司	
7	招标投标类	招标投标法律风险防范	采购部、集客部；各分公司	
8	案件管理类	2014年度典型案例分析	各分公司	王彦
9	合同管理类	合同基础知识及审查技巧	采购部、市场部、集客部及相关部门；各分公司	孟令淙
10		合同审核常见问题解析及防范建议	采购部；各分公司	乌兰娜
11	宪法知识类	宪法知识讲座	全体员工	律师

普法课程菜单（山东）

在开展“交互式”[①] 普法活动模式时，需要具备以下三个条件：

一是要建立普法交互机制。普法活动组织者或普法提供方要经常性地开展与普法对象间的互动交流，通过网络、实地、问卷、座谈会等调查、交流形式或者绩效评估调整修订等互动形式，与普法对象高效交互。

① 王正航，杜红心，王晴．“交互式”普法的探索与思考［J］．中国司法，2016（3）．

二是要完善普法活动流程。基于“交互式”普法的工作思路，一次完成的普法活动其工作流程应包括预备——需求征询或调研、自检——问题查找及现状摸底、设计——确定课题及内容、推行——具体组织开展、校验——依据活动现场反馈对课题重点及内容及时调整和验收——活动效果评估六个阶段。

三是要打造交互普法平台。要适应“互联网 +”的趋势，尝试使用云平台，突破空间限制、整合普法资源，完成普法资源的交互、运用、加工。同时，及时通过网站公告、短信等形式发布普法活动信息，拓宽参与渠道。

3. 穿越巡讲活动

（1）方式

按照宣传教育内容是否具备针对性，可以大致分为法律宣贯和法律巡诊两种形式。

法律宣贯通常由普法活动组织者根据自身宣教重点，以提高某一特定领域法律法规的知悉度为目标，对一定范围内的受训对象开展统一内容的宣传普法活动。

法律巡诊通常由普法活动组织者在确定普法对象后，提前对受训对象进行调查，并进行问题收集，之后根据普法对象自身的工作计划及工作时间安排确定普法教育内容以及时间。

（2）展示

送法到一线法律咨询活动（甘肃）

法律穿越活动（广东）

组织开展穿越宣讲活动，需关注以下几点：

一是普法活动组织者或实施者与受训对象必须加强普法活动前的沟通交流工作。

二是普法活动组织者对于现场不能答复的法律问题，应做好相关记录，并确保在普法活动结束后及时进行反馈。

三是普法活动组织者对各受训对象的普法活动成效或普法活动过程中形成的成果性内容，应尽快形成知识共享，并及时调整普法活动内容，同时，需要加强普法活动后的跟踪调查和信息反馈。

4. 宣传媒体应用

（1）方式

微信，以推动图文法律新闻资讯和信息的形式，可以让受众在第一时间知晓最新法律动态，了解紧贴其工作、生活实际的法律信息。

手机报，在普法宣传中，法律条文和信息的简洁式语言与手机报的语言需求不谋而合。因此，如果能对法律条文进行新闻标题的编辑后，通过手机报进行普法，其普法效果将会得到显著提高。

普法视频，可以利用更为生动形象的法治宣传，来让受训对象知法、懂法、用法、普及相应的法律基础知识，让受训对象的法治理念获得增强。同时，该类媒体有着极为广泛的受众，能够在一定区域内形成较大的影响力，从而能够对受训对象的行为进行警示、警戒与引导。

法治微电影，是围绕着法律法规和法治领域的人和事来讲故事、以法治传播为目的的微电影类型，一般通过选择典型的故事和人物进行艺术加工，用好的故事和情感来打动人，在潜移默化中寓教于乐。

普法 APP，利用智能手机平台，通过普法 APP 软件提供各类方便、快捷的公共服务，并通过线上线下活动寓学于乐，将法治宣传与公共法律服务相结合。

（2）展示

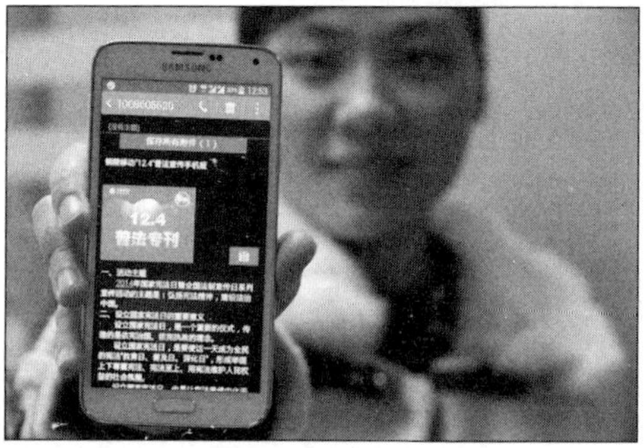

“普法手机报”（安徽）

“普法视频本静工作室”（黑龙江）

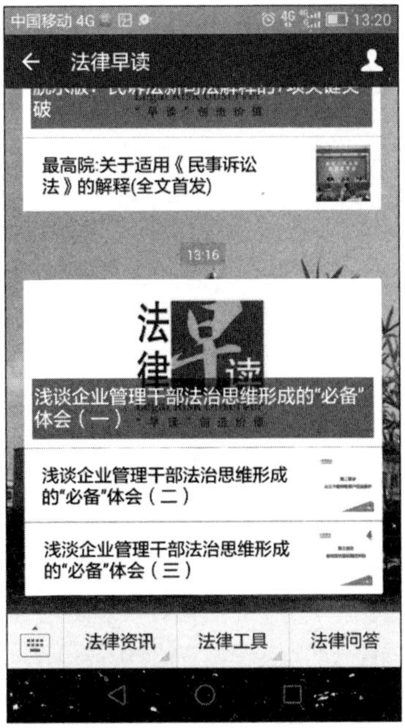

“法律早读”公众号（海南）

随着现代信息技术的进步，新媒体以其传播速度快、信息量大、内容丰富、检索便捷、互动性强、覆盖面广等优势，正全方位地改变着人民获取法律知识的途径和形式，成为当前极为重要的普法渠道。

一是要整合资源形成普法集聚效应。要做好传统媒体和新媒体之间的资源整合，将传统媒体的品牌优势、人才优势集中在一起，与新媒体的渠道多元、受众广泛、时效性和互动性强结合在一起，形成传统媒体和新媒体的优势互补和资源集聚效应，形成多维度的普法格局。

二是要丰富内容，提升新媒体普法平台品质。要着力增加作品的原创性，动员和鼓励普法工作者积极参与创作法治作品，原创作品或贴近工作时机，采用受训者乐意看、听得懂、记得住的表现形式，增强宣传普法活动效果。要努力提高普法平台的时尚性、趣味性，用深入浅出、生动活泼的形式寓教于乐，更好地宣传有关法律法规。

三是新媒体普法的工作模式，依托的是以互联网为载体的新媒介，包括微博、微电影、微小说、微信、客户端等，而且逐渐从边缘走向主流，这就为普法工作者提出新的要求，能够讲法，现在还要逐步学会用新媒体宣传法。

第三节　人　和

审视自1986年“一五”普法开始的六个五年普法规划，每个规划在要求对全体公民进行法治宣传教育的同时，都确定了重点对象（如下表），因此，应当说，我国普法活动一直在从不同受众的利益关切寻找切入口。

普法时间	重点对象
一五普法	工人、农（牧、渔）民、知识分子、干部、学生、军人、其他劳动者和城镇军民中能够给一切有接受教育能力的公民，普及的重点对象，第一是各级干部，尤其是领导干部，第二是青少年
二五普法	县团级以上领导干部，特别是省、军级以上高级干部，执法人员，青少年特别是大、中、小学校学生
三五普法	县、处级以上领导干部，司法人员，行政执法人员，企业经营管理人员，青少年，第一次将企业经营管理人员列入法制宣传教育重点对象
四五普法	各级领导干部、司法和行政人员、青少年以及企业经营管理人员
五五普法	领导干部、公务员、青少年、企业经营管理人员、农民第一次被列入重点对象
六五普法	领导干部、公务员、青少年、企业经营管理人员、农民
七五普法	一切有接受教育能力的公民，重点是领导干部和青少年

2015年11月召开的中央财经领导小组第十一次会议提出“供给侧改革”，要求“在适度扩大总需求的同时，着力加强供给侧结构性改革，着力提高供给体系质量和效率，增强经济持续增长动力”。而“供给侧改革”在普法活动领域的生动体现，就是要求进一步强化通过与普法“需求方”的互动交流，提高普法供给的质量和效率，增强普法发展的持续动力。这种坚持以“人”为本，

通过常态化、高效率的互动交流，深度参与和信息交互，提高普法活动的精细化和有效性，实现普法产品需求和供给的有效平衡的普法活动模式，被称为“精准普法”，即对普法“需求方”主客观特征的分析，确定相应的内容，采取相应的方法，以争取较好的普法效果。对于企业而言，按照普法“需求方”的不同，普法活动类型又可以分为公益普法、领导人员普法、业务人员普法、基层班组普法、法务人员普法以及新晋人员普法。

一、社会公益普法

中共十八届四中全会提出要“健全媒体公益普法制度”，就是要求媒体在“建设中国特色社会主义法治体系，建设社会主义法治国家”的实践进程中，充分发挥其舆论引导和宣传教育的作用。中国移动作为通信企业及新媒体应用的倡导者始终坚持树立大局意识，配合党和国家的中心工作，在建设社会主义法治国家的进程中，通过多种形式开展富有成效的公益普法宣传普法活动。

（一）特点

1. 体现企业社会责任

积极开展公益普法活动是企业大局意识、责任意识的体现，是履行企业社会责任的重要内容，因此，必须要充分认识公益法治宣传教育在全面推进依法治国中的重要作用，深入开展宣传普法活动。

2. 社会、经济效益并收

公益普法活动的开展有利于提升企业的社会形象，同时，积极配合、参与由政府机关主导的公益普法活动，也有利于加强企业与政府机关之间的沟通交流，为企业发展提供良好的社会环境。

（二）形式

1. 冠名或刊登公益广告

通过取得冠名权和刊登公益广告等形式间接参与到政府机关组织开展的公益普法中，将社会公益法治宣传与企业形象宣传进行有机结合。

2.“送法进基层”以及驻村工作组（队）等

发挥“送法进基层”以及驻村工作组（队）等活动贴近基层、贴近群众的优势，将法治宣传教育工作与“建强基层政权、维护社会稳定”的职能以及开展精准扶贫工作相结合，大力开展法律知识讲座、现场咨询等活动。

3. 发送公益普法短信

将普法宣传与手机短信平台相结合，提高普法宣传的覆盖面，这也是做好新形势下公益普法宣传的有益尝试。

（三）展示

社会公益普法（安徽）

公益普法进社区（宁夏）

二、领导人员普法

中央宣传部、司法部《关于在公民中开展法治宣传教育的第七个五年规划（2016—2020年）》和全国人大常委会相关决议提出，要把领导干部作为法治宣传教育的重点。党的十八届四中全会和“七五”普法规划还要求将法治素养作为考核领导干部的重要内容。“七五”普法决策重申各级领导干部带头学法、模范守法、严格执法是全社会树立法治意识的关键，强调国家工作人员要带头学法、守法、用法。

（一）特点

1. 关注政策行政命令

当前部分领导干部的权力思维，导致其在进行决策、管理时，自觉或不自觉地将法律摆在了次于权力的地位，也有些领导干部还存在严重的政策思维，导致其不论在观念上还是在实践中，混淆政策与法律的界限，存在重政策、轻法律的问题。

2. 关注法治理念培养

有调查研究显示，[①]“有27.3%的领导干部表示对宪法‘略知一二’或‘不了解’，对劳动合同法等维护劳动者合法权益的法律，领导干部更是了解甚少”，因此加强对领导干部法律理论的培训具有充分的必要性。

（二）形式

1. 党委（组）中心组学法

明确各级党委（组）中心组集体学法时间、内容，保证每年不少于2次，每次学习不少于半小时，把宪法、日常工作常用的法律法规列入党委（组）中心组学习内容。同时，在中心组理论学习上可以较多地采用理论学习扩大会的形式，让更多的干部员工参与到理论学习中来，分享理论学习的成果。

---

① 黄立清．党政领导干部法律素质的实证研究［D］．山东大学，2010.

2. 任前学法

规定各级领导干部在任职前必须参加法律知识培训，并将培训记录纳入领导干部任职档案。

3. 会前学法

把党委中心组、董事会、总经理办公会等会前学法确定为“规定动作”，并确保计划、时间、内容、效果“四落实”。

4. 重大决策前学法

建立凡是涉及企业发展、员工稳定等方面重大问题的，决策前先行学习相关法律法规，用法律为重大决策把关，确保决策的合法性。

5. 无纸化学法

鼓励非法律专业的领导干部利用业余时间自学法律知识，同时利用新媒体、新技术开办的网上课堂、网上考试等网络学法平台。

6. 领导干部讲法

要鼓励企业“一把手”或总法律顾问开展讲法活动，同时，充分发挥好高端讲堂和企业道德讲堂等企业学习平台的作用。

（三）展示

高级法律顾问培训

总法律顾问培训

2015 年 12・4 宪法日活动

2016 年 12・4 宪法日活动

党组中心组学法（上海）

“与法同行万人宣讲”（新疆）

在开展领导干部学法活动中，应重点关注以下几个方面：

一是要加强法律理论学习。领导干部学法中加强法律理论培训是提高领导法治思维能力的基础。没有对法律理论知识的储备和掌握，不可能正确地理解法律规范，孕育于其中的法治理念不可能得到固化和凝练。

二是加强普法活动的针对性。着重讲解法治与改革的关系，市场经济与法治之间的关系，以及怎样运用法治思维和法治方式深化改革，推动发展，化解矛盾和维护稳定等重大理论问题，如此才能帮助领导干部摈弃非法治思维，并自觉依法治思维、法治方式深化改革，推动发展，化解矛盾，维护稳定。

三是在培训方式上，应注重实用案例教学、情景教学、研讨室、行动学习法等培训方式，并辅之以典型或最新的社会热点，这样不仅能调动领导干部参训的积极性，而且也能将培训过程转化为领导干部主动独立的养成法治思维的过程，实现其理论知识向能力的转化。

三、业务人员普法

（一）特点

1. 普法需求多样

由于生产型业务人员和管理型业务人员在企业中所处的岗位层级、专业线条等都存在较大的差异性，因此在包括普法活动内容和普法活动形式上的需求也各不相同。

2. 关注技术规范

基于人员专业技能背景的不同和工作的实际需要，相较于法律法规知识，业务人员可能更关注行业技术规范的更新。

3. 关注法律实践

业务人员对法律知识的学习需求往往来自解决具体工作问题的要求，因此，在普法活动内容中也更侧重对具体操作性法律知识的学习。

（二）形式

1. 岗前学法

将普法活动纳入员工岗前教育培训项目，并要与其他教培项目一起进行考核兑现，要求企业业务人员在上岗前都必须完成岗前法律基础知识培训。

2. 岗位学法

定期组织不同业务线条的员工开展普法宣贯活动，重点关注与员工实际工作密切相关的操作性法律的宣传。

3. 庭审旁听

通过组织一线人员旁听案件审理，让其直观、真切地感受到法庭的威严和法律的尊严，把庭审现场当成教育的生动课堂。使用以案说法的形式，让员工在阅读案例时可以有效地结合自身工作中遇到的问题，深入思考，使普法工作收到更好的效果。

（三）展示

客服中心劳动法普法培训（新疆）

四、基层班组普法

（一）特点

1. 存在工学矛盾

基层单位特别是一线生产单位普遍存在人员减少、工作量增加的情况，有些基层单位不能统筹普法与生产、管理之间的关系，致使普法学习时断时续，时间难保证，计划难落实，内容难展开，效果难提升。

2. 学用范围较窄

基层单位由于工作内容相对单一，社会法治实践面相对较窄，普法教育多数习惯于局限在与本职工作有关的内容和参加上级组织的普法培训活动上，缺少多样化、多层次的学习、交流、实践平台。此外，还存在人员流动较快，普法宣教活动滞后的情况。

（二）形式

1. 普法宣贯活动

要定期针对不同岗位的员工开展普法宣贯活动，重点关注与员工实际工作密切相关的操作性法律的宣传。

2. 编制法律手册

编制岗位法律风险防范手册，使相关法律风险从主体、后果到应对措施和防范对策一目了然，并印发给相关部门和人员，便于在实际工作中查找使用。

3. 利用 OA 系统

利用 OA 系统，让员工在自己的客户端就可以收到普法教育的内容，根据自身的时间安排和需要进行学习，同时，员工可以在自己的平台对普法工作的形式，普法活动的内容甚至自身对普法工作的看法发表意见。

（三）展示

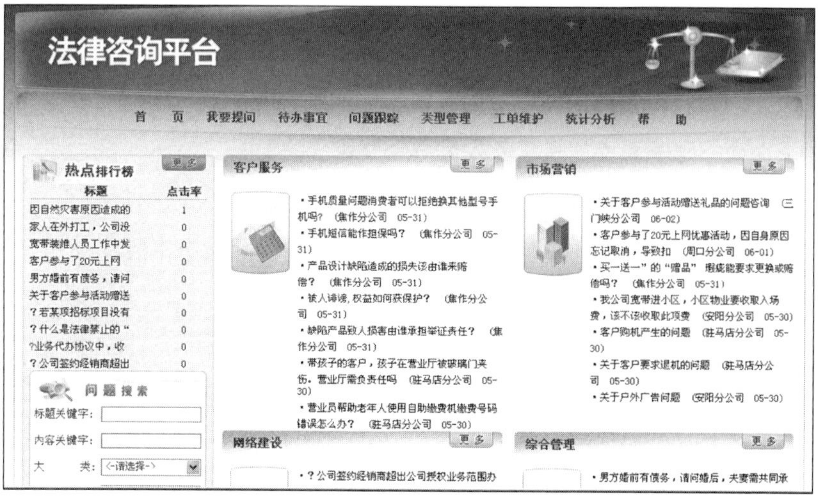

法律咨询平台（河南）

营业班组学习普法教材（安徽）

五、法务人员普法

（一）特点

1. 实体、程序并重

由于处理法律事务是实践需要，企业法务人员在需要及时加强对新颁布实施的法律法规学习的同时，对于程序法的学习需求也强于其他岗位的人员。

2. 业务、法律并重

企业法务人员各项管理工作的终极目标是对企业事务的合规管理和法律风险防范，因此，对企业法务人员的普法培训需要提升法律工作对业务工作的支撑服务能力，这就需要加强法务人员对企业业务的学习。

3. 理论、实操并重

对法务人员进行普法宣教活动，应注重理论与实际操作相结合。

（二）形式

1. 模拟法庭

模拟法庭是法律实践性教学的重要方式，通过案情分析、角色划分、法律文书准备、预演、正式开庭等环节模拟民事、行政审判及仲裁的过程。

2. 法律诊所

法律诊所也是法务专业人员实践普法活动的一种形式，即针对真实案例，由法务人员在外聘律师的指导下，开展法律实践活动，如进行合同谈判等。

3. 课题研究

通过开展专题研究的方式，组织法务专业人员对特定领域的法律知识进行系统性的学习、总结也是法务人员普法宣教活动的一种有效方式。

4. 专业培训

随着新法律法规的不断颁布实施，需要及时更新知识储备，必须安排专业法律知识的培训。

（三）展示

“模拟法庭活动”（江苏）

法律专家库评审会议

法律专项培训（湖南）

法律人员培训（黑龙江）

六、新晋人员普法

（一）特点

1. 具有一定基础知识

以校园招聘形式进入企业的新入职人员，通常在学校学习期间已具备了一定的法律基础知识，因此在普法活动内容中可适当减少基础性内容的宣贯。

2. 行业法律知识学习

应掌握新入职人员希望尽快了解企业所处行业情况的需求，通过行业法律知识的传授，确保受训者尽快掌握行业相关法律知识。

3. 劳资关系知识学习

应关注对公司法以及劳动法律相关知识的学习，有助于新晋人员及时完成身份转换，同时，也有利于其对公司相关规章制度的理解。

（二）形式

1. 员工入职培训

侧重于基础性的、应知应晓的法律知识学习，同时，结合企业通用业务及流程设置中涉及的法律关键点进行实务性法律培训。

2. 应知应会手册

将员工应当了解、掌握的法律基础知识编制成手册，提供给员工作为日常学习使用。

（三）展示

新员工培训（北京）

第四节 “三位一体”开展普法活动

概括来说，一次具体普法活动的组织开展从其工作流程来看，至少应该包括触发、计划、实施、反馈四个环节。“天时”“地利”“人和”三个要素在各个环节中的应用，可能会依据普法活动的具体内容而有所侧重，但要确保普法活动的成效性和整体化的提升，却是绝不可以将其割裂的。

以下将以某国有通信企业对网络建设一线的施工管理人员开展安全管理的法律知识宣传活动为例，对如何有效利用“天时”“地利”“人和”三个要素组织开展普法活动进行说明。

一、活动触发

开展普法活动的首要环节就是活动的触发，也就是时机的选择，即确定组织开展普法活动的必要性和合理性。正如前文所述，触发因素很多，可能是上级单位或当地普法管理机构对“安全生产月”的主题宣传要求，也可能是根据本单位的工作计划，还可能是一起突发事件（如发生了安全生产事故或法律纠纷等）。

这一阶段的重要内容是普法活动专题组的建立。鉴于宣教内容的专业性和实践性需要，专题组成员除企业普法工作人员外，还应包括网络建设管理部门、安全管理部门、人力资源部门的所有相关人员。

二、形成计划

内容确定。在将普法活动列入整体工作计划后，就需要进一步明确普法活动的初定方案。通过对既有信息和材料的分析，对活动对象群体特征、需求进行预估，并在此基础上制订初步的活动方案。可以通过调研问卷的形式，按一定的比例抽取施工管理人员以及具体施工人员作为调研样本。从样本中对普法活动的形式、内容、时间、地点等方面进行意见征询。最后由专题组对样本意见进行汇总，并进行分析甄别，提出对活动内容的综合完善意见。如样本希望将普法内容扩大到人身、财产保险等相关法律知识的，也可以依据样本意见对方案进行调校。

进度安排。同样是在分析研究样本的反馈意见的基础上，在普法内容确定后，还应根据所选择确定的普法活动形式，制定科学的活动进度计划表。进度计划可以通过网络图或横道图表示。进度计划中需要确定各项重要工作的时间节点，恰当地分配资源，并对活动所涉及的预测、计划、调度、资源分配及控制手段详细说明。例如，确定采用现场集中培训的，需要确定前期筹备工作所需时间，包括宣教内容的确定（课件的制作、确认等）、培训时间、时长，场地准备，设备以及教具，等等。如确定采用编制岗位法律知识手册的方式，则需要确定手册样式、内容大纲、制作费用等。

三、推进实施

推进实施是活动计划的实践阶段。首先，是活动方案的过程控制，即确保在活动的实施过程中必须严控活动方向。如果发生活动目标偏差的情况，就需要根据活动目标适当调整计划。例如，按照计划是以宣贯形式为主，讨论为辅的普法活动方式，但在推进过程中，参与人员在宣贯过程中发问较多，这时候就需要在专题组达成一致的情形下，增加活动过程中的讨论内容。此外，还有对进度的把握问题。活动一般应严格按照计划的时间节点要求完成阶段性任务，并相应使用资源。

应当说，对具体普法活动推进实施中的调校，必须基于普法工作人员在整个普法活动过程中对普法对象的感受和评价及其对活动的建议和意见的积极、充分了解，这样才可以避免活动在实施过程中出现突发状况，从而导致活动失败。

四、效果反馈

效果反馈不仅是对一项普法活动的终结标志，也是下一次同类普法活动的触发。作为终结工作，普法工作组织者必须了解活动对象的活动体验，可以通过测试、问卷等形式了解参与活动的人员对活动的客观评价。专题组也可以从现场活动氛围和活动资源的使用效率等方面进行主观评估。每项具体普法活动应该对活动中好的经验和需要改进的地方进行分析、总结，并形成活动评估报告。当然，对评估报告中所确定的活动的不足也可以作为下次同类普法活动的必要性的合理性依据，从而作为另一次普法活动的触发。

从上述具体实例中可以看出，“天时”“地利”“人和”三个要素在组织开展普法活动中的应用，并不是和具体普法活动每个活动阶段进行唯一对应的关系。在活动触发阶段可能较多的需要考虑“天时”的因素，但在确定是否为有利的“天时”时，也需要从普法受众的特性上以及活动组织形式的选择上进行参考。同样地，在推进实施阶段，可能着重需要考虑“地利”因素中的多种宣教形式的综合运用，但确定组织形式运用的实际效果时，也包括了“天时”和“人和”中所包含的各类因素在内。

因此，可以说具体普法活动的开展，其关键就是要统筹好天时（时间节点及不同阶段）、地利（条、块单位及各层面）、人和（领导干部、不同线条员工）等普法活动诸要素的关系，以科学的顶层设计为起点，对上述要素进行“三位一体”的综合应用。

结语▶国有企业开展普法宣传普法活动，既是贯彻落实国家宣教任务的规定动作，同时也是企业良性发展的内在要求。普法活动的与时俱进不仅为企业的创新发展提供必要的法律支持和前瞻性的决策依据，同时为员工的生产生活活动提供更好的法律指南。因此，国有企业应紧紧围绕全面深化改革的要求，精心策划、设计，针对性、实效性更强，也更加契合受众需求以及行业和企业特点的普法活动，广渠道、高密度、多层次地进行宣传互动，进一步壮大法治宣传声势，增强普法工作的吸引力、覆盖面和影响力，进一步烘托法治宣传舆论氛围。

第八章

信息系统篇

在经济全球化的大时代背景下，网络技术的不断进步推动了信息化的高速发展，信息化已成为不可逆转的必然趋势。信息系统篇内容从国有大中型企业视角出发，立足于当前企业信息化建设的一般规律，结合依法治国方略下的普法工作要求，从意义、分类、方法及重点关注问题几个方面，介绍企业建设普法信息系统的基本情况。

第一节　企业建设普法信息系统的意义

所谓信息系统，是一个由人、计算机及其他外围设备等组成的、能进行信息的收集、传递、存储、加工、维护和使用的系统。信息系统是信息化时代下的产物，它将数据处理由传统的手工处置、小量计算，转变为人机交互、海量处理，大大提升了人们工作的便捷性、效率性及准确性。进入 21 世纪后，信息化系统的使用变得越来越广泛、越来越不可或缺，可以这么说，有没有成熟的信息化系统，是衡量一项管理机制是否具备实效的重要标尺。因此，普法工作的有效开展，必须依托信息化系统予以支撑。

企业信息化，是指企业利用现代信息技术，通过对技术资源的深入开发和广泛利用，不断提高生产、经营、管理、决策的效率和水平，进而提高企业经济效益和市场竞争力的过程，是对企业生产经营全过程进行数据流的系统集成，是计算机辅助制造系统和管理信息系统的扩展和延伸。①

企业管理实现信息化，是发展国民经济信息的重要战略内容之一，同时也是国民经济信息化的一项重要基础，不仅可以提升企业的经济效益和市场竞争实力，还将深远影响国民经济和信息产业的整体发展水平。② 企业作为国民经济的一个基本单位，其信息化建设的推进与开拓，是实现国家信息化水平提升的关键举措，也是提升国际市场高竞争力的重要保证，因此，企业信息化在国家发展的宏观调控中，具有不可忽视的重要地位。

企业普法信息系统作为企业信息化的一个子概念、子流程、子模块，继承了企业信息化的核心优势，即通过利用信息化技术，能够有效整合各项资源，实现普法知识的高效传播。因此，随着信息化技术在国内日趋纵深的推广与运用，越来越多的大中型企业选择建设自己的普法信息系统，提高普法工作开展的实效与水平。

中国移动作为大型央企，其普法工作的开展，是在与党中央、国资委及各级党委政府法治精神保持一致的前提下，主要面向公司内部员工进行的法律知识宣传普及工作，旨在全面提升公司员工的法律意识，锻造全员的法治思维，营造良好的“尊法守法学法用法”氛围，切实提升公司依法合规经营能力。同时，中国移动作为国家经济的中坚力量，不仅要尽全力拉动经济发展，还应当切实履行中央企业的社会责任，面向社会普及法律知识就是其中一项重要工作。

普法工作的意义能否实现，在于工作的开展是否结合实际、落到实处，这就需要我们审时度势、善用工具，而建立一个专门的普法信息系统，无疑就是在“互联网 +”的时代背景下，最为有效便捷的方式。

---

① 郑亚琴，郑文生 . 构建信息化平台增强企业的核心竞争力［J］. 经济问题，2002.

② 黄佳佳，赵文博 . 企业信息系统建设的探索与思考［J］. 科技资讯，2015.

普法信息系统促进了法律知识的高效传播。建立一个专门的普法信息系统，可以将公司内部员工有效连接，任何法律知识均可通过普法系统实现一触即发、一发即获，大大节省了知识的传播时间，使普法变得更高效。

普法信息系统实现了学习资料的便捷使用。常规的线下普法，如培训、讲座等模式，可以确保沟通顺畅，知识传播到位，但对于诸如“交通事故处理六原则”“婚姻关系处理小建议”等之类通俗易懂的法律常识，提供普法信息系统作为获取路径，将会更为便捷有效。

普法信息系统实现了海量数据的存储使用。通过信息系统的记录功能，我们可以根据它固定的资料模块、规范的时间节点和清晰的使用界面快速寻找查阅我们想要的历史资料，实现对海量数据的有效存储和使用。

综上可见，建设并完善普法信息化系统，将好的管理思路通过 IT 进行固化，使普法工作的开展有规划、有总结、有落实、有反思，形成闭环，将能够有效推动普法工作规范化开展。

第二节　企业普法信息系统的基本分类

正如我们前面所述，普法信息系统作为企业信息化的子概念，具有一般信息化的基本特点，但细化来看，不同企业基于不同的实现方式、功能需求、建设模式等，将设计出不同的普法信息系统。由此可见，企业普法信息系统具有“和而不同”的特点。下面，我们就分别按照不同的分类依据，与大家探讨普法信息系统的基本类型，并以中国移动各地的普法信息系统建设情况作为示例进行说明。

一、按系统功能划分

系统功能是指该普法信息系统建设完成后，能够发挥的具体作用。按照系统主要功能的不同，我们可以将普法信息系统分为以下两种类型：

（一）知识传播类

知识传播类系统主要是侧重达成普法工作的直观效果，即实现法律知识的普及与传播。该类普法信息系统具有以下几个显著特点：

1. 流程顺畅，系统内信息从发出端到接收端，流转顺畅，无阻隔。

2. 内容丰富，针对不同受众群体、不同焦点热点、不同兴趣方向等，均能提供相关法律知识学习材料。

3. 通俗易懂，关注用户理解知识的程度，提供通俗、简洁、朴素的法律解读。

示例1：中国移动上海公司普法信息系统

该单位建立了完善的法律事务知识库，内设专题研究、专家材料、上海知识库、集团知识库及其他五大模块，进行相关普法知识和案例的宣传及普及。

图例1– 中国移动上海公司法律事务知识库

（二）工作管理类

工作管理类普法系统，是指利用信息系统的核心优势，对普法工作的全流程进行管控，以强化普法工作管理的高效性与便捷性。该类普法信息系统具有以下几个特点：

1. 流程完备，各管理环节并非单一、零散地罗列，而是按照一定的逻辑要求进行设计及排列，如年初计划、年中总结及年终报告。

2. 交互性强，与知识传播的单向性不同，管理的实施需要“有问有答”的交互性，以协同完成普法管理工作。

3. 史料充足，系统中的相关数据，是逐年积累的史料，不断充足，有利于之后的数据回顾与查找。

示例 2：中国移动河南公司普法信息系统

图例 2– 中国移动河南公司“六五”普法专栏平台总界面

该单位以“六五”普法专栏为平台，具备新法速递、法律前沿、以案说法、法律常识、普法资料共享和普法工作动态 6 个信息发布栏目。其中，设置有普法教育年度工作计划和年度总结电子流程，对下属单位落实“六五”普法规划工作开展情况进行监督和考核，实现了对普法工作的线上管理，也就是我们所说的工作管理类普法系统。

“普法工作计划模块”

该模块的功能包括制订普法教育工作计划、年度普法教育工作总结、统计汇总、获奖汇总等。

当前位置：工单查询

工单类型：普法工作计划　工单状态：-所有-
上报年度：2016　起草时间：　–
上报单位：郑州分公司
查询

序号	工单类型	上报年度	上报单位	起草人	当前处理人	当前处理环节	流程跟踪	查看
1	普法工作计划	2015	驻马店分公司	李帅	---	---		
2	普法工作总结	2014	许昌分公司	崔鹏飞	---	---		
3	普法工作计划	2012	驻马店分公司	王涛	---	---		
4	普法工作计划	2015	新乡分公司	李品	---	---		
5	普法工作计划	2012	商丘分公司	刘建新	---	---		
6	普法工作总结	2014	漯河分公司	邵娜	---	---		
7	普法工作总结	2014	信阳分公司	杨帆	---	---		
8	普法工作计划	2014	周口分公司	乔嘉	---	---		
9	普法工作总结	2015	安阳分公司	李朝慧	---	---		
10	普法工作计划	2015	信阳分公司	杨帆	---	---		

图例 3– 中国移动河南公司“六五”普法专栏平台

普法工作计划、总结工单

通过对工单类型、工单状态、上报年度、起草时间及上报单位的筛选，可统计出对应工单，并查看。

当前位置：奖励汇总

起止年份：2012 – 2015　上报单位：-请选择-
奖项级别：-请选择- – -请选择-　颁奖时间：　–
查询　导出

序号	单位	上报年度	荣誉名称	奖项类别	级别	颁奖时间	颁奖单位	获奖单位(个人)
1	鹤壁分公司	2014	六五普法宣传教育先进单位	单位奖	市/县级	2015-03-31	鹤壁市政府	鹤壁分公司
2	南阳分公司	2014	2013年度普法先进单位	单位奖	省级	2014-02-20	中国移动通信集团河南有限公司	中国移动通信集团河南有限公司南...
3	南阳分公司	2014	2013年度法律事务管理工...	单位奖	省级	2014-02-20	中国移动通信集团河南有限公司	中国移动通信集团河南有限公司南...
4	南阳分公司	2014	“六五”普法中期依法治理工...	个人奖	市/县级	2014-02-02	南阳市依法治市工作领导小组	田禾
5	南阳分公司	2014	“六五”普法中期依法治理工...	单位奖	市/县级	2014-02-02	南阳市依法治市工作领导小组	中国移动通信集团河南有限公司南...
6	濮阳分公司	2014	2014年全市法制宣传教育...	单位奖		2015-02-20	濮阳市依法治市工作领导小组	中国移动通信有限公司濮阳分公司...
7	平顶山分公司	2012	2011年度全市法制宣传教...	单位奖	市/县级	2012-03-31	平顶山市依法治市工作领导小组	平顶山分公司
8	濮阳分公司	2015	2015年度法制宣传教育与...	单位奖	市/县级	2016-03-01	濮阳市依法治市工作领导小组	目前表彰结果未出来。
9	鹤壁分公司	2015	六五普法宣传教育先进单位	单位奖	市/县级	2015-03-31	鹤壁市政府	鹤壁分公司
10	平顶山分公司	2013	2012年度全市法治墨城建...	个人奖	市/县级	2013-03-20	平顶山市依法治市工作领导小组	何佳

图例 4– 中国移动河南公司“六五”普法专栏平台获奖汇总

“获奖汇总”功能有效记录了企业各单位普法工作的获奖情况，并可根据对起止年份、上报单位、奖项级别及颁奖时间的具体筛选，统计出相应获奖情况条目。

二、按系统模式划分

（一）独立性系统

独立性系统是指不需要依托其他既成系统，而将普法信息系统作为一个单一独立的信息系统进行构建。其具有以下特点：

1. 独立性，从系统体系、流程及功能上来说均是独立的，不与其他系统相关联、相依存。

2. 完整性，相对于嵌入式模块而言，独立性系统因其自身需求实现所有设计功能，因此机制、流程及功能均相对更为完整。

示例 3：中国移动广西公司普法信息系统

图例 5– 中国移动广西公司普法平台

该单位普法平台作为独立系统搭建，包括个人工作台、需求分析、活动实施、评估考核、法律法规动态、普法素材等功能模块，内容丰富且详尽。

（二）嵌入式系统

嵌入式系统是指普法信息系统并非一个单一的独立系统，而是作为一个功能模块，嵌入其他信息化系统当中，两者之间系包含关系。其具有以下特点：

1. 嵌入性，即系统并非独立构建，而是作为一个功能模块，嵌入其他信息化系统当中。

2. 契合性，嵌入式系统的实现，必须考虑该功能模块与母系统的契合性，而不能生硬地将毫不相关的功能域加诸其他系统之中。

3. 完备性，嵌入式系统实现的是“1+1>2”的效果，即嵌入的完成不仅实现了各功能模块的独立功能，还使其共同构成的有机整体形成一个完备的集成系统。

示例 4：中国移动黑龙江公司普法信息系统

图例 6– 中国移动黑龙江公司法务管理平台

该单位普法信息系统模块并非独立的系统，而是依托整个法务管理系统，嵌入法务管理平台中，在整体平台的使用中进行普法宣传，包括法律法规查询、法律咨询、典型案例、新法速递、法律资讯、政策文件及法规解读等。

（三）关联性系统

关联性系统也是指该系统并非一个单一的独立系统，而是与另一个关联系统相互配合，共同实现基本功能。与嵌入式系统不同的是，关联性系统与关联系统是平等共通的并列关系，具有以下特点：

1. 关联性，顾名思义就是普法信息系统与关联系统相互依存，共同配合，实现普法功能。

2. 衔接性，若两个关联系统在流程上系上下游关系，则两者之间会有一个衔接点，实现功能平稳过渡。

3. 包容性，若两个关联系统共用一个平台，内容主旨虽不同，但本质上共通且相关，相互包容。

示例 5：中国移动青海公司普法信息系统

图例 7– 中国移动青海公司安全与法制信息系统

该单位融合安全及法治教育宣传需要，搭建“安全与法制”信息系统，是典型的关联性系统。

三、按建设方式划分

建设方式是指基于建设思路而得出的系统搭建方式，一般分为以下两类：

（一）自行设计建设

由企业内部根据本土需求进行设计，然后利用一般性信息化技术进行系统建设。该类型系统具有以下特点：

1. 贴近需求，自行设计系统，需要广泛深入地征集需求，并致力于实现需求。因此，所建设的普法信息系统将更加符合实际，贴近用户需求。

2. 完备性强，企业选择自行设计建设普法系统，是从无到有的过程，一般会在设计之初就考虑好系统各个方面的实现目标，从而保证系统成品的完备性。

3. 自主性强，因系统的产生主体控制在企业自己手中，因此对于系统的设计、建设、进度、更新等各个环节和方面，企业均可掌握绝对的自主权。

示例 6：中国移动内蒙古公司普法信息系统

图例 8– 中国移动内蒙古公司法律之声

（二）直接购买外部系统

企业基于对普法系统普适性功能的实现，选择直接购买外部成熟的完整系统，或购买各关联功能的系统软件进行简单组合，从而形成自己的普法信息系统。该类型系统具有以下特点：

1. 节约成本，相较于自行设计建设系统而言，直接购买系统成品可大大节约时间、人力、物力等相关成本。

2. 维护便捷，一般而言，购买外部系统将同时获得开发商对于该系统的维护服务，不需要企业再聘用专门的技术人员进行研究及维护，更为便捷。

3. 结构松散，这是该类型系统不可忽视的一个缺陷，因为系统成品是通过对几个现有系统的简单拼接，其结构松散，故契合度、完备性上将会有欠缺。

示例 7：中国移动广东公司普法信息系统

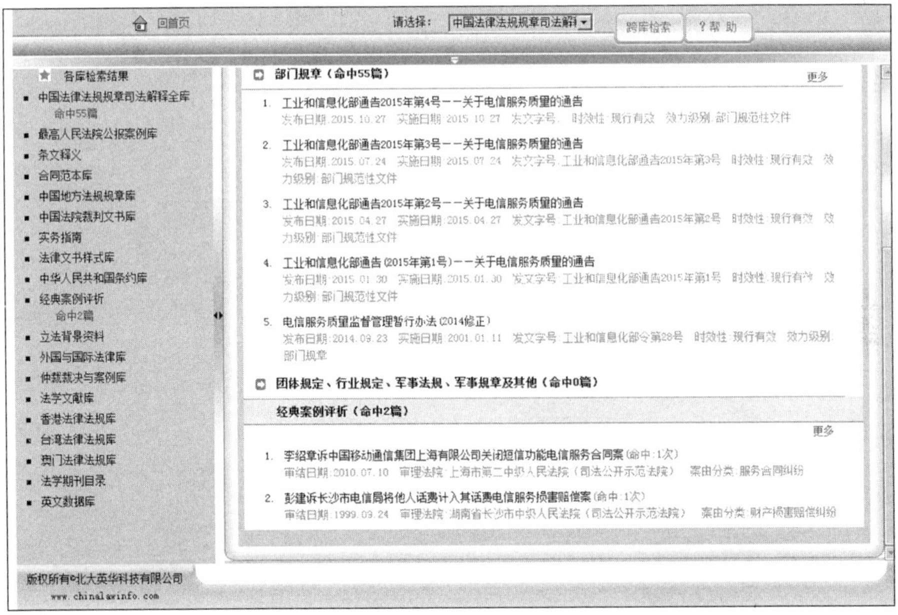

图例 9– 中国移动广东公司购置外部数据库

当然，以上几种普法信息系统的基本类型均是理论分类，在实际操作中，很少有企业会仅使用一种类型进行系统建设，多数企业会综合衡量自己的系统建设目标，选择将它们进行一个有机融合，以实现系统功能。下面，我们来看几个在法务综合平台中内嵌普法信息系统的示例：

示例 8：中国移动安徽公司普法信息系统

图例 10– 中国移动安徽公司法律风险暨综合事务管理系统

该单位将“普法园地”功能模块嵌入法律风险暨综合事务管理系统当中，并在首页展示重要普法动态、案例分析等。

示例 9：中国移动湖南公司普法信息系统

图例 11– 中国移动湖南公司法务管理平台

该单位将“普法教育”功能模块嵌入法务管理平台当中，提供普法动态、法律法规及企业规章查询、法律咨询、法律考场、以案说法及问卷调查等多个功能链接。

示例 10：中国移动吉林公司普法信息系统

图例 12– 中国移动吉林公司法律事务部管理平台

该单位将“普法专栏”功能模块嵌入法律事务部管理平台当中，提供法律咨询、案例信息、新法速递、法律资讯、政策文件、法规解读等多项功能链接。

示例 11：中国移动山东公司普法信息系统

图例 13– 中国移动山东公司法务管理平台

该单位将“普法园地”功能模块嵌入法务管理平台当中，提供普法专刊、普法微课堂、精品课程、法治聚焦及新法速递多个功能区。

示例 12：中国移动天津公司普法信息系统

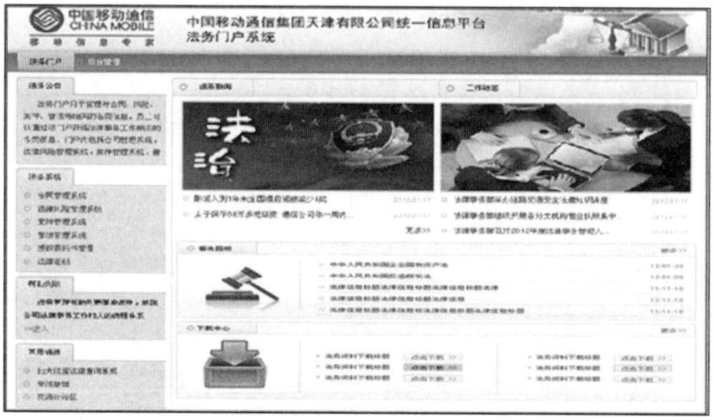

图例 14– 中国移动天津公司法务门户系统

该单位将“普法管理系统”功能模块嵌入法务门户系统当中，在系统首页显示重要普法信息，并提供学习资料下载。

示例 13：中国移动云南公司普法信息系统

图例 15– 中国移动云南公司法务管理平台

该单位结合其法务管理集中化工作模式，全面整合法务管理工作中涉及的合同管理、案件管理等功能模块，搭建法务管理平台，并将“普法平台”嵌入法务管理平台中。

第三节　企业普法信息系统的建设方法

普法信息系统的建设，是一个全面整合资源，搭建功能模块，打造体系化运营的全流程，需要多方位、全方面地思考及资源支撑。如何建设一个较为成熟的普法信息化系统？下面，我们就分别从建设思路、基本模块、基本流程、关注问题等多个角度，对此进行探讨。

一、普法信息系统建设思路

普法信息系统的建设并非单纯的技术合成，而是全面化、体系化的思考与搭建，通常我们可将该系统建设作为一个项目，借鉴项目化管理思路开展推进工作。项目推进需要其工作环节可落地、可执行，这就要求各企业在建设普法信息系统前，就对建设工作有一个完整合理的思路。

（一）有顺序

普法信息系统的搭建并非一蹴而就，也不能急于求成，需要对系统功能的实现进行一定的合理预估——哪些功能是雪中送炭的基础功能，迫切需要实现？哪些功能是锦上添花的衍生功能，可以慢慢优化？如此进行一个基本规划，让迫切需要投入生产的功能先实现，让不太紧迫的功能慢慢产出，将能保证系统建设进度的合理性。

（二）有条理

所谓有条理，简言之，就是不乱来。系统集成复杂多样，一着不慎就容易造成实施混乱，引发推进困难。不过，系统建设就像建房，不外乎地基、框架、主体及装饰，要保证系统建设有序推进，就必须按照由基础—主体结构—界面装饰的逻辑条理，逐步开展建设工作。

（三）有支持

项目建设得以开展、推进直到完成，离不开各方面、各维度、各层次的支持。

1. 高层支持

企业各项重点工作的开展离不开高层推动，得不到高层重视的工作，即使理论性作用再大，也难逃被边缘化，甚至于不了了之的厄运，因此，普法信息系统建设要想成功构建并取得实效，必须实现高层推动。领导人员作为普法工作的“关键少数”，一方面负有组织建设法人治理结构工作的义务，另一方面也必须学法用法并在企业内部普及法律知识，营造依法合规的氛围。所以，管理高层必须要充分认识到信息系统的引入将给企业管理制度、组织结构运行机制带来的影响和变革，并将信息系统建设纳入企业的发展战略，以企业的发展目标和实际需求为依据，科学规划，分步实施。①

2. 员工支持

一般而言，普法信息系统的主要用户就是企业员工，其用户感知直接反映了系统成败。因此，一方面，为了顺利启动系统建设项目，承建单位需要争取“民意”的支持，让普法系统建设为用户所期待、所需要；另一方面，当系统建设项目启动后，为了产出一个符合用户预期与需求的系统，必须要面向用户开展调研，以明确系统设计与功能，方能切实实现普法对象全面覆盖的要求。

3. 资源支持

这里所说的“资源”外延较广，包括我们平时所说的人力、财力、物力，离开这些资源谈系统建设，无异于空中楼阁。

人力方面，需要一支复合型人才队伍——既要有熟悉业务实际的法务人员，又要有高素质的技术人员，缺少前者，则技术人员无从下手，缺少后者，则需求无法实现。由此可见，法务人员通过梳理自己的业务环节，构建完整的普法系统功能蓝图，然后递交技术人员进行技术论证与开发，方可保证系统的

① 杨海霞，王斌．企业信息系统建设中的问题与对策研究［J］．生产力研究，2005.

实效性。

财力方面，需要充足的预算资金。资金对于项目实施的重要性，我相信是不需要论证的，而充足的预算资金是指，即使无法做到无上限或明显宽裕的资金支持，也应当保证至少不少于项目的基础预算，否则项目在进行过程中就有可能因为资金链断裂而中断，甚至搁置，成为“烂尾工程”，既无法正常使用，又无法放弃沉没成本，进退两难。

物力方面，需要一定的基础设施。因为是信息化系统项目，故将会用到网络及计算机硬件，如网络布线、信息化设备、光盘、移动硬盘等，该种资源会因不同需求类型系统而不同，应当根据实际情况予以保障。

（四）有实效

企业的普法信息系统，应当是为了真正有效地推进普法工作开展而建设，基于形式盲从大流或迫于压力而搪塞敷衍均非正确心态，基于此建设出来的信息系统，很难切实达成理论效果，反而会给用户增添指标负担，浪费成本，甚至扰乱基本管理秩序。因此，企业在决定建设普法信息系统前，应当认真思考该项目是否是必需、必要且有效的，同时，在建设过程中也应当时时以用户感知与普法效果为先，对于造成负担的非必要项目，考虑舍弃，确保每一个系统的设计与设置环节，均有必要且有效。

二、普法信息系统的基本模块

不同单位的普法信息系统，会因不同的实际需求，出现不同的设计，而这其实也是最为科学的信息系统建设方法——以需求为中心。当然，在这“不同”之中，又因普适性的基本需求，而存在共通之处，下面，根据调研了解到的情况，结合各单位普法信息系统的建设经验，为大家梳理一下普法信息系统的基本模块。

（一）新法速递

所谓新法速递，顾名思义即为新颁布或新修订的法律法规或其他规范性法律文件的及时解读。该模块主要实现用户对新法动态的了解，如《网络安全法》等新出台法律的立法进展，或新《广告法》《刑法修正案（九）》等法律的最新修订情况，均可在此展现，通过新闻信息式的简要解读及传播，让读者快速了解最新的法律动态。

（二）法律法规查询

法律法规查询是普法平台中最为基础实用的模块，该模块实现的是让用户快速查找到常用法律法规如《合同法》《劳动法》及其他重要的法律文件。

该模块的设置与维护，可通过自行编排、界面设计、资料收集、上传及更新实现自主管理，也可通过跟现有数据库进行合作，资料全面，便捷省心。

（三）法律解读

法律解读模块重视联系实际，通俗易懂，能否指导用户处理实际问题。就公司内部而言，存在两种情况：一是与企业具体业务相关，二是与员工日常生活相关。因此，在设置该模块时，建议相应分为两个子模块。

1. 业务领域法律解读

公司开展的各项业务，是支撑公司运营发展的重要支柱，其中隐藏的法律风险及法律问题值得我们予以关注并解读。该模块的设置，旨在根据公司业务实际，对高风险重点领域、重点业务等开展法律解读，主要包括风险分析、现状及应对建议。

具体素材来源可不拘泥于专项解读，可以是日常法律支撑出具的法律意见，可以是注明来源、仅供内部学习使用的外部资料，也可以是典型案例整理分析等。总而言之，就是将盘活现有资源与专门撰写解读相结合，为业务部门提供全方位的法律知识普及支撑。

2. 生活领域法律解读

就公司全体成员来说，大部分时间我们只意识到大家是公司员工，要依法合规开展工作，却忽略了公司员工在生活中也是普通的自然人，具有了解法律常识、运用法律知识维护自身合法权益的需求，这也是值得我们重点关注的地方。因此，生活领域法律解读模块的设置，主要聚焦公司员工在日常生活中可能遇到的法律问题，或关注的法律热点，如怎样运用婚姻法保护自己的权益、如何处理在购房过程中的权利义务关系以及劳动法是怎样调整员工与企业关系的等，诸如此类的问题。通过对这些问题的解读，一方面是站在员工角度，普及了其所关心的法律知识，造就良好感知；另一方面员工的法律素养在不断学法、用法的过程中得到提升，对推进公司依法治企也具有很大意义。

（四）课程学习

课程学习模块是普法信息系统的核心，是聚合多种学习材料的专区。该模块应当整合各种内外学习资源，如授课视频、名家课程、普法栏目（以案释法）等，供用户在线或下载学习。当然，除了视频资源外，电子文档、PPT 等多种格式的学习材料也可以上传供用户学习。

值得一提的是，为充分激发用户的学习兴趣，该模块最好设置学习时长统计功能，记录用户一定期间内的学习时长，并设置相应的激励措施，对学习时长排名靠前的用户予以奖励。

（五）普法工作管理

1. 普法工作规划

用于企业法务部门对下属单位下达普法工作规划编制要求，规划区间可根据不同企业的管理需要，设置为月、季度、年等不同周期。通过线上方式对各单位的普法规划进行管理，一方面便于法务主管部门了解下属单位的普法推进设想，另一方面也使普法管理工作更加高效便捷。

2. 普法工作总结

与普法工作规划功能区相同，是企业按照需求周期，下达对下属单位的普法工作总结编制要求。规划与总结两者可同时要求，也可择一要求，是独立的两个功能区。

另外，企业在制定普法工作规划和总结的时候，一般需要依照一定的要求进行，如司法机构、上级单位等提出的固定、量化要求，相关文件、制度可在此展示，供计划或总结起草单位参阅。

3. 普法活动记录

该功能区是存储海量数据以便留存使用的功能性模块，其设置旨在对具体单位、具体时点的普法活动予以记录，通过清晰、合理的界面设计及功能管理，准确记录普法工作开展的轨迹，同时留下相关材料，如活动图片、心得总结等，形成全面、有效的资源库，一方面有利于总结验收工作的资料查询整理，另一方面也是普法历程中的珍贵“史料”。

（六）意见反馈

意见反馈模块的设置，旨在收集用户在普法平台过程中的问题、意见和建议，以便之后更好地对平台进行优化、完善。

1. 留言板

实时反馈意见区域，用户可根据自己在使用普法平台某个具体模块时发现的问题、疑虑，及时提出疑问或建议，管理员将在认真核查情况后给予回复。

2. 问卷调查

定期反馈意见区域，由系统管理员主导，定期（半年或一年）设计、发布调研问卷，对普法平台在某个期间内的运行情况或年度普法工作开展情况等进行调查，收集用户建议，并据此对具体工作进行调整、优化和完善。

3. 指引区域

为方便用户及时找到“支撑对象”，可设置相应指引区域，内设内容包括操作手册或服务手册、技术人员及管理员热线公布、常见问题解答等，以提升用户使用感知。

三、普法信息系统建设的基本流程

（一）需求调研

面向系统用户开展需求调研，了解他们对于普法信息系统的功能期待，初步划分功能域。

1. 调研对象

（1）企业领导

企业领导作为企业的决策者，关注的是顶层设计，因此在调研企业领导时，一方面，要侧重关注宏观的战略性问题，主要了解高层对于普法信息系统的最终功能期待，避免在细节问题上纠缠；另一方面，还要注意事先设计好提纲或选项，以免浪费领导时间，造成不良感知。

（2）一般员工

企业员工是普法系统的主要用户，可以说，普法信息系统实际上就是为了一般员工而建。因此，在调研企业员工时，要尽量细化、量化需求点，绝对充分地了解员工的需求。

（3）外部单位

对内部员工的调研，有利于了解系统用户需求，而对外部先进单位的调研，则可帮助企业了解其他企业的做法，避免走弯路，并可借鉴参考其先进经验。

2. 调研方式

（1）现场访谈

通过沟通会、讨论会或是单独访谈的方式，按照事先拟定的访谈纲要，与调研对象开展深入沟通，通过有问有答的互动访谈形式，充分了解调研对象对于普法信息系统的需求及建议。

（2）问卷调查

该方式可用于对框架既定的系统进行需求细节调研，如承建单位根据工作实际已可确定基本的系统框架，只需要对其中与用户密切相关的细节问题进行了解。也可用于对访谈调研形式的补充，主要是对一些选择性问题进行确认。

（二）立项及采购

1. 预估并申请预算

根据调研整理结果，初步描摹系统功能，并据此推算预估资金预算。

（1）预估资金

根据得出的基础功能域清单，推导可能需要的资源，如外部软件、专业素材、存储空间、人力成本等，并根据市场价核算预估金额。

（2）申请预算

预算申请应严格按照企业内部的管理规定进行，相关立项批复、资金审核等流程必须完备，以免除预算违规的后顾之忧。

需要注意的是，如果是由企业内部技术人员自行开发，则预算申请通过后即可自行开展系统建设工作。但对于内部人员无法承担全部开发工作的企业来说，就需要在预算申请过后，进行下一步的采购技术支撑方工作。

2. 采购技术支撑方（开发商）

严格按照采购与招投标相关的法律法规及内部制度规定，按照需求采购技术支撑方，建议重点关注支撑方的技术资质、同类项目经验、队伍人员配备等，在条件允许的情况下还可了解一下各投标人在业内的口碑，以帮助企业设计出合理的招标文件，最终采购到素质高、专业强的技术支撑方。

（三）构建需求模型

立项通过或采购完成，也就意味着系统建设项目可以正式启动，此时，承建单位相对于开发商来说，就是需求方，是项目启动的源头，需要提供具体、细化的建设需求给开发商，这就需要企业构建一个系统需求模型。

需求模型的展现方式较多，对于一般企业来讲，多是通过《信息化系统建设项目需求规格说明书》（参见附件一）进行说明。

（四）技术论证及研讨

开发商支撑团队技术人员取得承建单位提交的《普法信息系统建设项目需求规格说明书》后，应当从技术实现角度，对其中描述的系统功能及构建进行技术论证，一一确认各理论功能是否可以实现，如果技术尚无法实现，是否有其他变通方法或替代功能。如有需要，还可与承建单位（一般为法务部门）开展研讨，进行沟通，以最终确认可实施、可实现的系统模型。

（五）技术开发

技术开发是将业务需求转化为技术功能的环节，主要依靠技术人员根据系统模型进行逐步开发。不过，在这个环节中需求人与开发人依旧需要保持紧密的联系，以便对相关问题进行及时沟通及确认，以保证系统建设有序进行。

另外，因技术开发阶段需重视进度把控，故提供一般性《信息系统建设进度表》（参见附件二）供参考。

（六）功能测试

功能测试主要是需求人对开发人的开发成果进行验收，一般存在两种情况：

1. 阶段性测试

对于功能具有衔接性的普法信息系统，为保证后续建设不因前面的模块被否认而推倒重来，开发商将会与需求人在各阶段性功能搭建完成时，就进行阶段性功能测试。如果测试不通过，就继续完善该阶段功能，直至阶段性测试通过后才开展下一阶段的开发工作。

例如，普法信息系统建设在确定需要建设哪些模块之后，技术人员会先沟通系统界面，因为界面对功能键的摆放将直接关系到之后对各功能域的具体设计及开发，因此必须先行确定，才可开展后续工作。

2. 上线前测试

上线前测试是指整个普法信息系统在正式上线前，进行全流程、无死角的穿越测试。因为系统一旦上线，任何一个环节出现问题都会大大影响广大用户的感知，因此必须在上线前进行谨慎、完整的测试。

（七）上线运行

通过上线前测试后，系统就可上线运行。因测试环境与应用环境不可避免地存在差异，且测试人员也时常出现遗漏，故并非经过测试的系统就是万无一失的系统。

因此，多数企业在系统具备上线条件后，都会选择先试运行一段时间。试运行阶段主要是收集用户反映的问题，并及时开展优化工作。待系统逐步完善且问题相对较少时，便可以考虑将系统正式上线了。

（八）优化完善

当然，还是那句话，并非通过测试或优化的系统就能保证不存在问题，普法信息系统在现实使用中会因流程不畅、系统错乱等多种原因而出现使用问题，这就需要承建部门畅通反馈渠道，随时收集用户反映的问题，并提交技术人员进行处理，以不断优化完善普法信息系统。

四、普法信息系统建设需关注问题

普法信息系统建设本质上是一个较为单一、直接的过程，但其中仍会存在许多容易被忽视的问题，而这些问题又常常会影响到系统的建设或使用效果。在此，我们就对几个突出问题进行强调。

（一）意识观念问题

这里主要是开发责任问题，据了解，目前仍有许多企业或需求人认为系统开发建设是开发商的事，企业只需要出钱就可坐等验收。实际上，信息系统开发既是开发商的事，更是企业的事。企业出资建设一个普法信息系统，目的是要供自己内部员工使用，开发商只负责将需求设想转化为技术成品，其不能也不应当代替企业来决定需要建设怎样的系统。

因此，各企业应注意转变观念，正确理解本单位与开发单位的责任划分，开展顺畅、和谐的沟通研讨，以促成普法信息系统的顺利开发。

（二）资源整合问题

我们前面曾说过，普法信息系统的开发应当是基于必要性及实效性，而不是盲目跟从或敷衍了事。特别是对于一些实力较为雄厚的企业来说，类似系统已建成许多，且基本能满足普法工作需要，但其却未能对既有系统资源进行有效整合，而是单一地思考为重新建设系统，这种做法不仅浪费了资源，也使系统用户面对多种相似选择时产生困惑。

因此，建议企业在决定建设普法信息系统时，还是充分研究内部是否已经存在可替代的既成系统，通过整合资源、优化细节的方式加以利用，以节省成本，节约资源。

（三）运行管理问题

与资源整合问题相似，许多企业在建设普法信息系统这件事情上，出现了“三分钟热度”现象，即建设初期兴致昂扬，等一段时间过后，热度散去，便将系统搁置一旁，不管不问，造成了资源的浪费。

因此，建议各企业在普法信息系统建成后能完善运行管理机制，定期对系统进行维护及管理，实实在在地将普法信息系统用起来，避免搁置与浪费。

结语▶普法信息系统的建设工作涉及多个层级、多个维度、多个方面，需要统筹考虑、体系化推进。综观系统建设的全流程，应重点抓住三个关键：一是想清楚。在建设系统之前明确建什么？何时建？怎么建？二是切实际。想到的不一定做得到，做得到的不一定有实效，因此，在思考的基础上，还要结合实际进行论证。三是做到位。包括高层推动到位、资源保障到位、建设工作到位等多种实施工作到位。

附件一：

【××】系统项目需求规格说明书

1.1.1 XX 功能

【功能描述】

例：新法速递模块可实现对相关新法新规素材的上传、在线预览及下载；

……

【界面显示】

（可添加截图）

【主流程】

……

【备流程】

……

【输入】：

……

【输出】：

……

1.1.2 XX 功能

【功能描述】

×××……

【界面显示】

（可添加截图）

【主流程】

……

【备流程】

……

【输入】:

……

【输出】:

……

附件二：信息系统建设进度表

序号	服务内容	负责人员	类型	提出时间	优先级★—★★★	完成时间	服务工作反馈	系统支撑人员
示例	普法平台建设：设置三个级别管理员权限 一级：全部权限 二级：无审核权限 三级：仅有上传权限	张三	需求	2016年3月15日	★★	2016年6月3日		
1								
2								
3								

第九章

普法课件篇

普法课件是开展普法培训、普法讲座等活动的重要工具，优秀的普法课件可以更好地传播法律知识、法律理念，帮助提升普法效果。本篇将在分析普法课件的目的、意义和特征的基础上，就如何制作规范的普法课件提出指导意见。

普法课件数据库是实现对普法课件的共享管理和动态更新的有效工具。本篇在阐述数据库的基本概念、基本架构的基础上提出了普法课件库的构建模型和应用展望，为普法课件数据库的建设和应用提供指导意见。

第一节　普法课件的编制规范

一、基本概念

课件是指为达到特定的课程目标而制作的包含文字、图片、视频、音频等多媒体信息的课程软件。本书所称的普法课件是指法律工作者为向广大普法对象普及法律知识而组织开发的，以讲授法律知识为核心内容的课程软件。课件开发通常使用的软件有 Word、Flash、Authorware、PowerPoint（简称 PPT）和音视频等软件。

在普法实践中，由于PowerPoint软件具有简单易学、互动性强、条理清楚、生动灵活等优点，并且与其他软件兼容性强，支持综合使用文字、图片、音视频内容实现课程目标，从而成为社会各界在普法课程开发中使用最广的一种普法课件。本篇将主要阐述PowerPoint格式课件的基本特征和编制规范。

二、普法课件的目的和意义

普法课件有别于法律专业的教师向学生所讲授的课件，不以系统地讲解法律知识、法律理论为目的，而是着重结合有关事例讲解法律规定和法治理念，达到丰富非法律专业人士法律知识和增强法律意识的目的。普法工作者当中有法学专家、司法工作者、律师，更有各个企事业单位的法律顾问队伍。他们对某些领域的法律规定和法律适用，对社会主义法律体系，对依法治国、依法行政和依法治企都有较深的认识和见解，对如何用法律手段解决现实社会生活和企业经营发展中的实际问题和困难，有非常丰富的实践经验。如何将普法工作者丰富的法律知识和实践经验以更为有效、生动的方式展现给广大的普法对象，使其能够很好地理解法律规定，帮助其解决日常工作和生活中遇到的各种法律问题和法律困惑，增强其法律意识？如何运用PowerPoint软件制作一个内容针对性强、生动和有吸引力的普法课件，使其在普法工作中发挥更大的作用？普法课件的制作是否有一些技术性、规范性的指引可以遵循？这是本篇内容着力解决的问题。

三、普法课件的基本特征

（一）针对性

普法对象来自社会各个领域，从事不同的工作内容，具有不同的专业知识背景，在日常工作和生活中面临不同的法律困惑和法律问题。开展普法培训的目的是丰富普法对象的法律知识，分析日常工作和生活中面临的各种现象所对应的法律本质，通过现象解读各种法律行为包含哪些法律关系、法律风险点，将承担什么样的法律责任，从而帮助其在工作和生活中面对不同的事情，作出妥善的判断和应对，最大限度地防控法律风险。

普法课件的受众对象和授课目的决定了普法课件的内容必须紧密贴合业务实际，要针对不同的授课对象，结合所涉及的业务领域，收集整理该业务领域存在的主要问题和困惑，根据相关的法律规定，对相关社会现象、业务现象、问题进行法律分析，并将分析转化成浅显易懂的语言文字，以 PPT 的方式展示给授课对象。因此，普法课件的内容要避免简单地讲解法律条文，应当将法律条文应用到具体的业务领域，要针对具体的法律困惑进行相应的解读，要尽量引用行业、企业的案例帮助说明问题。

（二）规范性

普法课件作为法律工作者开展普法培训的教材，应当具有工具书的特性，使具备一定法律基础的法律工作者，根据已经开发完成的课件提供的信息，在适当消化吸收之后就可以向普法对象讲解，而不能仅限于课件开发者本人才能使用。普法课件要具备工具书的特性，应当满足形式的规范性、内容的完整性和普适性方面的要求。

普法课件形式的规范性是指课件的构成要素应当规范，如应当包括 PPT 课件、课程说明书、讲师手册、学员手册等文档，每部分文档应当包括哪方面的内容、如何进行编排等方面的要求。

普法课件内容的完整性是指课件内容应当包括完整的法律知识点，在描述案例时，应当包括用于法律分析所需要的完整的案件情节；在阐述法律问题时，应当有确切的法律依据和法律论述。所有这些知识点不能只存在于课件开发者的脑海里，而应当在课件中完整地体现，体现的方式可以采用在 PPT 课件中展示提纲性的内容，在讲师手册中体现完整的内容。

普法课件的普适性是指课件的内容应当具备典型性，即有一定的代表性，而避免过多地针对一些个性的、偶然发生的法律问题进行分析阐述。例如，在制作电信法律常识课件时，应当围绕电信行业监管、电信建设、电信服务等相关业务领域高频发生的问题，以及具有典型性、代表性的问题编写课件内容。

（三）生动性

法律知识专业性强，法律条文、法律术语、法律理论较为抽象、晦涩难懂。由于普法教育的授课对象通常不具有法律知识的专业背景，使用“法言法语”进行理论分析和法律论证会导致授课对象难以理解、学习相关的知识，甚至会引起授课对象的排斥心理，无法达到普法的效果。

因此，普法课件在内容方面，应避免过多使用“法言法语”、过多解读法律条款本身，或者大量阐述法律理论，而应当结合社会现象和企事业单位经营管理的实际情况，阐述不同的业务领域存在哪些需要注意的法律问题或者法律风险点，以及所对应的法律责任和法律后果，从而提高普法课件内容的趣味性和对非法律专业人员的吸引力。普法课件可以根据需要适当地引用行业、企业发生的典型案例，采用关系树、时间轴或角色分饰等方式生动地展示案例，揭示案例中的法律风险和法律责任，以更加深刻的方式使员工意识到防范法律风险、依法经营的重要性。

四、普法课件的编制规范

编写普法课件是对普法工作人员工作经验和智慧的总结提升过程，课件的编写不应是简单地罗列汇总法律知识，而应是在遵循一定规范的前提下开展的系统性法律活动，普法课件的编制应遵循形式规范和内容规范两个方面的要求。

（一）形式规范

普法课件编制的形式规范，是指为保障普法课件的普适性，方便普法受众接受和学习所应该包含的形式要件，即普法课件的形式构成要素。一份完整的具有传播价值的普法课件应至少包含三个方面的形式要件：课程说明书、课程讲师手册和讲师课件。

1. 课程说明书

课程说明书是介绍普法课程的学习对象、课程结构、时间安排、课程大纲及讲授形式等课程基础信息的规范性文件，是对普法课程的总体规划，是普法受众学习了解普法课程的重要信息载体，也是普法工作人员使用普法课件进行普法宣传的纲要指引文件。一份完整的课程说明书应包含课程名称、普法对象、讲授方式、考核方式、普法课时、最佳人数、课程简介、普法目标、设施要求 9 个基本构成要素。

（1）课程名称。课程名称是对普法课件最核心内容的高度概括和总结，是普法受众进行普法课件学习的第一要件，通过课程名称可以使普法受众获知课程的主要讲授内容并进行后续学习。

（2）普法对象。普法对象又可称为普法受众，是普法课件主要面向的受众群体，不同的受众群体对普法课件的学习需求不同。例如，面向新入职员工的普法课程与面向已经入职多年的员工的普法课程在课程内容选择及编排上应该有很大的差异，这主要是因为普法受众的不同。因此，在进行普法课程说明书编写时必须准确说明普法课程受众的范围，以便普法宣教工作人员有选择、有区别地使用课件，也方便普法课件的学习者根据自身实际选择适合个人学习的普法课件，以达到更好的学习效果。

（3）讲授方式。普法课程的讲授方式是指普法宣教工作人员在现场面授普法课件时所使用的具体讲授方法，如讲解、头脑风暴、练习、案例分析、视频演示等。明确普法课件的讲授方式有助于普法受众了解在学习过程中可能进行的学习活动。例如，讲授方式为案例分析时，需要普法受众在普法宣教工作人员的指导下进行案例的分析思考并发现问题答案；讲授方式为头脑风暴时，则需要普法受众在小组内开动脑筋，全面地分析和总结问题，找到解决问题的合适方法。如果普法课件制作的目的不是为了进行现场的普及宣传，而是为了以网络传播的方式使更多的受众获益，则需要在课程说明书中单独说明普法课件的传播形式。

（4）考核方式。考核方式是指在普法课件完成学习目标后，考核检验普法受众学习效果的具体方式，如现场操作、知识考试等。明确普法课件学习的具体考核方式，有助于明确地激励和约束普法受众的学习，增强普法宣传的实际效果。一般而言，对于规章制度类的普法课件，可以采用知识考试、现场问答等方式进行考核检验，而对于需要进行后续实践应用的普法课件，则需要进行现场操作来帮助普法受众巩固学习效果。例如，讲解合同法或合同管理系统的操作使用等有关知识的普法课件，就有必要设置现场操作方式来检验普法受众的学习效果，可以在现场安排按照合同范本填写起草一份合同，或者操作合同系统进行一次合同的起草工作。

（5）普法课时。普法课时是指进行普法课件学习和讲授的具体时间，普法课时的设置需要根据普法课件的对象和具体内容而定。

（6）最佳人数。最佳人数是指在采用现场讲授方式学习时，现场普法受众的最合适人数，非现场传播方式不受此项限制。普法课件的现场讲授并不是人员多多益善，而应根据课件面向的普法受众和课件的具体内容确定，以保障良好的普法宣传效果和学习效果。

（7）课程简介。课程简介是对普法课程内容的简要介绍，是对课程开发背景、主要内容及重要知识点的概括总结，帮助普法宣教工作人员和普法受众迅速地了解普法课件的核心内容并为学习做好准备。课程简介应当简洁凝练，避免过于冗长而成为课程具体内容的简单复述。

（8）普法目标。普法目标亦为普法课件的学习目标，此部分为整个课件的灵魂，包含了普法宣教工作人员通过普法课件的讲授传播希望普法受众学到的知识、技能和需要改变提升的态度。制作普法课件必须制定普法目标，没有普法目标将无法保障普法课件的实施效果。普法目标主要包括知识目标和任务目标两个主要方面：知识目标是通过普法课件的学习需要普法受众掌握的知识内容，如能够知晓消费者的主要权利和经营者的主要义务，能够列举承担合同违约责任的主要方式等。任务目标是通过普法课件的学习需要普法受众提升的专业技能，如运用合同起草基本知识，草拟一份买卖合同；按照基站纠纷解决证据收集基本要求，收集一份视听资料证据等。

（9）设施要求。设施要求是指进行普法课件现场面授时对场地、教具等设施的要求，如课桌摆放为小组式还是行列式，是否需要白板、麦克风等教具。

2. 讲师手册

在普法宣教工作中存在这样的问题：普法课件的编制往往是由一部分普法工作经验丰富、编制能力突出的普法宣教工作人员完成的。但受个人精力和时间的限制，这些优秀的普法宣教工作人员可能无法在企业的每一个需要进行普法知识传播的区域进行普法宣传，而该区域的学习需求又较为迫切，进行网络传播的效果与现场讲授方式相比存在较大差距。编制讲师手册可以有效地解决这一问题。讲师手册是详细介绍普法课件的讲授内容、讲授形式、讲授时间、困难与挑战等课件信息，帮助普法宣教工作人员以最快的速度了解和掌握课件内容并能够进行讲授的规范性文件。通过将普法课件的讲授内容、讲授流程、讲授技巧及问题难点进行系统梳理总结，可以使没有参与普法课件研发的普法宣教工作人员通过短期学习掌握普法课件传播讲授的要点并进行现场传播，快速提升普法课件的传播速度和覆盖范围。

普法课程的讲师手册应具备讲授进程安排、讲授计划表、物品准备清单、课程介绍、授课关键点 5 个关键要素：讲授进程安排部分应按照普法课程的课程大纲明确普法课程每一部分知识内容的讲授时间；讲授计划表应按照普法课程的课程目录详细列明课程的具体知识点、难易程度、重要程度及具体的讲授方法等；物品准备清单应列明进行普法课程讲授需要准备的各项物品，如学员签到表、学员名牌、笔、白纸、麦克风、投影幕等；课程介绍部分与普法课程说明书部分相同，应简要介绍课程的开发背景、主要内容及重要知识点等，方便普法宣教工作人员了解普法课件；授课关键点是普法课程讲师手册的核心部分，此部分需要明确课程的困难与挑战，帮助普法宣教工作人员了解普法受众的特点及需要处理的问题。授课关键点需要明确每一页课件的授课时长、授课话术、重点内容及使用的授课方法。

3. 普法课件

普法课件是指普法宣教工作人员使用的专门用于进行法律知识普及传播的课件。普法讲师课件一般以 PPT 形式呈现，具体展现课件包含的知识点内容及重点内容，是普法受众进行普法课程学习的基本依据。具体编制要求将在内容规范部分进行详述。

（二）内容规范

在形式要件齐备的基础上，普法课程的核心在于普法课程的内容编制，普法课程的内容编制规范主要包括内容选定规范、内容编排规范以及内容编辑规范三个方面。

1. 内容选定规范

选定普法课程的内容是普法课件开发制作的最关键因素。普法课件编制能否成功的主要影响因素有：课程内容是否充分考虑到普法受众的特点、是否契合实际并支撑业务、是否符合最新的法律法规要求。

（1）充分考虑普法受众的特点。开发制作普法电子课件，首先，要求充分考虑普法课件所面向的受众群体的特点。企业中普法受众的特点主要体现在以下三方面：普法受众为成年人。企业中的普法受众与在校学生不同，他们均为已经工作的成年人，具有成年人学习的典型特点，即他们的知识体系是由旧知识与新知识交织构成的，在学习过程中他们不断在进行新知识与旧知识的构建活动，因此在选择普法课程内容时就需要普法课件的开发者充分考虑这一点，根据普法受众群体的特点安排普法学习的内容，以免降低受众的接受度。例如，在面向新入职项目经理进行普法课程讲授时，应侧重普法课程内容的系统性，帮助新入职人员迅速建立企业工作所需的知识体系，而在为已经有工作经验的项目经理进行普法课程讲授时则要从企业当前存在的问题出发，结合业务实际需求选择普法课程的内容，避免普法内容与受众已有知识过度重复，影响普法宣传效果。普法受众无法律专业知识。除企业中法律工作队伍的普法培训外，企业普法宣传的受众均为无法律专业知识和背景的业务部门干部员工。因此，在进行普法课件内容选择时就需要注意，避免过多的法律专业性知识的选择，要尽量结合企业经营发展实际选择普法课件的内容，激发普法受众的学习兴趣。普法受众的学习目的性强。普法培训的参与者都是因为在工作或学习过程中产生了法律知识学习需求，因此普法受众的学习具有明确的目的性。普法课件的内容选择必须考虑这一因素，通过普法课程的讲授要能够帮助受众解决工作中遇到的相关问题。

（2）契合实际。普法宣教工作虽然不能直接为企业创造价值，但卓有成效的普法宣教工作可以通过为企业中心工作提供支撑保障间接创造价值，因此普法课件的制作一定要在内容选择上契合企业经营实际并能够支撑一线业务的发展。普法宣教工作人员作为法律专家，拥有系统而全面的法律专业知识，但企业的经营发展纷繁复杂，所面临的法律问题千变万化，如果普法宣教的内容只关注普遍性的法律问题，而忽视企业自身业务实际，将会导致宣教工作空洞化，难以被企业所用。因此，普法课件制作必须从企业面临的经营发展问题出发，选择业务经营发展中急需解决的法律问题、急需普及的法律常识，结合法律规定和业务实际进行总结梳理，并提出行之有效的防范建议，切实发挥普法宣教工作对企业核心业务的保驾护航作用。

（3）符合最新法律法规要求。社会生活在不断地发展变化，为适应社会发展和有效调整社会关系，法律法规也在不断地更新完善，每隔一定时间会颁布新法、修改法律或废止法律。因此，在进行普法课件制作、维护时，必须保证课件内容的选择符合最新适用的法律法规要求，避免因内容选择不当误导普法受众，造成不良影响。

2. 内容编排规范

完成普法课件内容的选定后，还需要对普法课件内容进行科学有效地编排，以期达到更好的普法宣教效果。进行内容编排需要达到四个标准：主题突出、结构清晰、语言生动、便于记忆。

（1）主题突出。普法课件制作人员需要结合普法课件的内容确定一个突出的主题。确定鲜明突出的主题可以有效地增强普法课程对普法受众的吸引力，使普法受众摆脱对法律知识枯燥乏味的传统印象，提高参与普法学习的积极性。普法课件的标题可做适当包装设计，如运用流行语式、数字模式、核心观点、隐喻式等方式。

（2）结构清晰。众多的普法课件内容即知识点需要经过结构化的梳理，形成具有清晰逻辑结构的知识体系，便于普法受众进行学习和吸收。常见的逻辑排序方法主要有工作任务顺序法、时间排序法、重要性排序法、风险大小排序法等。例如，可以对应业务部门实际操作的流程讲解每一流程中可能涉及的法律法规、可能存在的法律问题，并提出建议，便于业务部门进行操作。

（3）语言生动。受法律知识的专业性影响，普法课件制作容易陷入使用“法言法语”讲法律的误区，使企业普法宣教工作的效果受到影响。因此，普法课件内容编排中一定要采用简单生动的用语，要尽量使用经典案例或者工作生活实例进行法律知识介绍，做到通俗易懂。

（4）便于记忆。法律知识学习对不同对象的难易程度有所差别。对具有法律专业背景的人而言并不难，但对于没有法律专业背景的普法受众而言，并不容易。这就要求普法课件的设计者在编排课件内容时注意方便受众的记忆和学习，可以通过提炼经典概念、编写记忆口诀、搭建操作模型等方式帮助普法受众快速记忆法律知识。

3. 内容编辑规范

为确保普法受众接受和学习的便利，普法课件的内容呈现在 PPT 课件中时，也应遵循一定的规范，即普法课件内容的编辑规范。

（1）PPT 整体风格应统一、美观。PPT 课件的作用主要是承载普法课件的知识要点，作为知识普及的辅助工具，应避免过于花哨的 PPT，制作简洁、美观、大方的 PPT 课件。

（2）PPT 每页信息点不超过三个。结合企业普法受众无法律专业知识背景的特点，建议每页 PPT 安排的知识信息点不超过三个，并且要避免大段的文字堆砌。

（3）PPT 内容简练清晰。知识内容可以通过分类、组块等方式提炼关键信息，运用图表化思维清晰表达。

第二节　普法课件数据库系统的搭建

一、基本概念

数据库是指将特定的数据按照一定的数据结构进行组织、存储和管理的仓库，通过数据库可以实现对数据的新增、删除、变更，可以实现多个用户对数据的共享和便捷的使用。在信息化社会，通常所称的数据库是指基于信息系统的电子化数据。普法课件数据库是指以普法电子课件作为管理对象的电子数据仓库。通过一定的数据结构可将普法电子课件进行管理，实现便捷的查询、使用。

普法课件数据库具备所有数据库的基本特征：一是共享性，这是数据库最重要的特征，数据库建立的目的就是要实现数据在不同用户之间的信息共享，可以满足不同的用户同时对某一个数据的读取和使用；二是减少数据冗余，所有纳入普法课件库的电子课件不会相互重复；三是独立性，管理数据的软件和使用数据的软件是相互独立的，即使用电子课件的软件可以是PowerPoint或其他软件，但对这些电子课件数据进行增加、删除、查询管理则是由另外一套软件完成的；四是全局性，数据库中的数据是从全局的角度建立的，按照一定的模型对数据进行描述，并根据每个数据的特征进行组织。

普法课件数据库可以实现三个方面的基本功能：一是动态管理功能，对普法电子课件进行增加、删除和变更；二是实现普法电子课件在不同单位、多个用户之间的信息共享，用户可以使用分配的权限登录数据库查阅信息，不同权限的用户可以实现对数据库电子课件的不同操作；三是实现对电子课件便捷的查询和使用，通过对电子课件按照一定的逻辑关系进行分类，赋予每个课件不同的属性或关键字，可以使用户便捷地查询到自己所需要的课件。

二、数据库的基本结构

数据库的基本结构分三个层次：一是物理数据层，这是数据库的存储设备所实际存储的数据，在普法课件数据库中，物理数据层就是每一个普法课件，这是数据库所管理的对象；二是概念数据层，体现的是数据库数据之间的逻辑关系，由每个普法课件的属性定义和不同普法课件之间的逻辑关系组成；三是用户数据层，即用户所看到和使用的直观的数据库界面。

三、普法课件库的构建模型

构建普法课件数据库的关键是概念数据层，即如何定义和描述每一个课件，如何建立不同课件之间的逻辑关系，从而使用户更便捷地查询到所需要的普法课件，快速地了解课件的基本信息。在数据库中定义一个普法课件需要若干字段对课件进行描述。根据字段所描述的不同信息，可以将字段分为三类：一是客观信息，即课件本身所具备的客观信息，如普法课件的名称、开发单位、开发人员或开发团队、推荐讲师或优秀讲师等信息；二是定义信息，为了便于建设数据库，也为了便于用户查询使用普法课件，根据普法课件之间的逻辑关系和所具备的特征所赋予课件的定义，如课件在数据库中的编号、类别、普法对象、关键词等字段；三是辅助信息，这些信息本身并不能直接定义普法课件，但可以帮助用户了解课件的基本情况，如课件累计下载次数、学习人次和质量评价等信息。在接下来的内容中，本文将结合中国移动普法课件库的建设情况，阐述普法课件库三类字段信息的具体定义和构建数据库时的注意事项。

（一）客观信息

1. 课程名称

课程名称是描述普法课件的关键信息，是唯一可以在数据库中定位到对应普法课件的信息。因此普法课件在纳入数据库时，应对课程名称进行审核和完善，应能够体现普法课件最核心内容，避免出现“某某单位普法课件”“送法到基层课件”等无法反映课件本身内容信息的情况。在往数据库中输入普法课件的课程名称时，应避免重复。

2. 开发单位

鉴于普法课件库所涉及的内容仅与法律事务相关，各单位负责法律工作的通常只有一个部门，因此录入开发单位信息时，可以只定义到省级单位或市级单位，无须再具体定义到单位的某一个部门。具体到中国移动的组织体系，开发单位可以是各省公司、各省公司所属的地市分公司或各专业公司。在开发单位是多个单位共同完成时，应支持对多个单位名称的录入。

3. 开发人员

该字段描述开发人员的姓名信息，有多个开发人员时，应要求完整录入所有开发人员的姓名，有牵头或主创人员时，应特别标注。

4. 讲师推荐

该字段是指讲解该课程的推荐讲师姓名，可以在普法课件纳入数据库时录入，也可以在数据库建立后根据讲师的实际讲授情况进行动态更新。普法单位如果有建立普法讲师团的工作计划，该字段信息可以帮助单位快速了解讲师的有关信息，也方便普法活动的组织单位邀请优秀的、有经验的讲师讲解相应课程，提高普法效果。

5. 版本信息

普法课件有更新的，数据库应记录课件的版本信息。通常认为，一个课件的更新版本越多，内容越完善，越贴近单位当前的业务实际。版本信息的表述方式可以参考市场上主流的软件版本编号规则中较为简单的方式，初始版本定义为 1.0，对课件个别内容或次要内容进行更新的，可以依此将版本定义为 1.1、1.2……对课件较多内容或主要内容进行更新的，可以将课件版本依此定义成 2.0、3.0……

6. 时间信息

包括课件完成开发的日期和纳入普法课件库的日期，此类信息可以帮助用户检索某一时间段开发或更新的课件。结合实际情况，课件完成开发的日期通常只需精确到年、月即可，录入数据库的日期应当精确到年、月、日。

7. 课程完善程度方面的信息

可以包括课程要素完善程度的信息，如课程是否具备课程说明书、是否具备讲师手册、是否具备音视频信息等多媒体辅助资料等。

8. 软件类型

展示课件所需要的应用软件类型，包括 PowerPoint、Word、Flash、Authorware、音频、视频等。

（二）定义信息

1. 课件编号

编号是普法课件在数据库中的唯一身份识别码。编号的方式可以是纯数字编号，也可以是数字和字母、数字和汉字的混合编号。编号本身应当包含普法课件的基本信息，可以基于普法课件的分类进行编号，即编号包含课件的大类和小类信息；可以基于课件的开发单位、开发时间、课件分类等信息进行编号。举例说明，基于课件分类信息的纯数字编号，可以对不同的类别赋予相应的编号，如法治理论类课件用数字“1”表示，法治理论中的小类“依法治国论述”的课件用“01”表示，那么如果某课件是法治理论大类、依法治国论述小类中的第一个课件，该课件的编号即为“101001”，其中“001”为课件的在本类别中的序号。

2. 课件业务类别

课件业务类别反映了课件内容在专业领域的分类信息，是课件在数据库中的逻辑关系的关键字段，也是用户在面对大量课件时快速查找、定位目标课件的重要方式。结合中国移动的普法实践，参考社会上发行的普法知识读本的篇章分类，可以考虑将普法课件分为“社会主义法治理论类”“社会主义法律体系类”和“业务实践类”三个大类。三个大类的划分思路如下：

（1）社会主义法治理论类。党的十八大以来，习近平总书记站在坚持和发展中国特色社会主义全局的高度，对全面依法治国作了重要论述，提出了一系列新思想、新观点、新论断、新要求，深刻回答了建设社会主义法治国家的重大理论和实践问题，为全面依法治国提供了科学理论指导和行动指南。党的十八届四中全会通过的《中共中央关于全面推进依法治国若干重大问题的决定》，制定了全面推进依法治国的新蓝图，明确回答了当今中国建设什么样的法治国家、怎样建设社会主义法治国家等重大理论和实践问题。凡是阐述和解读我们国家关于依法治国的理论、原则、制度和方法方面的课件都可以放入该类别。

（2）中国特色社会主义法律体系类。中国特色社会主义法律体系类课件的突出特征是不针对普法单位的具体业务，以讲解某个或某几个相关的具体法律法规的内容为主，以丰富普法对象在某方面的法律知识为目的，不以直接解决普法单位具体业务领域的法律问题为目的。按照我国“七五”普法规划和主流的法律法规汇编书籍对我国现行法律体系的分类，主要包括宪法、民法商法、行政法、经济法、社会法、刑法、诉讼与非诉讼程序法等多个法律部门。

（3）业务实践类。企事业单位按照自身的业务领域，针对具体业务活动开发的普法课件具有更强的针对性，能够帮助本单位员工解决实际困难和问题。此类课件和前述类别的课件相比，其突出特征是紧密贴合单位的业务实际，以解释本单位某一业务领域存在的法律风险，解决对应领域的法律问题为目的，内容紧密围绕本单位的业务领域和业务流程，课件通常会同时涉及不同法律部门的多个法律法规的规定。

为方便对课件进行识别管理和查询应用，应结合本单位普法需求和我国法律体系的分类情况对普法课件进行细分。由于企事业单位具体的业务领域各不相同，本篇仅以中国移动普法课件库中业务实践类课件的分类情况进行概要阐述，具体内容详见附表：普法课件分类指引。

3. 内容关键词

该字段是为了识别普法课件的具体内容，方便用户查询到所需要的课件。普法课件的题目通常具有高度概括性，通过课件题目无法详细了解课程的详细内容。有必要提炼普法课件中所涉及的主要的业务领域、法律知识的关键词，便于用户根据需要直接定位所需要的课件。基于前述目的，课件的关键词可以多个维度提炼，以提高查询的准确性，如同时从业务和法律知识的角度提炼关键词。

4. 学习对象

该字段是指普法课件所适合的学习对象。对于该字段也可以从多个维度进行描述，如从学习对象的级别进行描述，可以分为高级管理人员、中层管理人员、一般管理人员和一线生产人员；从学习对象所从事的具体业务领域进行描述；从学习对象入职的时间先后进行描述，可以区分为老员工和新员工等。

5. 讲授方式

普法课程的讲授方式是指普法宣教工作人员在现场面授普法课件时所使用的具体讲授方法，如讲解、头脑风暴、练习、案例分析、视频演示等。

6. 课时

课时是指普法课件讲授所需要的课时数。

（三）辅助信息

使用数量方面的信息。可以结合普法课件库应用平台的功能情况，可以记录课件的下载次数，在线视频类课程则可以记录观看次数等。

质量评价信息。该字段还可以增加课程评价信息，即提取用户通过普法平台学习普法课件之后对该课件的评价。

四、普法课件库应用展望

对于拥有较多下属企业的集团公司，其成员单位在普法实践中会积累沉淀相当数量的普法课件，这些课件内容来源于本单位经营管理的实践活动、植根和服务于本单位，紧扣经营管理工作的实际情况和各个业务领域员工工作中遇到的法律问题、法律困惑，具有非常强的针对性，课件中提出的法律建议有很强的实用性和指导意义。汇集整理企事业单位的优秀普法课件，打破内部之间的交流壁垒，建立一个全面覆盖的普法课件资源池，最大限度地发挥存量课件的效用。

因此，可以通过建立普法课件库信息系统，对普法课件库进行动态管理，实现课件的便捷共享。该课件库信息系统可以考虑具备以下几个功能：

用户权限管理。用户权限可以考虑分为三种：一是高级管理用户权限，可以从数据库后台对普法课件数据进行增加、删除、修改，以及电子流程的审批管理；二是普通管理用户权限，根据上级对普法课件的管理要求，上传普法课件，对本单位的课件进行动态更新管理；三是普通用户权限，可以登录课件库查询、下载所需要的普法课件。

数据库的动态更新。建立普法课件管理电子流程，通过该流程可以上传、删除、修改普法课件和普法课件在数据库中的字段信息。

普法课件的查询。建立普法课件的查询模块，根据数据库所预设的各种字段信息进行查询。

普法课件的在线学习。开发普法课件在线学习模块，使普法对象可以便捷地在线点击学习。该模块还可以开发学员的互动功能，如对普法课件进行评价，可以在线提出对课件的修改完善建议，也可以基于课件开发相关问题的问答功能等。

普法课件的统计分析。根据普法课件库的各种字段信息，系统支持提取不同维度的统计报表，可以柱状图、饼状图等各种直观的图表展示。

普法课件的调查研究。根据普法课件制作人、讲授人和普法对象在使用普法课件中的感受和效果，定期在系统上收集意见、调查问卷填写等，为进一步提升普法课件管理工作掌握第一手材料。

结语▶本篇主要阐述了两个方面的事项：一是在阐述普法课件的概念、目的和意义的基础上，从形式规范和内容规范两个方面梳理基于 PowerPoint 软件开发普法课件的编写和制作规范，为普法工作者开发内容针对性强、生动和有吸引力的普法课件提供指导；二是在阐述普法课件数据库的概念、基本结构和构建模型的基础上，为普法课件数据库的建设和应用提供指导。

附表：普法课件分类指引

大类	小类	内容概要	课程内容说明
社会主义法治理论类	习近平总书记关于法治建设重要思想	此类课件旨在增强培训对象走中国特色社会主义道路的自觉性和坚定性，增强普法对象厉行法治的积极性和主动性。引导其树立诚信守法、爱岗敬业的价值理念，提高依法经营、依法办事的法治能力，恪守遵循秩序、崇尚规则的合规态度。	习近平总书记对全面依法治国的重要论述进行解读的课件。
	依法治国和四个全面战略布局		阐述全面依法治国在四个全面战略布局中所处的地位，以及如何发挥全面依法治国对四个全面战略布局实现的保障作用等方面的课件。
	法治建设与五大发展理念		阐述和解读我们国家关于依法治国的理论、原则、制度和方法方面的课件。
	社会主义法治文化		阐述社会主义法治文化内涵的课件。
	法律基础知识、法治思维	此类课件旨在提高普法对象的法律意识，从思维和意识层面提高依法办事的能力和主动性。	关于法的概念、法的特征、法的本质、法的效力、法的作用、法的渊源、立法的基本程序，以及法律与政策、政治、经济基础、道德的关系等方面的课件。
中国特色社会主义法律体系	宪法	此类课件旨在帮助普法对象树立依宪治国、依宪执政的理念，使国有企业广大干部员工深刻理解中央企业改革发展对于巩固国有经济主体地位、发挥国有经济主导作用的重要意义。	关于党的领导、国家根本制度、根本任务、我国的国体、政体、公民的基本权利和义务等宪法基本内容，以及宪法关于基本经济制度规定的课件。

续 表

大类	小类	内容概要	课程内容说明
中国特色社会主义法律体系	宪法相关法	此类课件主要是指我国社会主义民主政治建设的法律法规，学习目的在于提高人民群众参与民主政治的意识和水平。	1. 关于人民代表大会选举和人民代表的法律规定； 2. 关于国家机构组织法、监督法和议事规则的法律规定； 3. 关于我国立法制度的法律规定； 4. 关于民族区域自治和特别行政区的法律规定； 5. 关于国籍、国旗、国徽和领土、领海、领空，以及基层组织、国家赔偿等方面的法律规定。
	民法	此类课件主要是关于公民基本权利的内容，学习目的旨在推动全社会树立尊重和保障人权意识。	1. 民法通则和消费者权益保护法的有关法律规定； 2. 物权有关的物权法、国有土地上房屋征收与补偿、担保、拍卖等法律规定； 3. 债权相关合同法、电子签名法、招标投标法、侵权责任法等法律规定； 4. 知识产权相关的著作权、专利、商标相关法律规定； 5. 婚姻家庭相关的婚姻法、继承法和收养法等法律规定。
	商法	此类课件主要是关于平等商事主体之间权利义务关系的内容，学习目的旨在商事主体权利保障的法治化。	1. 与企业设立相关的各种参与市场竞争的不同组织形式的企业组织注册登记、运营管理制度和破产管理相关的法律规定； 2. 证券相关的债券、基金、股票等领域的法律规定，以及期货法、保险法、信托法、票据法等。

续 表

大类	小类	内容概要	课程内容说明
中国特色社会主义法律体系	行政法	此类课件的内容主要宣传依法行政领域的法律法规，旨在推动各级行政机关树立“法定职责必须为、法无授权不可为”的意识，促进法治政府建设。	1. 关于行政处罚、行政复议、行政许可、行政强制、政府信息公开和信访的有关法律规定； 2. 关于行政机构设置、职权划分和行政区划的法律规定； 3. 关于国防、国家安全的法律规定； 4. 关于治安、危险物品和特种行业、消防、禁毒等领域管理的法律规定； 5. 关于道路、水上和航空交通安全管理的法律规定； 6. 关于档案和保密的法律规定； 7. 关于律师、公证、司法鉴定等司法行政的法律规定； 8. 关于科学技术进步、科技成果转化和国际科技合作的法律规定； 9. 关于新闻出版、广播影视、文化管理、文物保护和体育管理的法律规定； 10. 关于城乡建设、环境保护、野生动植物保护的法律规定； 11. 关于气象、地震、自然灾害应对和应急管理的法律规定等。
	经济法	此类课件的内容主要宣传我国市场经济领域的法律法规，旨在推动树立保护产权、平等交换、公平竞争、诚实信用等意识。	1. 政府采购法； 2. 关于财务会计的会计法、注册会计师法等法律规定； 3. 关于国有资产监督管理的法律规定； 4. 关于税务和税收征管的法律规定； 5. 关于金融监管、外汇管理的法律规定； 6. 关于审计、统计管理的法律规定； 7. 关于价格管理、质量监督和检验检疫的法律规定；

续 表

大类	小类	内容概要	课程内容说明
中国特色社会主义法律体系	经济法	此类课件的内容主要宣传我国市场经济领域的法律法规，旨在推动树立保护产权、平等交换、公平竞争、诚实信用等意识。	8. 关于公司企业登记、市场规范管理和广告管理等工商事务的法律规定； 9. 关于邮政、无线电和电信管理的法律规定； 10. 关于电力、煤炭、核能、石油天然气和能源节约等能源管理和保护的法律规定； 11. 关于公路、水路、铁路、民用航空等运输管理的法律规定； 12. 关于建筑和房地产管理的法律规定。
	社会法	此类课件的内容主要宣传我国在就业、收入分配、社会保障、慈善、社会救助和妇女儿童、老年人、残疾人合法权益保护等方面法律法规。	1. 工会、红十字会管理的有关法律规定； 2. 关于社会救济和残疾人、未成年人、妇女和老年人权益保护方面的法律规定； 3. 关于社会保障、就业促进和工资福利相关的法律规定； 4. 关于安全生产和劳动保护相关的法律规定。
中国特色社会主义法律体系	刑法	此类课件的内容主要宣传我国刑法关于刑事犯罪的构成、刑罚等方面的法律知识，旨在提高普法对象的守法意识，起到提醒警示和预防犯罪的作用。	内容包括我国刑法、刑罚修正案和全国人大常委会关于刑法使用的有关决定。
	诉讼与非诉讼程序法	此类课件的内容主要宣传诉讼、行政复议、仲裁、调解等方面的法律法规，旨在提高普法对象的程序意识，依法履行所赋予的程序上的权利。	内容包括民事诉讼法、行政诉讼法、仲裁法等有关法律规定。

续 表

大类	小类	内容概要	课程内容说明
业务实践类	电信服务	此类课件的内容主要宣传电信企业在提供电信服务、收取电信服务费用、处理客户投诉等业务活动过程中涉及的法律问题。	1. 电信业务经营许可、电信资费、终端销售和售后服务等涉及的法律问题； 2. 业务宣传管理涉及的法律问题； 3. 客户服务和投诉处理涉及的法律问题。
	市场竞争	此类课件主要讲解规范市场竞争行为，防范市场竞争监管风险方面的内容。	1. 电信企业在个人客户、集团客户市场经营中可能存在的垄断行为分析，包括与竞争对手、上下游合作伙伴签订垄断协议，滥用市场支配地位，以及行业集团客户业务拓展中可能存在的行政垄断等行为的具体表现形式、法律风险点和防范建议； 2. 电信企业在个人客户市场营销、集团客户市场拓展中可能存在的反不正当竞争行为分析，包括不正当捆绑销售、虚假宣传、诋毁竞争对手、不正当有奖销售、商业贿赂、串通投标不正当竞争的具体表现形式，分析法律风险点，提出防范建议。
业务实践类	房屋土地管理	此类课件主要讲解电信企业在建设工程用地取得、使用和日常管理，以及办公、营业用房的购置、承租、出租等相关业务领域的法律知识。	1. 建设工程用地涉及的法律知识，主要是电信企业在生产调度楼、通信枢纽楼建设中所涉及的土地使用权的取得和权证管理方面的法律知识，主要涉及土地管理法和城市房地产管理法等法律规定； 2. 房屋租赁管理的有关法律知识，包括营业、办公和机房建设需要租赁他人房屋，或自有房屋出租过程中涉及的房屋租赁的资质证件审核，租赁合同的签订、履行和违约应对，与房主、相邻关系人之间存在的相邻关系、共有和共同使用等方面所涉及的法律关系。

续表

大类	小类	内容概要	课程内容说明
业务实践类	工程建设管理	此类课件主要讲解建设工程管理领域的法律知识。	课件内容可以以建设工程合同的签订、履行为主线，围绕建设工程招标应当注意的施工、设计、监理的资质审核，招标文件编写应重点关注的问题、黑白合同问题，建设工程合同工程价款、工期、质量、验收、违约责任、农民工工资、施工安全等关键条款约定时的注意事项，以及合同履行涉及的签证管理、工程设计变更管理、工程结算和审计、工程验收等关键环节应当重点关注的法律问题。
	劳动用工管理	此类课件主要讲解劳动用工管理和劳务派遣用工管理涉及的有关法律问题。	1. 在劳动管理方面，通常包括劳动合同制员工管理中涉及的招聘、就业协议签订、入职管理，劳动合同的签订、变更、解除，劳动合同履行中的岗位变动、劳动纪律管理、工伤等问题，以及劳动者和用人单位各自的权利义务； 2. 在用工管理方面，通常包括劳务派遣用工管理中涉及的法律问题，在分析用工单位、劳务派遣单位、劳务派遣员工之间法律关系的基础上，讲解劳务派遣合同签订，派遣员工的派遣和退回，派遣员工的日常管理，劳务派遣用工涉及各方的权利义务，以及用工单位违反法律规定的义务应当承担的法律责任等内容。

续 表

大类	小类	内容概要	课程内容说明
业务实践类	招投标和物资采购管理	此类课件主要讲解物资采购、招标，以及企业作为投标人参加集团客户的招投标、参加政府采购时涉及的法律问题，以及合同法和合同管理方面的知识。	1. 企业在招标和物资采购方面的法律知识，包括招标的过程和关键环节，在每个关键环节应当重点注意的法律问题和操作建议；招标文件的编制，招标公告、投标人资格预审等工作中存在的法律风险点，发生过的典型案例和操作建议；串通投标的表现形式和典型案例；投标投诉的处理和应对等； 2. 集团客户业务拓展中投标和参加政府采购有关法律知识的课件，通常从企业作为投标人的角度，讲解投标文件的制作，投标操作中应当重点关注的问题，如何防范和应对招标人设置不合理资格条件，如何防范投标无效、投标被拒绝，以及否决投标、中标无效风险，如何合理运营招投标规则保护公司的合法权益等招投标法律知识的内容； 3. 政府采购法律知识方面的课件内容通常围绕如何利用政府采购制度保护公司的合法权益设置内容，如政府采购中的回避制度，政府采购关于供应商资格条件的规定，询问、质疑和投诉的有关期限和处理规则，以及公示制度等内容； 4. 合同管理方面的普法课件内容可以包括合同法律的基本原理，通常也会结合企业各类合同的签订、审核、履行管理实践的经验总结，帮助提高合同管理相关岗位员工的法律意识和防范合同风险的能力。

续 表

大类	小类	内容概要	课程内容说明
业务实践类	知识产权管理	此类课件主要讲解企业在新业务开发、新技术研发和对外业务合作中涉及商标、专利和著作权方面的法律知识。	具体内容可以包括商标、专利、著作权的注册申请和登记、使用许可、转让、保护等方面的法律风险点和防范建议。
	网络信息安全管理	此类课件主要讲解电信企业在开展客户服务、第三方增值电信业务合作、通信网和支撑系统的建设维护等业务活动时涉及的法律知识。	1. 电信企业在提供电信业务、客户服务过程中涉及收集、使用用户个人信息时，相关业务活动涉及的法律问题； 2. 电信企业在与第三方合作，在通信网络、业务支撑网络的建设维护等业务活动涉及用户个人信息保护的法律问题； 3. 通信企业在信息安全管理领域如何建立健全规章制度、落实信息安全责任、信息安全事件应对等方面涉及的法律问题。

第十章

普法展示篇

本篇通过对普法展示工作的意义、载体、表现形式、方法途径以及技术手段进行论述，将中国移动在开展“六五”普法工作中所采取的措施、具体的实施方式及获得的成果进行充分提炼，并将相关成功经验及优秀成果通过文字介绍、图片展示、多媒体展示等多种形式予以充分呈现，包括对普法工作的多媒体记录、普法宣传具体工作的多方位展示、普法宣传的新型方式、方法，以及获得的相应良好效果等经验及成果的展示。

希望通过以上全方位的立体展示，能够将中国移动开展“六五”普法工作的优秀做法及成功经验予以总结，并供内外部参考交流。从而提升社会各界对普法展示工作的认知水平，促使社会各界充分认识普法展示工作是普法工作的重要组成部分，是普法工作实施的必然延伸，并以此促进普法工作及普法展示工作朝着更专业、更标准、更规范的方向发展，对“七五”普法及今后普法工作的开展起到良好的示范作用，进而树立中国移动良好的法律形象及市场形象，助力企业各项经营管理工作沿着依法合规的道路继续前行。

第一节　普法展示介绍

一、普法展示的重要意义

（一）进行普法展示的理论意义

普法工作是我国建设社会主义法治国家进程中的重要举措，其功能在于让人们知法、懂法、守法和用法，培育良好的法治环境和法治文化[①]。为更有效地实现以上功能，必须将普法工作的开展内容、开展成效、开展经验进行总结归纳并进行充分展示，以便于今后工作的开展。因此，普法展示工作是开展普法工作的必然要求，是普法工作的重要组成部分，是普法工作取得阶段性成果的必然延伸。

1. 普法展示是对普法整体工作的重要提炼和升华

（1）“六五”普法阶段性成果需要充分展示

“六五”普法期间，中国移动为有效展开普法工作，事前制订了详细的工作计划，明确工作职责，按照计划采取授课、考试、问答等多种形式开展普法活动，为确保员工学法热情，中国移动紧扣重点节日，充分利用新科技，采取微信、彩信等现代传播途径开展工作，取得了丰硕的成果。中国移动基本形成了学法、尊法、守法、用法的良好企业法治文化，日常经营能够秉承依法治企的经营理念，员工的法律意识普遍得到提升，“六五”普法取得了阶段性的成果。对“六五”普法取得的阶段性成果必须予以充分展示，既是对历史的确认，又是普法工作的必然延伸及要求，有利于固化成果，激励中国移动续写并创造新的辉煌。

① 王利明．普法，最需要普及的是什么．爱思想论坛，2014.

（2）普法展示对后续普法工作的开展起到指导作用

五年来，中国移动开展普法工作做了什么？做的怎样？必须以普法成果展示的形式予以体现。普法工作是一项长期的群众性工作，而中国移动遍布全国各地，受众众多，为确保普法工作的顺利开展，确保普法目的的实现，针对以上特点，开展普法工作，必须设定一定的统一标准，以对后续普法工作的开展起到指导作用，并提升企业普法工作的成效。普法展示正是建立统一标准的最佳途径及方式，普法展示既是对五年工作的整体回顾，也是对工作的总结，更是对今后工作开展方向的引领。所谓前车之鉴，后事之师，只有将历史成果予以固定，方能起到指导作用。

（3）普法展示易于形成统一、高效的工作模式

企业的终极目标是“盈利”，企业的核心工作内容是生产经营，现代社会，效率意味着生命，普法工作的开展当然有利于企业实现终极目标，但普法工作是一项长期性的工作，不是形式主义，需要全员长期坚守并开展，因此，普法工作的开展与企业的发展存在“慢和快”的矛盾，而各企业在开展普法工作中均进行了形式多样的宣传及实施工作，虽百花齐放，但也存在水平及标准参差不齐的问题。

为化解“慢和快”的矛盾，同时，在百花齐放的基础上确保水平相对统一，建立通用的统一模式，无疑是最佳的选择。通过普法展示，将先进的普法措施予以展示，对优秀的工作方式进行宣传，将成功的经验进行分享，无疑有利于形成统一、高效的工作模式，有利于今后普法工作成效的提升。

2. 普法展示是收集受众反馈的重要手段

（1）普法目的的实现必须收集受众的反馈

普法工作是一项群众性工作，其实施对象是广大普法受众群体，普法工作的目的是通过对受众进行法律知识的宣讲及传授，提升受众的法律水平及法律意识，进而促进全社会法治意识的提升，促进国家治理水平的提升。普法工作的开展是否能够产生成效，目的能否实现，必须将受众的意见及建议集中反馈，必须与受众进行良好的互动，方能将单调的法律宣讲演变为吸引受众眼球

的具有实用性的知识传授，方能在法律知识与受众之间产生化学作用，方能引起共鸣，进而促进普法工作的开展，并提升普法工作的成效。否则，普法工作必将沦为形式主义，变为单向的输出，对受众的水平、感想无法掌握，普法目的的实现必将沦为空洞的口号。

（2）普法工作的性质必须收集受众的反馈

普法工作归根结底是一项对“人”开展的工作，而对“人”开展工作，必须知道对方想什么、需要什么，这是由工作性质决定的。如同市场营销，不知道消费者的需求，是不可能占领市场的。普法工作也一样，不与受众进行互动，普法工作永远都是被动的、空洞的、形式的。普法工作是对全体员工开展的工作，不能简单地进行单向的知识宣讲，而应不断地整合、收集受众的意见与建议，根据受众的反响开展工作。与受众进行互动，知道受众想什么、需要什么，既是对普法工作开展的成效进行检验，更是为今后工作的开展指明方向。普法工作不能脱离受众的反馈而主观地开展，必须联系实际，方能产生成效。提升受众的法律意识和对法律的敬仰，是普法工作的终极目标，普法工作必须将文字的法律深深刻在每个公民的心中。正如卢梭所说：“最重要的法律既不是铭刻在大理石上，也不是铭刻在铜表上，而是铭刻在公民的心中。”只有这样，才能使纸上的法律变为行动中的法律。

（3）普法展示是收集受众反馈的重要手段

如何收集受众的意见及建议？当然可以通过问卷、访谈、讨论、开会等多种方式及手段进行。但通过普法展示无疑是一项重要的手段，进行普法成果的展示，将各单位的优秀成果进行汇总、提炼、选拔，可以以最快的速度在各单位产生最大的反响及共鸣，甚至能在全行业、全社会产生极大的反响，对比其他手段，无疑能够最大限度地突破时间、空间的限制。通过成果展示，可以集中了解受众的需求及想法，能以最快的速度实现最大范围的反馈意见，并根据受众反馈为今后开展普法工作指明方向，能最大限度地变被动的宣传、灌输为主动的吸收、探求，进而促进普法工作全面、高效地开展，能起到事半功倍的效果。

3. 普法展示是普法成果交流的重要途径

如前所述，普法工作是一项长期性的群众性工作，同时，普法工作亦是一项专业性很强的工作。企业分支机构遍布全国各地，各地的经济发展水平不一，员工素质不一，法律意识有强有弱，开展普法工作需要进行经验交流，需要将成功的经验进行推广，只有互相交流，方能缩小差距，方能改变发展不均的格局，方能促进今后普法工作的顺利实施，并不断提升普法工作的成效。而进行普法展示，无疑是促进交流、促进进步的重要途径。

（二）进行普法展示的实践指导意义

1. 普法工作取得的经验成果需要予以展示

（1）“六五”普法工作取得了丰富的经验

在中国移动实施“六五”普法工作的五年中，通过讲座、办刊物、考试等多种方式开展了形式多样、范围广泛、内容丰富的普法工作，中国移动在制度建设、方案设计、方法创新、专业提升等方面均获得了丰富的工作经验，中国移动基本形成学法、尊法、守法、用法的良好企业法治文化，积极有效地促成“六五”普法目标实现。

（2）普法工作的开展需要经验的积累及支持

普法工作呈现长期性、专业性、群体性的特点。普法工作的开展和实施不是一朝一夕的事情，是企业在任何发展阶段都必须开展和实施的必修课，是任何一代员工都必须落实的必修课。普法工作传播的内容是专业的法律知识，传播者需要具备一定的专业知识，方能履行职责，而受众需要不断提升自身的专业水平，方能紧跟“法治”的进程。如何在长期的工作开展中面对广大的受众确保专业知识的传播效果，确保普法目的卓有成效的实现，无疑，需要经验的积累，需要经验的传授，需要经验的支持。

2. 普法展示对后期普法整体工作提升起到示范指导作用

（1）普法工作是一项整体性工作

普法工作不仅仅是单一的法律知识的宣讲、法治理念的传播，普法工作是一项系统性的工程。法律知识的宣讲、法治理念的传播只是普法工作的一部分工作内容及手段，而非普法工作的实质及整体。普法工作是以不断提升全社会法律意识、法治水平为目的的专项工程，其不是短期或阶段性的工作，需要每一位受众长期参与并实施，是在前阶段成功经验及不足的基础上不断发展的工程，具有强烈的整体性及延续性。

（2）普法展示的最终目的是为后期普法整体工作的提升起到示范指导作用

普法工作具有整体性、永恒性及时代性。通过对每一阶段取得的成果、经验进行展示，除宣传价值外，其终极目标是为后期普法工作的开展指明方向，通过对成功经验及不足方面的集中展示，可帮助各单位对照自身寻找差距，明确今后工作的开展方向及方式，对今后工作的整体提升起到示范指导作用。

二、普法展示的载体

（一）载体对于普法展示的意义

1. 普法工作必须将法律知识以多种载体的形式向受众呈现

（1）普法工作的开展需要将法律知识以一定的载体体现

普法工作就是向受众普及法律知识，普法工作的基础内容就是将专业的法律知识向全社会进行宣讲，这是开展普法工作的第一项也是最重要的工作内容，而进行宣讲的核心是让受众感知法律知识。如何感知法律知识？第一步当然是必须将专业、书面的法律知识以一定的载体向受众呈现，将法律博大精深的内涵及意义以最便捷、最有效的方式向广泛的受众进行宣讲，以便于受众充分感知。

（2）普法工作内容繁多决定载体多样性

如上点所述，我国目前已建成以宪法为核心的社会主义法律体系，法律众多、涉及面广、体系庞大，且不同的部门法均具备各自特点，如采取相同载体作为普法宣讲手段，形式单一，无法实现普法效果。

（3）普法工作效果要求法律知识以多种载体的形式向受众呈现

法律知识必须以载体的形式向受众呈现，方能便于受众感知深奥的法律含义及意义，但由于受众水平不一，而普法工作的对象又具有广泛性，为有效开展普法工作，不能采取单一载体的形式进行宣讲，必须采取多种载体，将博大精深的法律知识及其意义以通俗易懂的方式予以呈现，方能确保普法目的的实现，否则，普法工作的基础将丧失，普法工作的目的将无法实现，普法工作将流于形式。

2. 普法工作首先要求在载体上区别于普通的法律授课

（1）普法工作不等同于法律授课

我国是一个具有五千年光辉灿烂文明史的国家，但同时也是一个有两千多年封建历史且封建主义传统、思想意识扎根较深的国家，因此，培育和发展公民的权利意识和平等观念，是十分必要的。普法教育不仅仅是为了告诉民众有什么法律和法条，其更重要的任务还在于对法治理念的培育。正如孙中山先生所言，人们的民主意识是可以培养的。法治意识同样如此。[①]

普法者，普及法律知识、培养法律思维、增强法律意识也。[②] 由此可见，普法不是简单地解释某个法律的条文，而更应当是宣传法治精神、传播法治理念。普法的重点是实现“法律意识的普及”，普法的主要内容是法律常识，而“普及”当然不是培养专业的法律人士或从业人员，而是仅仅培养、树立受众的法律意识和对法律的敬畏。这种普及目的的实现，首先是将法律知识进行宣讲，而通过法律授课的方式，无疑是最有效、最基础的方式。但这种授课既不是法学院专业的法律授课，也不是单一的为授课而授课，其不是纯粹的理论知识的灌输，也不是法律实践经验的交流，而是根据普法工作整体计划并综合考虑受众的需求、水平、分工等多种因素，以法律常识为纲要并结合有效的实践经验为内容的法律授课。

（2）普法内容决定了普法载体要区别于普通的法律授课

如前所述，为确保普法授课内容能有效地被受众感知并运用，并最终实现法律常识的普及，树立受众对法律的敬畏，首先必须将相关内容以一定形式的

① 王利明．普法，最需要普及的是什么．爱思想论坛，2014.

② 陈勇．“六五”普法的对象研究——从“纽约引爆点”事件谈起．法学在线空间，2011.

载体向受众呈现，但这种载体的选择不是简单的幻灯片，不是简单的讲课要点，而是必须以通俗易懂的形式将博大精深的法律意义予以体现，以法律常识与实践内容相结合的形式将法律的含义予以阐述，引起受众的共鸣，必须区别于普通的法律授课。

因此，普法授课的载体应区别于专业的法律授课，应根据受众的不同、目的的不同、整体要求的不同选择载体，不能生搬硬套法律授课的形式，否则，即伤害受众的学习积极性，也无法实现普法工作的目的。

（二）普法展示载体分类

1. 文字

（1）定义

所谓文字，是承载语言的图像与 / 或符号，是人类用来交流的符号系统，是记录思想和事件的书写形式，其本质功能（相对于语言这个交流工具而言），是可以超越当下时空限制。它可以和语言相互转换，但它不是（不仅是）语言的记录，也就是说，文字是独立于语言而存在的。

（2）使用文字进行普法展示的特点

普法展示，首先必须以文字的形式将普法工作的各项成果进行总结归纳，并予以展现。如果没有以文字形式予以展现，即不能固定成果，也不能总结经验，更不能交流，进而无法促进今后普法工作的开展。以文字形式进行普法展示是普法展示的基础，能够全面地总结成果经验，有利于受众第一时间全面地了解普法成果，有利于受众主动思考、分析、判断普法成果的意义并提出反馈。但文字形式缺乏生动性，不够直观，且由于受众理解能力的不同，容易引起不同的理解。

2. 图片

（1）定义

图片是指由图形、图像等构成的平面媒体。有形式的事物，我们看到的，是图画、照片、拓片等的统称。

（2）以图片进行普法展示的特点

将普法成果的经典瞬间或历史性画面以图片的形式固定，对比文字形式，能起到更直观、更生动的效果。对于普法工作这一长期性的浩大工程，以图片的形式固定普法成果，能固定历史瞬间，更能够促进今后普法工作的开展。但图片形式存在空间局限，仅能固定某一特殊节点的特殊事件，不能全面的总结，缺乏全面性及整体性。

3. 视频

（1）定义

视频泛指将一系列静态影像以电信号的方式加以捕捉、记录、处理、储存、传送与重现的各种技术。视频技术最早是为了电视系统而发展，但现在已经发展为各种不同的格式以利于消费者将视频记录下来。网络技术的发达也促使视频的记录片段以串流媒体的形式存在于因特网之上并可被电脑接收与播放。

（2）以视频进行普法展示的特点

普法工作亦需要顺应科技的发展，以视频方式对普法成果进行展示，能以最直观、最快捷的方式将普法成果向受众呈现，有利于受众掌握、理解并运用普法成果，有利于普法成果的经验交流，有利于查找普法工作的不足，更有利于今后普法工作的开展。但视频方式亦如同图片一样，仅能就某一特定事件在特定时间段进行记录，且无法自行进行评论，仅仅是“有声、有图像”的记录，缺乏全面性及评论性。

4. 课件

（1）定义

课件（Courseware）是具有共同教学目标的可在计算机上展现的文字、声音、图像、视频等素材的集合。

（2）以课件进行普法展示的特点

向受众进行法律知识的宣讲，必须制作课件，课件展示具备以下特点：①向学习者提示的各种教学信息；②用于对学习过程进行诊断、评价、处方和学习引导的各种信息和信息处理；③为了提高学习积极性，制造学习动机，用于强化学习刺激的学习评价信息；④用于更新学习数据、实现学习过程控制的教学策略和学习过程的控制方法。

5. 其他

现代科技日新月异，普法成果的展示可通过微信、短信、QQ 等多种载体予以展现。虽然这些新型的载体存在高效、便捷的特点，但同样存在不全面、不客观的天然缺点。

（三）普法展示载体选择的原则

1. 根据受众的年龄结构、岗位职责等综合因素选择

普法工作受众广泛，涉及企业全体员工。受众呈现年龄跨度大、素质不均、岗位分工不同的特点，因此，对于普法展示载体的选择不能千篇一律，应根据以上特点区别对待，应针对理解程度、工作时长的不同有针对性地选择载体，只有有针对性地选择载体，才能促使普法展示在受众中产生共鸣，促进普法工作的开展和全体员工法律意识的提升，产生最佳的成果效应。例如，以图片形式将法律授课情况进行普法展示，不能仅局限某一部门或某一年龄段员工进行授课的情形，应选择受众面广的大型授课活动，以避免出现展示面窄的问题。

2. 根据普法目的选择

普法展示载体的选择不是简单地将普法成果进行平铺直叙地展示，不是形象工程，不是单一的工作，而是普法工作开展的必然要求及衍生工作，是普法工作的重要组成部分，因此，普法展示载体的选择必须紧扣普法目的，必须与普法工作紧密联系，必须以促进普法工作的开展，提升全员法律意识为目的，通过普法展示，促使全员再次接受普法宣传教育。例如，将最新法律法规在企业进行普法展示时，就应根据促进生产经营、提升全员法律素养的普法目的，可以选择课件这种普法展示载体，在课件中结合全员法律需要，集中生动地向全员展示。

三、普法展示的表现形式

（一）表现形式对于普法展示的意义

1. 普法效果要求普法工作形式多样易于被受众接纳

普法工作作为一项长期的系统工程，必须依托一定的形式展开。由于普法工作具有时间跨度长、受众广的特点，同时，普法工作的主要内容是宣传专业、单调的法律知识，如何将受众的兴趣点燃，将被动的宣讲变为主动的学习，是普法工作形式选择的核心原则。

因此，为实现普法目的、实现普法效果，在选择工作形式时，必然要求形式多样，以保持受众的学习热情和主动性，避免由于形式单调导致学习兴趣的下降，进而导致受众敷衍了事，最终无法实现普法目的。

2. 普法展示的表现形式须与新技术、新潮流相融合

（1）新技术、新潮流对社会发展的影响

当今社会的发展，离不开新技术的推进，无论是科学技术、生产技术还是管理技术，没有创新技术，社会将不会前行。同样，引领世界发展的潮流既受新技术的影响，也促进着新技术的发展。技术不是简单的科学家的发明，潮流也不是年轻人简单的时髦追求，两者已发展为社会前进的推动力，既影响社会的发展，也受社会发展的促进，需要不断地推陈出新。

（2）普法展示必须顺应潮流寻求突破创新

如前所述，当今社会的进步与发展已离不开新科技的推动，也离不开新潮流的引领。作为一项社会工作，普法展示具有社会性、全面性、广泛性，其必须在体现时代发展的前提下，以最便捷的方式向受众传达，方能引发受众的共鸣，以促进社会的进步与发展。而便捷、高效的方式，无疑需要顺应新科技、新潮流的发展。普法展示虽然是一项严肃的工作，但不影响其采取顺应新技术、新潮流的方式开展工作，如仍停留在过去的经验或成果上，普法展示将落后于时代的发展，将失去长久的生命力，将无法引起受众的共鸣，与其恒久性的特点不符。

（二）普法展示表现形式分类

1. 宣传

（1）内部宣传

将优秀的普法成果汇总后，对内宣传可以通过内部楼宇广告或是内部新闻报道积极宣传展示。内部楼宇广告播放可以对全体员工进行全天候的法律知识宣传，也可以对前往企业办事的外部人员进行法律知识的宣传，既满足我们自身开展普法工作的需要，也有利于树立企业“尊法、学法、守法”的良好形象；内部新闻报道可以全方位地为普法工作提供服务，要对普法工作各个环节的先进事迹、人物、集体、经验进行全面的报道，不能仅局限于总结阶段的表彰，从而不断促进普法展示甚至是普法工作的开展，真正起到展示作用，并促进企业新闻报道水平的提升。

（2）外部新闻报道

通过新闻媒体，将每阶段先进事迹、先进个人、先进集体、先进成果或重大普法措施的实施进行社会宣传。普法展示的内容极具新闻报道价值，而企业需要不断的外部新闻报道促进形象的不断提升。开展外部新闻报道需要变被动为主动，需要将内部新闻报道、视频、书籍等企业开展普法工作取得的成果与经验适时的通过外部媒体进行报道，做到同步进行、同步展示，避免报道滞后，同时要走在全行业的前列，引领行业工作的导向。

（3）外部公益普法

通过企业自主或配合当地机关对外提供法律培训、咨询、援助、发送普法短信等。企业肩负社会责任，将普法与公益相结合，既可以满足广大受众的普法需求，又是对企业形象的一次良好展示，是企业普法活动“走出去”的最佳途径。应注意公益普法必须结合企业自身特点，给予社会公众所需的普法要点，使公益普法真正落到实处。

2. 考试

考试，是一种严格的知识水平鉴定方法。考试的目的是通过书面、口头提问或实际操作等方式，考查参试者所掌握的知识和技能的水平及程度。中国是考试制度的发源地，人类的发展进程证明，考试是对任何工作的开展成果最有效的检测方式。

普法工作的目的是提升全员的法律意识和法律水平。如何检测目的是否实现，考试是最佳的选择，也是最基础的要求。通过考试，可以检验普法工作的成效，可以根据受众掌握法律知识的水平对今后普法工作的开展指明方向，以促进普法工作的开展。

3. 比赛

比赛就是通过竞赛，比较受众掌握法律知识水平的高低，从而经过筛选。找出水平最高的。而对于普法工作而言，比赛的目的不是简单的筛选出水平最高者，而是通过这种形式，引导受众的学习方向，激发学习热情，营造全员学法的氛围，促进普法目的的实现。

因此，比赛对于普法工作的开展是必然的选择，通过比赛这种方式，能最大范围的促使受众主动学习法律知识，同时，通过比赛的进行，能带动非参赛人员的学习热情，以赛代讲。

4. 书画征文

书画征文，就是在普法工作中为了促使受众加深对法律知识的认识及理解，公开向受众征集有关的文字、书画。书画征文的主要目的是宣传与教育，可以采取限定主体、格式的形式，也可以采取不限主体、格式的形式，可以设定奖励机制，激发受众的参与热情，营造广泛学习的良好氛围，进而促进普法目的的实现。

5. 书籍

将每阶段的普法成果汇总成册后，编辑为内部期刊、专刊、特刊等书籍形式进行展示。书籍作为传播知识的最佳途径，是开展普法展示的必然选择。对于企业而言，将每阶段的普法成果以书籍的形式固定下来，既是对历史的总结，也是对经验的总结。而各单位对书籍内容的选择，可以采取汇总形式，也可以采取“专题”形式，可以将某一特别优秀的成果进行专题记录，以起到更广泛的宣传展示作用。

6. 会议

针对每阶段的工作召开会议，将讨论结果形成文件并予以展示。普法展示是普法工作的重要组成部分，普法工作归根结底是“人”的工作，因此，必须通过会议形式不断地进行现场交流、总结，引发共鸣，会议是其他普法展示形式无法替代的方式，同时，开展会议不能就总结而总结，可以将普法工作融入会议当中，通过普法展示的专题会议，进行普法教育宣传，促进普法工作效能的提升。

7. 新媒体

针对每阶段的普法工作，召开专题讨论，总结经验，将成功经验以新媒体传播方式进行全面展示。企业必须不断与时代接轨，运用网络的力量进行普法展示，必须不断创新，使用或创造新媒体进行普法展示，方能体现通信科技的魅力。而在新媒体的选择上，应不断体现行业特点，在普法展示的同时，不断展示企业网络科技的成果与能力，起到广告示范作用，不仅向普法对象及消费者宣传法律知识，更能向大众宣传并展示科技的发展方向及科技对个人生活及社会发展的重大影响力，既进行普法展示，也进行科技展示，更进行企业实力的展示，进而全面促进企业业务的发展。

（三）普法展示表现形式选择的原则

普法展示是普法工作的重要组成部分，普法展示的形式必须遵循一定的原则，不能随意选择。

1. 契合普法宣传内容的原则

（1）普法展示形式选择必须体现普法工作的最终目标

普法展示作为普法工作的重要组成部分，是普法工作的必然延伸，普法展示作为一种工作形式，其必须为普法工作的最终目标服务。对展示形式作出的选择，必须体现普法宣传的内容，不能偏离宣传法律知识，必须保持提升法律意识的轨道，必须体现普法工作促使受众形成“学法、懂法、守法、用法的法律意识”的终极目标。

（2）普法展示形式选择必须体现每一阶段普法工作的时代特点

普法展示的是普法工作的成果及经验，其对今后普法工作的开展具有示范指导作用。而由于普法工作具有鲜明的时代特点，每一阶段的普法工作均有明确的主题及特点，而普法展示作为每一阶段普法工作的必然延续，亦必须体现这种时代特点，不能偏离时代特点。

2. 区分受众分类选择的原则

普法工作的受众存在广泛性、多样性，而普法工作的实施者亦存在水平不一、素质不一的特点。为确保普法工作的有效开展，应根据受众的不同采取分类选择的原则，根据年龄、分工、职责的不同，采取不同的方式开展工作，方能体现受众的需求，方能做到有的放矢。例如，对于常年在野外作业的岗位开展普法展示，不能机械地采取文字、书籍、图片等不便开展工作的形式，应多采取视频、短信、微信等便于在野外接收的高科技形式，方能起到事半功倍的效果。

3. 实效性和趣味性相结合的原则

如前所述，普法工作主要是普及法律常识，但由于其具有实践性与知识性相结合的特点，且受众广泛，为确保受众接收的积极性，必须体现当前热点并增强趣味性。否则，普法工作将无法与受众形成互动，将沦为简单的单方知识输送。普法展示作为普法工作的重要组成部分，肩负着指引新的工作开展方向的重任，必须吸引受众眼球，体现实效性和趣味性。

四、普法展示的技术手段

（一）技术手段对于普法展示的意义

当今社会生活节奏不断加快，科技发展日新月异，无论做任何事情，追求的是“快”，社会更加青睐便捷、高效的科技手段。普法展示作为普法工作的重要组成部分，为实现宣传及指引的目的，在最短的时间取得最大的效果，就必须合理运用技术手段。运用技术手段开展普法展示，对普法展示具有非常重要的意义。

1. 运用技术手段可拓展普法展示受众范围

普法工作的特点之一是受众广泛，普法展示作为普法工作的重要组成部分，一样具有受众广泛的特点。普法展示的目的是将成功及优秀的经验进行最大范围的推广，对今后工作的开展起到良好的引领作用，并便于形成相对统一的方法方式。为实现此目的，必须不断拓展受众范围，要在全社会引起共鸣。传统的会议、论坛、书籍、文字等形式，仅能对特定范围的受众进行宣传展示，但随着科技的发展及网络建设的不断完善，已可以实现对受众的无限扩展，通过互联网视频播放、电视网络播放等科技媒介，将文字、书籍、图片、视频等载体进行传输，可以有效地拓展受众的范围。

2. 运用技术手段可拓展普法展示传播地域

对外进行普法展示，可有效地树立企业良好的社会形象，为在最短的时间内取得最广泛的宣传效果，需要拓展传播领域，突破一地一域的限制。传统的展示方式仅限于一地一域，在网络建设及网络技术不断发展壮大的今天，运用技术手段进行普法展示，可突破地域上的物理限制，将普法展示在最短的时间内向最广泛的地域传播，可有效地拓展展示地域。

3. 运用技术手段可突破普法展示时间限制

普法工作需要有成效地进行，普法展示一样需要在最短的时间内将优秀的成果及经验进行传播，以体现效率的价值，以体现“先占”的价值。普法展示是对某阶段普法工作成功经验及优秀成果的展示，由于普法工作的开展需要长期有效的经验总结和支持，如普法展示仅仅是短期行为，不利于经验的长期传播和有效利用，必须将相关经验做到 24 小时全天候不中断地传播，才能体现展示的价值。而当今技术手段的发展，由机器代替了人类，可以不受人体条件和自然气候的限制，完全可以实现 24 小时全天候不间断地循环展示。

（二）普法展示技术手段分类

1. 新媒介

新媒介是一个相对的概念，是继报刊、广播、电视等传统媒体以后发展起来的新的媒体形态，包括网络媒体、手机媒体、数字电视等。新媒介是建立在数字技术和网络技术的基础之上，延伸出来的各种媒体形式。例如，微信、微博均为手机媒体，随着智能手机的不断普及及技术的完善，通过微信、微博发布消息已成为一种潮流。如前所述，普法展示亦需要顺应新技术、新潮流。相对于传统媒介，微信、微博具有跨平台沟通、显示实时输入状态等功能，同时，也更灵活、智能，且节省资源。通过微信、微博发送文字、图片、视频、书籍等多种内容，能最大限度地拓展受众范围、传播地域，并能突破时间限制。能实现与受众的良好互动，既能实现普法展示最大化宣传的目的，也能促进普法工作的整体开展。

2. 多媒体技术

多媒体技术是指通过计算机对文字、数据、图形、图像、动画、声音等多种媒体信息进行综合处理和管理，用户可以通过多种感官与计算机进行实时信息交互的技术，又称计算机多媒体技术。例如，视频讲座通过网络将某一专题讲座进行传播，并与受众进行互动的网络技术。新媒体及视频讲座均具有将大量媒体信息进行综合处理和管理的能力，并有利于受众对相关信息的掌握、讨论互动及感知，能克服传统论坛、讲座的地域、时间、人数限制，有利于传播效果。普法展示亦应采取多媒体技术，将优秀的成果以最快的方式向受众传播，并引起受众的共鸣，与受众进行良好的互动，从而促进普法工作的整体开展。

3. 手机应用软件

手机应用软件是指安装在手机上的软件，完善原始系统的不足与个性化。目前苹果和安卓系统成为主流手机系统，基于该两款手机系统的手机应用软件层出不穷，功能越来越强大。通过开发普法展示手机应用软件，可以很好地与受众之间进行趣味性的交互。例如，开发普法 APP，将法律法规、普法视频、普法新闻报道都可以整合呈现在普法 APP 当中，只需定期更新内容，可达到对 APP 安装受众长期普法宣传的目的，通过 APP 还可以实现手机在线学法考试，便利了普法考核的途径，更重要的是通过 APP 还可以提取普法受众数据，根据分析数据及时改进普法方式途径，注重结果反馈，为普法宣传展示不断改进提供依据。

第二节　普法展示的开展

一、普法展示如何设计

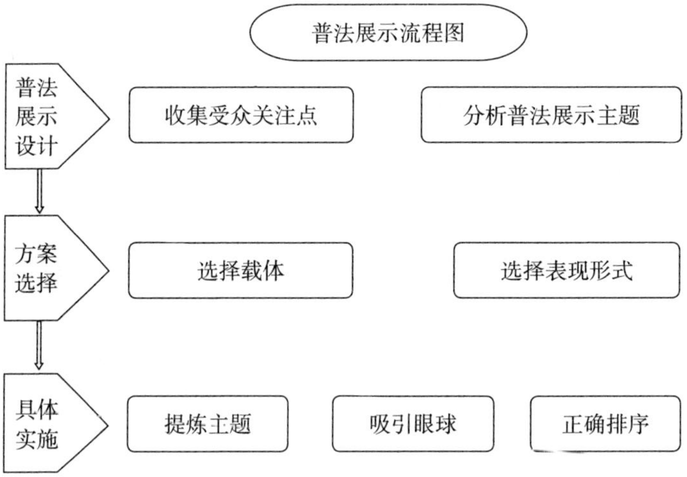

图为普法展示开展流程图示例

（一）突出重点

普法工作是一项巨大的系统工程，普法展示的开展首先必须突出重点，有选择性的展开，不能广撒网、全包括，只有突出重点方能体现普法展示的价值。普法展示重点的选择应按以下步骤逐步进行。

1. 收集受众群体关注点

（1）收集受众关注点是普法展示的基础工作

普法工作具有群众性、广泛性的特点，为确保普法目的的实现，必须加强与受众的沟通，收集受众的反馈。且由于普法工作系将专业的法律常识向受众进行宣传，且具有强烈的时代特性及长效性，而受众群体对于普法内容的接受亦存在长效性，那么为确保长期、有效地开展普法工作，必须收集受众的关注点，只有收集关注点，才能为今后普法工作的开展奠定基础，才能体现普法展示的示范指导作用。因此，收集受众群体关注点，是普法展示的基础工作。

（2）如何收集受众群体关注点

受众群体的关注点是总结某阶段普法工作成果及确定今后开展普法工作方向的基础，应遵循最大范围、最快方式、最大诚意、环保节能的方式进行。应突破传统纸质问卷的方式，采取微信、微博等新技术进行了解汇总，方能真正了解受众的关注点。

2. 分析普法展示主题

（1）普法展示须分析普法活动主题

普法工作具有长效性，作为一项社会活动，普法展示必须体现时代特性，必须符合社会发展方向，每阶段开展普法展示，均会优先确定活动主题。此阶段所有普法展示的开展均紧密围绕主题展开，普法展示需要总结普法工作的成功经验，亦必须紧密结合主题内容，对经验的总结归纳，必须首先分析普法活动主题要点，再根据活动主题提取内容。

（2）如何分析普法展示主题

根据国家及企业普法工作的整体规划，分析每阶段活动要点，将所开展的各项普法展示与主题进行结合，判断是否符合主题要求，不符合的予以删除。

3. 提炼普法活动亮点

（1）普法展示需要提炼普法活动的亮点

普法展示的基础前提是选择并总结优秀的成果及先进的经验。普法工作的开展必须依托普法活动进行，在某一时间段内开展的众多活动，必须提炼亮点方能体现普法展示的优秀及先进性。同时，普法展示必须顺应潮流，只有提炼亮点，方能体现潮流。

（2）如何提炼亮点

应遵循在体现活动主题的前提下，以是否体现新潮流为导向，以是否运用新科技为补充，参考受众参与度、反馈度等互动情况，结合社会反响进行综合考虑并作出选择。在选择后，应对亮点工作的实施过程、取得的成效进行说明。

（二）选择载体、形式、宣传手段

1. 针对普法活动选择合适的展示载体、形式

（1）展示载体、形式由普法展示的素材决定

普法展示作为普法工作的重要组成部分，必须根据各项活动的展开选择合适的载体、形式，不能脱离普法活动的本身，必须联系活动的性质、内容进行选择。普法展示的素材来源是各类普法活动的实施，根据普法获得的实施效果予以提取普法成果的展示必须通过一定的载体以一定的形式进行宣传。因此，普法展示必须结合普法活动素材进行选择，否则有悖全面客观的原则。例如，普法活动为法律知识竞赛，那么在普法展示时则更需要视频这类载体来承载，相对于文字、图片的方式更能生动展现普法活动的精华之处。

（2）选择适合普法活动的展示载体、形式的原则

选择适合普法活动的载体、形式，应当遵循客观、全面、真实、合法的原则。应全面反映活动的亮点、特点，禁止虚假展示，更禁止采取违法载体、形式予以展示。例如，为结合某个重点节日进行普法宣传，从动员到授课，从问卷到测试，从知识竞猜到视频播放，为结合节日特点进行了全方位的普法工作，相应地进行展示时，不能只将动员阶段的内容进行报道，而不将测试情况、问卷回复情况等内容进行展示，而且不能无中生有将没有开展的内容进行展示，更不能夸大测试人数及成绩。

2. 针对普法活动选择合适宣传手段

（1）针对普法活动选择合适宣传手段是普法展示的必然要求

普法活动包括授课、集会、考试、论坛等多种形式，各类形式取得的效果不同、规模不同、影响不同。采取什么样的宣传手段，是由普法活动本身特点决定的，普法宣传手段必须符合普法活动的特点。例如，通过集中授课开展普法活动，对此类方式的展示重点为受众参与度，最直观的方式就是进行数据总

结。因此，对此类活动进行展示，不仅需要现场照片，也需要文字总结。现场照片应突出现场浓烈的气氛，体现受众高度参与的热情；而文字总结应对参与人数、应答人数、获奖人数等可以以数据体现的内容进行重点记载，并进行纵向与横向的对比，既要对比历年此类活动的参与人数情况，也要对比同行业类似活动的参与情况，以突出企业开展类似活动取得的实际效能。

（2）选择合适宣传手段的原则

普法展示选择合适宣传手段应遵循客观、真实、适度的原则进行，既不能做夸大宣传，也不能做虚假宣传，更不能做负面宣传。同时，对于宣传手段不能千篇一律，也不能墨守成规。例如，对于集会活动的展示，不能仅仅以文字报道的形式进行，否则，过于单调，既不能突出现场的热烈程度，也不能反映活动的实际效果，无法直观地展示集会的活动成果。因此，必须针对活动本身的特点，通过多种方式进行全方位、立体的展示，以展示活动特点、活动效果为核心，并根据此核心选取合适的宣传手段。

二、普法展示主题如何提炼

（一）契合普法内容

普法活动需要提炼主题，普法展示活动作为普法工作的重要组成部分及其延伸，必然需要提炼主题，方能体现普法工作的整体性，方能体现普法展示的历史作用、宣传价值及示范价值。

1. 契合特定普法活动主题

普法展示作为普法工作的组成部分应契合普法活动主题，一切以普法工作的整体开展为核心，不能为展示而展示，应时刻联系普法活动的展开而进行，这也是普法展示作为普法工作重要组成部分的必然要求。主题不一致或不能契合主题，将导致普法展示无法与普法工作融为一体，将造成工作的脱节与断档，既不能实现总结归纳经验的目的，也不能实现示范指导的作用，普法展示将沦为纯粹的摆设。

在分析普法活动的主题后，根据活动主题确定普法展示的主题，即遵循“先活动—后展示”的原则。例如，“六五”普法的计划之一是：加强社会主义法治理念教育，继续开展法治城市（区、县）创建，作好法律六进活动，提升法治文化的作用。由此可见，普法展示的重点就是如何宣传法治，展示的主题应该契合此要点。

2. 提炼系列普法活动主题

如前所述，普法工作的展开必然需要系列普法活动的实施，对系列普法活动的提炼正是普法工作长效性的必然要求与结果。不对系列普法活动进行主题提炼，既不能全面反映普法活动的主题，也不能反映普法展示的主题；既不能实现普法展示的目的，更不能实现普法工作的目的。提炼系列普法活动主题首先应遵循完整的原则，系列普法活动具有跨时长、参与人数众多、活动方式多样的特点，不能因活动实施过程中的某个亮点就忽视了活动的完整性，从而导致对活动主题正确把握的缺失；其次应遵循客观性的原则，系列活动参与单位众多，基本所有单位均会组织进行，必须秉承客观的原则进行选择，避免主观因素的干扰；最后应遵循高效原则，系列普法活动跨时长，应注意每个时间点的衔接，及时作好资料小结、汇总工作，为更高效的提炼主题作好充足的准备。例如，各单位在“12・4”国家宪法日都会结合自身实际推出不同的普法活动，在收集提炼各单位系列普法活动主题时就需要从整体性、协调性出发，在普法展示时提炼一个统一的主题进行普法展示。

（二）吸引眼球

普法展示作为普法工作的组成部分，其内容与普法工作一样天然具有单一性、专业性，但由于普法工作具有长效性，普法展示又肩负对今后普法工作的开展起到示范及指导作用的重任，同时，普法展示亦具有固定成果，记录历史的作用，因此，普法展示必须向普法活动的实施一样具有实操性与兴趣性，必须能够在第一时间打动受众，第一时间吸引受众的眼球。否则，一切作用及目的均无法实现，普法展示即为“形象工程”。因此，普法展示主题能否吸引受众眼球，必须体现以下内容：

1. 主题表达具有时代特征

普法展示是普法工作的重要组成部分，普法工作与普法展示构成一个整体。普法工作必须体现时代性，方能引领时代的发展，并促进社会的法治进步，普法展示作为普法工作的一部分，当然必须在主题的提炼上体现时代特征，唯有如此，方能实现普法展示的历史记录价值及示范指导作用。普法工作作为一项社会工作，其根本目的是促进全社会更加健康文明的发展，其必须体现时代特征，必须旗帜鲜明地树立时代特征，这是社会工作的必然要求，而普法展示作为普法工作的整体部分，是普法工作的继续延伸，其主题的提炼亦必须具有时代特征，唯有此，方能促进社会的发展，体现其社会价值。

普法展示应在综合相关阶段普法工作各项活动的开展主题及社会发展主题的基础上进行充分的提炼，既要体现普法工作各项活动的主题价值，又要准确地把握社会发展的方向，不能孤立地提炼普法活动本身。忽略普法工作具有社会性的本质，则普法工作不可能顺利实施。普法工作必须与时代发展主题紧密契合，才能正确顺应时代主题。因此，在综合社会发展主题的情况下，对普法活动主题进行再升华，是体现时代主题的重要方式。例如，经过“六五”普法的实施，中国移动基本形成学法、尊法、守法、用法的良好企业法治文化，这既体现了“六五”普法宣传法治的主题，也体现了中国移动作为企业，必须顺应全社会法治不断进步的发展方向，普法展示必须以什么是企业法治文化、企业法治文化的形成及建立、企业法治文化对企业发展有什么促进作用为核心，这就体现了时代特点。

2. 主题表述符合受众习惯

普法工作的对象是广大的受众，受众具有人数众多、素质不一、职责不同、专业不同、理解不同的特点。普法工作的实施是否有效，最核心的指标是受众的参与度，普法工作必须尊重受众的感受及要求，方能有效实施。普法展示作为引领普法工作整体提升的重要措施，必然需要尊重受众的感受及要求，而主题表述符合受众习惯，正是受众广泛性这一特点决定的。

普法展示的主题表述首先应遵循简洁、通俗易懂的原则，受众并非法律专业人士，复杂的法律概念无法理解，因此必须简洁、通俗易懂；其次应将法律意义融会贯通，普法展示的核心内容仍是普法宣传，其主题当然是普法工作，而不是历史或文学展示；最后必须体现普法内容，不能背离普法内容而制定，不能因体现时代特征而忽略法律本身的核心内容。

三、普法展示顺序排列

（一）普法展示顺序原则

普法展示是将某一个阶段的优秀工作成果及先进经验予以展示，起到承前启后的作用，同时具有非常重要的宣传价值。因此，普法展示必须按照一定的顺序进行，不能杂乱无章，对于展示顺序的制定应遵循以下原则：

1. 具备逻辑性

普法展示系对某段时期普法工作的优秀成果及先进经验的展示，其本质是宣传、展示，而对于各项成果的宣传，必须具备逻辑性，这是宣传展示工作的基本要求。普法工作作为一项专业的法律工作，必然要求具备逻辑性，而普法展示作为普法工作的重要组成部分，当然必须具备逻辑性，这是普法工作的必然要求。

普法展示具备逻辑性，应将某阶段普法工作的开展情况进行全面的梳理，从发动—计划制订—职责确定—活动实施—总结，进行全方位的提炼，在不同的时间节点提炼工作亮点，方能体现逻辑性。

2. 突出展示重点

（1）突出展示重点是普法展示工作的必然要求

普法展示的材料来源于某段时期开展普法工作的全要素分析，从计划安排到制度制作，从项目实施到项目监督，各类活动形式多样，参与人数众多，对于这种长效性社会工作，必须突出展示重点，不能大包大揽，只有突出重点，才能体现普法展示的历史总结及指引作用，只有突出重点，才能吸引受众眼球，确保经验的长期传授。因此，突出展示重点是普法展示工作的必然要求。

（2）如何突出展示重点

突出展示重点的前提是先突出亮点，在确保亮点的基础上进行优中选优，对重点内容采取不同的展示方式，但展示不能违反逻辑性，应在确保逻辑性的基础上进行重点突出展示。例如，会议或论坛展示，应将重点展示的内容放置于现场较突出的位置，而对于书籍展示，应放在前部分，对于新媒介或多媒体技术，应第一时间发布重点内容，以引发受众的共鸣与关注。

（二）普法展示排列方法

普法展示的排列亦遵循一定的方法，不能随意排列，否则，既会导致逻辑混乱，也会使宣传效果大打折扣。主要遵循以下方法：

1. 按开展时间顺序排列

（1）按开展时间顺序排列是普法工作的客观体现

由于普法工作的开展以五年为一个周期，时间跨度长，且各类活动的开展有严格的时间要求及计划，同时由于在不同的时间节点有不同的重大法律事件发生，相应的会组织普法活动。因此，按开展时间顺序排列是常规方法，也是主要方法，而这种方法，正是普法工作具有时间性的客观体现。

（2）按开展时间顺序排列的特点

按开展时间顺序排列具有逻辑严谨、全面记录的特点，严格按照时间顺序排列，不会发生遗漏，对于每个时间点的记录均按顺序进行，保持全面性。但按开展时间顺序排列，不能对重要事件进行突出展示。因此，对于无重大事件需要突出展示的情况下，可按照开展时间顺序排列。

2. 按开展重要性排列

（1）按开展重要性排列是普法展示进行需要突出重点的必然要求

普法展示不是简单的全面回顾或历史记录，其更具有总结成果、指导未来的实用价值，而在重要普法工作的开展过程中，往往随着重大立法、司法等法律事件的发生而随时调整普法计划，而此类重要普法工作的开展，无论是历史总结价值，还是引领指导价值，均超越普通的常规普法工作。因此，普法展示必须将重点突出，而按开展重要性排列是普法展示的必然要求。

（2）按开展重要性排列的特点

按开展重要性排列，能突出重点，吸引受众眼球，尤其能够体现示范和指导作用。但按开展重要性排列会打乱时间顺序，可能导致记录不完善、不全面。因此，在无重要性普法工作开展时应尽量避免使用，如一旦使用，必须全面检查展示是否有遗漏。

3. 按普法展示载体类型排列

（1）按普法展示载体类型排序符合受众逻辑习惯

普法工作是一项长效性的群众性社会活动，其目的是符合受众逻辑习惯，使受众被普法展示内容吸引，从而主动吸收普法内容。而按照普法展示载体类型排序可以将相同载体的普法成果同类展示，分类更清晰、展示更具逻辑性，能相应提升受众的普法接受度。例如，在现场展示时，应将最能引发受众共鸣的照片放在最抢眼的位置，同时将视频放于全部展示过程，以不间断对受众进行宣传，而文字的展示可以仅作为补充。

（2）按普法展示载体类型排列的特点

按普法展示载体类型排列，最大的特点是符合受众逻辑习惯，对于普法成果是有效的整理保存手段，可在对一个阶段普法成果进行整体梳理及展示时使用，将收到良好的效果。

4. 按表彰层级顺序排列

（1）按受表彰层级顺序排列是普法展示的必然要求

普法工作需要经验的积累和支持，而普法展示是对优秀成果及先进经验的综合归纳，集合了先进个人、先进部门、先进集体的先进事迹或优秀经验，将这些成果进行展示，是普法展示工作的必然要求，也是普法工作的必然要求。

（2）按受表彰层级顺序排列的特点

按受表彰层级顺序排列是普法展示不可或缺的组成部分，对先进个人、先进部门、先进集体的先进事迹或优秀经验进行展示，是普法展示的核心内容。对于此部分的排列，可在每一层级突出重点、亮点，在每一层级不按时间顺序排列，以便于受众学习掌握。

结语“六五”普法是丰收的五年，各单位在中国移动集团公司的统一领导下，在各级领导的关心和支持下，积极开展普法活动，在组织建设、制度建设、人员建设、平台建设等方面均取得长效成果，在普法展示载体的选择与创新上各有千秋，在顺应潮流，革新普法展示方法途径上勇于创新。通过五年的努力，中国移动上下充分感受对法律的敬仰，实现了普法目的。普法展示工作是一项长期的系统工程，具有长效性，随着国家治理水平的不断提高及全社会法律意识的不断提升，在新时期普法展示工作要不断创新，要顺应潮流，形式要不断丰富，唯有通过创新，才能确保普法展示工作的长效实施，才能促使全员“学法、尊法、守法、用法”，才能促进中国移动法治文化取得更好的建设成果！